漢傳佛教復興

雲棲袾宏及明末融合

于君方

——

著

THE
RENEWAL OF
BUDDHISM
IN CHINA
Chu-hung and the
Late Ming Synthesis

方怡蓉

譯

謹以此書紀念我外婆，
她的純樸虔誠接引我進入佛教之門，
同時也紀念我的父親于紀夢，
他培養我儒者的為學熱忱。

圖一　袾宏畫像（《雲棲法彙》34，頁 1a）

中文版序

本書是 1981 年由哥倫比亞大學出版社出版的英文原著 *The Renewal of Buddhism in China: Chu-hung and the Late Ming Synthesis* 的中譯本,能在四十年後和國內讀者見面,必須感謝法鼓文化的促成。也由於中譯的因緣,絕版多年的英文版,哥大出版社決定今年出版紀念四十週年的版本,讓本書在美國重新問世。兩件大事同時發生,雙喜臨門,實在給本人帶來無上的喜悅。

書是根據我的博士論文修潤而成,主題研究是明末大師雲棲袾宏。當年撰寫那篇論文,可以說是相當辛苦的。原因是歐美的學術界公認漢傳佛教的黃金時代是唐代,認為唐以後漢傳佛教每況愈下,所以很少有人研究明末佛教,認為沒有研究的價值。之所以會有這樣的看法,主要原因是受到日本佛學學者的影響。我們知道日本佛教的宗派意識很強,日本佛教學者多半授課於佛教大學,而這些佛教大學都跟不同的宗派關係密切。日本佛教無論是天台、淨土,還是禪,都源自中國,日本學者的著作因而反映他們對漢傳佛教早期歷史的關切。除了如牧田諦亮、高雄義堅、荒木見悟和其他數位我引用的學者著作以外,有關唐代以後的研究資料,特別明代佛教可用的第二手參考書,實在不多。聖嚴法師的博

士論文是研究蕅益智旭，他也是明末的佛教大師。可惜的是，當我有機會拜讀法師的論文時，我已經完成了我的博士學位。

我就讀哥大的研究所是在 1960 年代。那時極少學生專攻漢傳佛教。同學們的博士論文幾乎都是研究所謂的新儒學，也就是宋明理學。其實我在母校東海大學上過很多牟宗三和徐復觀老師的課，老莊和玄學、朱熹和王陽明，都是他們授課的主題。而在哥大，我又是狄培理（Wm. Theodore de Bary）和陳榮捷的學生。後來，我的論文指導教授就是狄培理。中國思想史一直是我的興趣，應該很自然地像我的同學們一樣，也選一個新儒學的思想家做為論文題目。是什麼因緣使我從寫論文開始就走上了研究漢傳佛教的路程？

我童年時期，和我外婆一起生活的經驗是一個非常重要的因素，因為她虔信觀音菩薩。抗戰八年時，我們離開北平，開始逃難，走遍了幾乎半個中國。外婆走到哪裡，都會把白瓷的送子觀音像請出來。每天清晨梳洗以後，在觀音像前燒香、禱告，背〈大悲咒〉。她吃半月齋。也是她在我小的時侯，說給我聽妙善公主的故事。雖然家父和家母深受五四運動的影響，大學畢業後獻身教育，但是他們常常鼓勵我多讀儒家經典和古典文學。來自不同傳統的信仰和理念，使我對宗教發生極大的興趣，尤其是儒、釋、道之間互動的關係。

　　《漢傳佛教復興──雲棲袾宏及明末融合》可以說是用英文寫的第一本明代佛教的書，起了劃時代的作用，出版後引起其他學者對唐代以後佛教研究的興趣。除了主題本身以外，我用的原始文獻和方法，也引起了學術界相當的反應。當時佛教論文或專書都只注重文本、義理，或宗派歷史。因為我希望知道明代佛教在明代社會實際運作的情形，我取材不得不廣泛。袾宏的著作，他和居士弟子的書信往來、明史、僧傳、地方誌、寺誌、儀軌、清規、善書、小說等都有助我的研究。後來如觀音研究，我不但用傳統的書寫文件，也把圖像、物質文明，以及民間寶卷用來做為解決問題的資源。近數十年博士論文和專著研究的範圍，包括宋、明、清、民國，以及當代佛教，題目、方法、取材，都是多元甚至跨學科的。不可質疑地，現今像過去對唐代以後佛教的偏見已經不能成立了。值得欣慰的是，本書在這個演變過程中，扮演的影響角色。

　　最後我特別要感謝譯者方怡蓉女士，中文版能在此面世，完全要歸功於她譯文的嚴謹和流暢。

于君方

2021 年 4 月於美國加州

英文版序

　　研究袾宏與明代佛教的過程中，我受益於許多師長、學者、同事和友人的指點、建議與批評。過去我未必每次都有機會對他們表達深切的感激和謝意，因此，我想在此刻正式致謝。

　　多年的恩師狄培理教授（Wm. Theodore de Bary）始終耐心指導我，給予創造性建議，縱使他學術研究和行政工作繁重，一旦有需要，我總能得到他的勸導與啟示。是他引領我踏入明代思想的研究領域，讓我對此產生長遠不變的興趣。若非他持續不斷地幫助與鼓勵，很難想像這份研究有完成之日。

　　1967 年十月至 1968 年五月我在臺灣停留期間，得到臺北華嚴蓮社住持南亭和尚在佛教義理方面的指導，他也提供我有關出家生活的第一手資料。在他指導下，我從頭到尾細讀袾宏的《阿彌陀經疏鈔》，對於寺院規約與作務的許多疑點，他也為我一一釐清。最重要的是，他的身教讓我了解，即使在這末法時代依然有機會遇見一位悲智兼具的佛教大師。

　　曾任職於京都大學人文科學研究所的牧田諦亮教授，在我 1968 年十月至 1969 年五月於該所研究期間，非常仁慈

地應允給予指導。教授不吝撥空指點，而且每當我在京都各圖書館遍尋不著有關研究主題的書籍時，他總是慨然提供個人藏書。除了提出許多有益的建言之外，他也是一位非常和藹可親的東道主。正因為他的親切款待，我在京都的短期之旅算是一生中難忘的經歷。

此外，我也要對哥倫比亞大學顏波斯基（Philip Yampolsky）、韋曼（Alex Wayman），以及麥斯基爾（John Meskill）等教授表達感激之情。自從受教於顏波斯基教授的專題研討班以來，他富有建設性的批評總是令我受益匪淺。三位教授對我幫助很大，無論是指出我論證的弱點，或是提醒我注意有關研究主題的其他重要資料。

當我修改手稿準備出版時，得益於同事和朋友們的建議。華靄仁（Irene Bloom）、徐頌鵬、石秀娜（Anna K. Seidel）以及尉遲酣（Holmes H. Welch），或閱讀部分手稿，或閱讀整份手稿，在看似永無止盡的修改過程中各階段，給予我迫切需要的改進。也特別感謝哥倫比亞大學出版社的米契爾（Karen Mitchell）在編輯上的協助。羅格斯大學艾美德（Grace Ahmed）以她特有的幽默和耐心，數度謄打不斷修改的手稿。曾任職哈佛大學的荷姆斯（Olive Holmes）為我解圍，協助整理詞彙表和索引。

我要感謝葛熹寧（Sidney Leonard Greenblatt），在我努力奮鬥撰寫博士論文期間，他的幫助彌足珍貴，該論文即是

本研究的雛形。我們之間漫長無休止的討論激發我擴大原本預設的讀者群，不再局限於同樣研究中國明代的佛教學者和歷史學家。

我也要感謝羅格斯大學研究理事會提供兩筆研究經費，以支付整理手稿出版的相關費用。

本書幸賴以上眾人與機構鼎力成就，惟書中若有任何瑕疵或不足，責任一概由我承擔。

于君方

於紐澤西普林斯頓

目錄

插圖說明

　　本書內文穿插八幅插圖，其中七幅是明末木版畫，另一幅是清末石版畫。這些圖片取自四筆原始資料，在不同方面涉及袾宏和明代佛教。

　　袾宏的畫像（圖一）和雲棲寺全景（圖八）出自袾宏著作全集《雲棲法彙》。袾宏寫了四首詩評論自己的畫像，以下這首〈畫像自贊〉可能是針對圖一所作：

> 瘦若枯柴，衰如落葉；
> 獃比盲龜，拙同跛鱉。
> 無道可尊，無法可說。
> 問渠趺坐何為？
> 但念阿彌陀佛。❶

雲棲寺全景顯示全寺所有重要建築，以及山中的風景名勝，其中大多在袾宏的詩作中提及。從最右側的梵村拾級而上，可抵達圖左下方中央的放生所。繼續往上走，右方可見袾宏的舍利塔，左方是袾錦尼的舍利塔。袾錦尼，俗名湯氏，她和袾宏未出家時是夫妻。蜿蜒的山徑穿過竹叢，通往雲棲寺山門。山門後可見禪堂位居中央，其後是法堂，僧眾居住的

西堂在左側。左邊盡頭是典藏經書的藏經堂。

　　另外四幅圖（圖二至五）描繪袾宏一生重要事件。這幾幅畫出自一本非常奇特的書《淨土傳燈歸元鏡》，作者是明末清初杭州報國寺僧智達。書中記述淨土宗慧遠、延壽、袾宏等「三祖」的生平事蹟，以明代盛行的戲曲形式「傳奇」呈現。❷這是明確運用佛教主題以教化觀眾的幾部戲曲之一，根據作者自序，❸雖然文體是戲曲，但他寧願將這部作品稱爲「實錄」，用意是希望觀眾認眞看待其中敷演的眞實事件。看戲的觀眾應該效法三位祖師的行誼，持名念佛，茹素戒殺，最重要的是求生淨土。此戲曲採用通俗語言，因此即使是孩童也能理解。作者也要求贊助演出的施主應誠心肅念，演出此戲如同說法，所以不得備辦酒肉葷餚，應該準備香燭清茶。同樣地，演員搬演此戲時應該自認親身說法，宜齋戒正念，心想此演出即是法布施，與財布施毫無差別。

　　此戲有兩卷，雖然內容有關三位祖師，但每位祖師的相關篇幅長短不一，全書一百二十三頁，其中關於袾宏的部分長達四十七頁，幾乎占全戲的一半。此外，戲中第二位祖師延壽在圓寂之前，預言明代袾宏將發揚光大淨土教。作者顯然認爲袾宏是淨土宗集大成者。

　　圖二描繪引起袾宏發願出家的事件。除夕當日，他和妻子湯氏在書房，婢女正要端茶給他，護神突然現身，婢女以爲是鬼，驚駭失足，打碎了他心愛的茶甌。湯氏安慰他

說：「萬物皆有無常，因緣無不散之理。」

　　圖三刻畫袾宏在東昌的開悟體驗。他在此靜坐，進入甚深禪定，於三昧定境中見佛焚香，魔王擲戟，但倏然又見佛、魔互易。這個體驗成爲他的開悟契機。

　　圖四可見袾宏站在水田旁邊，身後跟著一位生員，名爲「水居士」——這個姓氏不常見，卻很切合圖中描繪的事件。袾宏稱念阿彌陀佛，結果大雨傾盆，令憂心如焚的農民如釋重負，欣喜雀躍。

　　圖五呈現歷時七天七夜的水陸法會。飽受眾苦的幽冥眾生（其中有一無頭幽魂）來到雲棲寺，聆聽穿著全套法衣的袾宏登壇演法。圖左下角有幾名餓鬼在山門附近接受施食。觀音左手執淨瓶，右手持楊柳枝，從半空中俯察，面露讚許。

　　最後兩幅插畫（圖六、圖七）雖然和袾宏沒有直接關聯，但生動地刻畫出他極爲關切的通俗佛教作法。圖六顯示在焦山寺放生的一隻鼉。這幅石版畫出自一本非常有趣的書《鴻雪因緣》，此書中有二百四十幅畫，皆附有短文，記載作者麟慶一生的重要事蹟。第一冊於 1838 年出版，內容涵蓋作者自幼年至四十歲的經歷見聞。第二冊 1841 年出版，記錄四十至五十歲期間的事蹟。最後一冊 1849 年刊印，記載其後五年之事。本書此處所用的插圖出自第二冊，記述 1836 年夏發生的事。該年六月下旬，作者參訪位於揚子江

中的焦山寺，此寺與十五里外的金山寺遙遙相對，自從康熙皇帝 1703 年南巡至此而聞名於世。根據作者記載，他數日前在市集以十金購得一鼋，攜至焦山，放生於大江之中，但如圖所示，此鼋並未離開，反而往回游，爬上岸。這或許是因爲牠之前被捕捉關在籠中而氣力微弱，不敵江濤洶湧，但作者卻猜測這是因爲牠想留在焦山寺。最後，他將鼋投放於焦山寺放生池，讓牠悠然游於池中。❹

　　圖七出自明本《西廂記》。❺圖中描繪的場景是典型的佛教法會，崔老夫人請眾僧誦經，以資亡夫冥福。爲了接近崔夫人之女鶯鶯，張君瑞也請寺僧同樣爲父母作佛事。寺中於二月十五日佛涅槃日適時舉辦一場追思法會，圖中眾僧正在誦經，張君瑞燃蠋，鶯鶯則協助母親拈香供佛。這類法會往往是明代盛行的佛教習俗的一部分，袾宏稱之爲「經懺」，並且認爲這種作法造成僧團的商業化與世俗化。

■ **註釋**

❶ 《雲棲法彙》（1897 年版）29，頁 31a（參見第二章，註❶）。

❷ 「傳奇」可能是南戲的別稱。南戲在宋代極爲流行，但到了元代，和北曲雜劇相比，顯得黯然失色。Colin P. Mackerras，*The Rise of Peking Opera, 1770-1870*（Oxford: Clarendon Press, 1972），頁 2-4。

❸ 這些資料出自作者自序中列出的十五條規約。《淨土傳燈歸元鏡》，卷 1，頁 1a-2b。

❹ 麟慶，《鴻雪因緣》，卷 2，頁 67a-68a。

❺ 此版本爲《新刻魏仲雪先生批點西廂記》，明末存誠堂刊本。此本木刻版畫收錄於《明代版畫選初輯》，冊 2，頁 226-227。

第一章
導論

　　本書的研究主題是明末佛教大師雲棲袾宏（1535－
1615）的生平、著作和教理。當初決定研究袾宏，是因爲對
明代整體思潮有興趣，這個興趣也多少影響我的研究方法和
資料詮釋的架構。在這份研究中，我試圖不將袾宏局限爲漢
傳佛教這個獨立自主傳承中的一位佛教思想家，而是將他視
爲對當時知識界和社會等大環境有所貢獻的人。透過以下內
文，希望能說明這種研究方法可闡釋明代佛教的一些面貌，
同時拓展對晚明知識界背景的認識。

　　我會進一步論證，說明由於宋代以來中國思想的性
質，這種研究方法是必須的。宋明理學開創了一個思想創
見蓬勃發展的時代，顯現於歷經宋、元、明，以及清初的
儒、道、釋三家的新發展。當然，宋明理學有許多特色有別
於秦漢時期的儒家思想，例如理學以創新的方式與佛、道互
動。個別的理學家可能贊同或駁斥佛教或道教的某些義理或
實踐，卻不能無視於佛、道的存在。早在明末出現三教合一

盛行的趨勢之前，儒、道、釋三家之中已無一人可自外於其他兩個傳統的影響。因此，如果要充分了解宋明理學，前提是對佛教與道教有一定程度的認識。我們也可以提出與此類似而且幾乎同樣有力的論證，說明了解宋明理學的發展如何影響佛、道兩教是很重要的。此外，既然宋明理學為主流，備受尊崇，相較之下，佛、道居次要地位，因此，佛教徒與道教徒往往需要與理學「正統」達到某種調和，藉以證明自宗的正當性。熟悉宋明理學思想，並且能夠經常與理學家應對，這是佛教高僧需要具備的條件之一，袾宏和同時代的僧人即是如此。因此，要了解袾宏，勢必不能將他局限於明代佛教思想界，而必須同時視為明代的思想家。

通過近來的研究，十六世紀末到十七世紀初乃是中國思想史上最活躍、最有創造力的時期之一。只要想到這時期各式各樣的思想家，就能體會它的生氣勃勃與多樣性，例如理想世界的積極踐行者何心隱（1517－1579）、戮力革新的東林黨人高攀龍（1562－1625）、史學家焦竑（1540－1620），以及特立獨行的奇才李贄（1527－1602）。❶就在這個時期，實證主義——亦即追求「實用之學」，開始獲得前所未有的重視。當時的中國思想家接觸到耶穌會傳教士傳入中國的天主教和西方科學，即使未必能欣然接受，卻造就一個重新批判評估過去、認真體察當下，並且熱切期盼未來的年代。雖然明末理學家各有種種不同的興趣、關注和目

標，但有一些類似的態度是其中許多人共有的。如同美國漢學家狄培理（de Bary）的觀察，這些態度的特點可以說是儒家的「自由主義與實用主義」。❷明末思想家對於社會改革展現道德的嚴肅，他們對修身養性的實用方法有興趣，也重視紮實、認眞的學識，與實踐無關的理論性文章或玄談通常被視爲不切實際，毫無益處。然而，因爲一視同仁，每個人都被視爲獨立自主的生命體，所以明末的理學家能包容他人的見解；對正統的堅持並非蕩然無存，但對於其他教理普遍抱持著開放的態度。「三教合一」成爲當時的座右銘。

　　明末佛教也反映出那個時代的精神。相對沉寂了兩百年之後，由於幾乎同時出現了四位具有卓越學識與超凡領導魅力的高僧，佛教得以復甦。除了袾宏之外，另外三位是紫柏眞可（1543－1603）、憨山德清（1546－1623）、蕅益智旭（1599－1655）。明末這四位大師的影響遍及當時佛教僧俗二眾，也確立了後世佛教發展的方向。清代和民國時期，佛教僧俗二眾提出的義理體系和修行方法，皆源於明代的先例。佛寺禪淨雙修的跡象最早或許可以上溯到宋代（960－1279），❸居士佛教也早在四世紀就已經展現其重要性，❹然而明代這些模範，姑且不論其思想的原創性，光是因爲他們所處的年代較近，以及其成就造成的影響，就值得我們注意。因此，發生在明末一百年間的現象或許可說是佛教的復興。

　　袾宏、眞可、德清和智旭，無論性格或成就都大不相同，但是在整體態度和信念上展現出極高的共識：他們都明瞭佛教需要復興，也一致認爲要達到這個目標，最有效的方法是超越宗派競爭，強調宗教修行勝於義理的鑽研，並且要能理解儒家而非相互抗衡。如此說來，「自由主義」和「實用主義」也同樣被四大師奉爲圭臬。

　　明末佛教領袖面臨類似的問題，展現類似的生命力，提出的解決方法也和整體社會知識菁英所見略同。所以，跟之前相反的論證也可適用，換句話說，要了解明末整體知識風氣，必須認識當時佛教的情況，因爲那是明末整個知識與宗教復興不可或缺的一環。研究明代佛教還有另一層重要性，因爲有助於了解漢傳佛教後來的發展，也彰顯長久以來中國的宗教與義理融合問題。

　　雖然明代佛教值得研究的理由不勝枚舉，但至今這個領域的研究卻相當稀少。❺概觀漢傳佛教的相關中文著作，可以發現這些作品偏重於唐代（618－907）和唐代之前。❻由於禪宗在西方的盛行，有若干英文著作探討唐代和北宋初期，不過整體而言，西方學術研究忽視近代漢傳佛教發展也是顯而易見的。❼唯獨日本學者認眞注意這塊有待開發的領域，如本研究參考文獻所證，這些學者的努力使我受益良多，這方面尤其值得一提的是高雄義堅和牧田諦亮的著作。

　　唐代之後的佛教研究代表性不足的趨勢並非偶然，因

爲一般而言，無論學界或僧團，一向公認漢傳佛教在唐代達到顛峰，此後除了宋代的禪宗之外，佛教日漸衰微。唐代之後佛教被視爲沒落，是因爲沒有新譯的佛經，也沒有新的義理陳述，再加上僧團整體素質低落。袾宏以上述這些準則爲由，證明自己所處的年代正是末法時代，也就是佛法的衰敗時期。本書或許並未懷疑這些看法，不過的確質疑這些是不是檢視、評估唐代之後佛教的唯一標準？雖然選擇袾宏爲本書研究主題，我並未因此主張他的威望應該與智顗、玄奘等前代大師等量齊觀。明代佛教值得研究不是因爲比前代興盛或沒落，而是因爲跟前代有所不同。

　　因爲研究明代佛教，讓我相信它與前代最大的不同在於趨於融合的傾向，以及相對而言重實修而輕義理的現象。明代的佛教融合，在內顯現於各宗派的結合，在外則顯現於與儒、道兩家交好。提出這個看法不是要否認唐代和唐代以前這些趨勢或許已經存在，也不是要否認至少從宋代開始這些趨勢就已經顯現。歷經 845 年的會昌法難之後，佛教所有宗派中唯有禪與淨土持續蓬勃發展，這項事實明確指出整體而言對宗教修持的重視，因爲基本上禪宗和淨土宗的修行者皆無意建立教理體系或從事義理論述，他們各自提出自宗的修行法門，以求解脫。至於融合，永明延壽（904－975）最爲人所知的也許是爲佛教諸宗融合所做的努力，包括天台宗、禪宗、淨土宗、律宗、眞言宗（密教）；他提倡的禪淨

雙修對後世佛教徒影響甚鉅，袾宏即是其中之一。另一位宋代大師契嵩（卒於 1072）以抵禦儒家排佛揚名後世，他也是融合主義者，極力主張三教一貫相容。

從本書稍後的敘述中，我們將會看到袾宏一心一意地朝同樣的趨勢邁進。他極力提倡宗教修持實際和有步驟的方法，也衷心希望能與儒家對談。雖然終生虔信淨土，身後也被奉為淨宗祖師，但他並未畫地自限於淨土修行法門。他重視持戒，也強調研讀經典和禪修的重要性，以及密教儀式的如法行持。這是一個重要的事實，不過，他沒有嚴格劃分這些修持，也不認為它們各自獨立，毫不相干——這也許和日本一些佛教領袖的作法迥然不同。袾宏認為這些修持皆是淨業的不同層面，因此將禪、律、密併入廣義的淨土之道。他借用華嚴名相，區分念佛而成的兩種「一心」：事一心、理一心。事一心也許層次尚淺，但理一心與究竟實相無二無別，因此極為深奧。袾宏運用這個概念來證明他在整體上融合佛教的作法，同時也特別證明淨土念佛與禪修的一致性。宗教融合的起源或許可以追溯到更早時期，但是明代的融合發展相當獨特，以致相較於唐代和唐代以前的佛教，明代佛教顯然有性質上的差異。

明代有別於前代佛教並不只是因為宗教融合。漢化，也就是把佛教納入中國社會的過程，如同宗教融合，也出現在明代以前，但是漢化的影響在明代格外顯著。這間接指出

研究明代的另一個密切相關的方法。唐代之後佛教漢化有一個特點：佛寺不再是佛教研究與修行的唯一中心。與此相互關聯的事實是，人們不需要斷絕社會、家庭等關係，也能成為佛教徒。居士佛教組織日益風行，而出家僧團由於戒律不彰，流於世俗，因此威望盡失，萎靡不振。袾宏一生的志業反映出這些時代動向。他成功地推動居士佛教，為當時以士大夫階級為主的在家信眾，提出公德孝道與慈悲智慧並重的佛教形式——這確實是漢化的佛教。他也嚴正批判僧團，並且從自己的道場雲棲寺做起，努力改革出家僧眾。明代佛教僧團名聲敗壞涉及諸多因素，下文將擇要探討。

　　既然已經談到唐代以後的佛教有別於前代，而且明代甚至出現更顯著的改變，那麼接下來應該探究為什麼有如此變化？有哪些內、外在因素造成這些勢必發生的轉變？這些轉變是什麼？後來出現的這種佛教型態是否對教理有任何不同於以往的詮釋？是否產生新的心靈模式？對整個社會有任何影響嗎？最後，對出家眾的僧命而言，對中國人而言，有任何長遠的貢獻嗎？

　　這些都是複雜的大問題，需要徹底研究整個唐代之後的歷史才能解答，本書打算朝這個方向邁出第一步。以下內容根據袾宏一生兩個主要活動分為兩部分，亦即居士佛教運動的推動者，以及僧團改革的領導者。本書第二章論述袾宏的生平，概括其主要著作和活動。第三章討論禪淨雙修的傳

統，詳細探討袾宏和前代祖師大德如何看待念佛的意義與功能，也花了一些篇幅處理佛教淨土宗的本質，以及袾宏與此宗的關係。第四章詳細分析袾宏在居士佛教運動中扮演的角色，探究他的居士佛教理論，並且進一步詳盡審視其在家修持方法學。第五章分析袾宏爲弟子和一般信眾編纂的《自知錄》。這個著作的重要性，唯有放在較大的脈絡才能理解，因此這一章的分析包含「善書」演變發展的歷史研究，其中特別舉出這種文類的兩部原型作品——《太上感應篇》和《功過格》，分析其主題，並且與袾宏的《自知錄》對照。以善書而言，《自知錄》具有特殊意義，它既是盛行於明代的三教合一思想的實例，也是唯一由佛教領袖撰寫的善書，目的是爲了將佛教見解與價值觀注入普及於民間的道德觀。《自知錄》既有此特質，所以是研究中國宗教融合的最佳樣本。《自知錄》全文見本書附錄一。

　　第六章到第八章論述僧團狀況，以及袾宏爲革新所做的努力。第六章試圖說明僧團衰微的原因，與官方長期控制的諸多外在因素有關（包括對佛寺的限制、操縱戒牒的核發，以及僧官制度），也斷定這些措施往往成效不彰。第七章專門分析僧團衰微的內在原因，包括廢弛禪修、不守戒律，以及流於世俗化。值此僧團危急存亡之秋，袾宏起而強調嚴守戒律，也將復興僧團戒律視爲終生全力以赴的職責之一。第八章呈現他對僧團戒律的看法，以及在他開創與駐錫

四十餘年的雲棲寺實施的種種措施。附錄二是雲棲寺僧執事名單，同時列出各執事應盡職責。附錄三是袾宏為雲棲寺僧眾制訂的部分規約。這些文件有助於我們了解袾宏的行政管理能力，以及十六世紀中國佛寺的日常作息與種種管理問題。第九章評價袾宏的生平和作為，還有若干關於明代佛教一般的觀察見解。

■ 註釋

❶ 關於明末思想，有一篇思慮周詳的論文，參見狄培理（Wm. Theodore de Bary），"Individualism and Humanitarianism in Late Ming Thought"，收錄於 *Self and Society in Ming Thought*，頁 145-225。另見同作者 "Neo-Confucian Cultivation and the Seventeenth-Century Enlightenment" 一文，收錄於 *The Unfolding of Neo-Confucianism*，頁 141-216。

❷ 參見 de Bary，*Self and Society in Ming Thought*，頁 141-216。

❸ 永明延壽（904－975）被公認是第一位提倡禪淨雙修的重要人物。袾宏以他為權威。參見望月信亨，《中国浄土教理史》，頁 329-341。

❹ 參見許理和（E. Zürcher），*The Buddhist Conquest of China: The Spread and Adaptation of Buddhism in Early Medieval China*，尤其是其中的 "Introductory Remarks"，以及 "An Historical Survey from the First to the Beginning of the 4th Century A.D."，頁 1-80。

❺ 深入研究明代佛教的英文著作只有一篇探討袾宏的文章，以及一本專論德清的書：Leon Hurvitz，"Chu-hung's One Mind of Pure Land and Ch'an Buddhism"，收錄於 *Self and Society in Ming Thought*，頁 451-482；徐頌鵬（Sung-peng Hsu），*A Buddhist Leader in Ming China: The Life and Thought of Han-shan Te-ch'ing, 1546-1623*。陸寬昱（Charles Luk）經常論及德清，並且在他的著作 *Ch'an and Zen Teaching* 第一、二輯中大量引述德清生平自述，但是並未整體探討明代佛教，只是單獨探討德清的思想。德清的生平自述是另一篇文章的中心要旨：吳百益（Pei-yi Wu），"The Spiritual Autobiography of Te-ch'ing"，收錄於 *The Unfolding of Neo-Confucianism*，頁 67-92。關於袾宏，雖然近幾十年來只出現上述 Hurvitz 一文，但也許

十九世紀西方學者投入更多關注，例如位於倫敦的東方翻譯基金會（the Oriental Translation Fund）於 1831 年刊行 *The Catechism of the Shaman: Or the Laws and Regulations of the Priesthood of Buddha in China*，此書是收錄於袾宏著作全集第 13 卷《沙彌律儀要略》的英譯，並附註釋和圖示，譯者爲 Charles Fried Neumann。

❻ 漢傳佛教史權威湯用彤完成了以唐代之前佛教爲主題的傑出研究，參見《漢魏兩晉南北朝佛教史》。馮友蘭的《中國哲學史》下冊（Derk Bodde 譯本）探討唐代佛教各宗派。陳垣的近代佛教研究，依然是公認權威的參考文獻，參見《明季滇黔佛教考》、《釋氏疑年錄》（北京，1964）。近年來臺灣佛教學者重新燃起研究明清佛教的興趣，例如張聖嚴以日文寫作、刊行的博士論文《明末中國佛教の研究》，此書是以蕅益智旭生平與思想爲主題的完整研究。釋東初的《中國佛教近代史》全面考察近代至民國時間的漢傳佛教。

❼ 但是，（有別於近代）現代漢傳佛教論述是例外，其中傑出的著作包括艾術華（J. Prip-Møller）的 *Chinese Buddhist Monasteries*，以及尉遲酣（Holmes H. Welch）的 *The Practice of Chinese Buddhism 1900-1950* 和 *The Buddhist Revival in China*。

第二章
袾宏生平與主要著作

　　有關袾宏生平的參考資料很多，主要出處包括友人、弟子和在家信眾所寫的銘文和傳記，他為紀念父母和元配所寫的文章，以及散見於他所有著作中的附帶回憶記述。

　　以下列出相關銘文和傳記：一、德清，〈古杭雲棲蓮池大師塔銘〉；二、吳應賓，〈蓮宗八祖杭州古雲棲寺中興尊宿蓮池大師塔銘并序〉；三、廣潤，〈雲棲本師行略〉；四、虞淳熙，〈雲棲蓮池大師傳〉。除了虞淳熙的〈雲棲蓮池大師傳〉之外，其餘三筆資料都出自袾宏著作全集《雲棲法彙》。❶袾宏提及自己家庭背景和早年生活的文章，舉其要者如下：〈自傷不孝文〉，〈先考妣遺行記〉，〈張內人誌銘〉。這三篇也收錄於《雲棲法彙》。❷

　　清朝初年彙集的二手資料數量也相當可觀，❸通常是內容簡短的條目，有些有一、兩頁的篇幅，有些只有寥寥數行。這些資料都是根據上列第一手參考資料而做的摘要或節錄，尤其是德清的塔銘和廣潤的傳記。《五燈嚴統》、《五

燈全書》、《續燈存稿》都是禪僧的傳記合集，不是單純收錄一般出家眾的傳記。值得注意的是，在這三部文獻中，袾宏、達觀（紫柏真可）和德清皆名列「未詳法嗣」一節。以下論述袾宏的生平、事跡和著作，所有參考文獻都是第一手資料，除非另外註明。

明嘉靖十四年正月二十二日（1535 年 2 月 23 日）袾宏出生於杭州仁和縣，地屬今天的浙江省，這個省分是數百年來佛教重鎮之一。袾宏，字佛慧，是地方上世代望族沈氏的長子，出生時雙親皆已四十五歲。父親名德鑑，雖然從未擔任任何官職，但根據袾宏所述，其父博聞強記，工於書法，熟悉陰陽醫卜之學。❹他經常教誨袾宏，強調必須終身學習、容忍，並能寬恕他人，也告誡袾宏慎勿與官府打交道，包括不宜從官府領錢，為官府織布，或為人擔保，甚至連官府的低階書吏也不應任職。巴結官員，或居間涉入官府與百姓之事，更是危險。這些訓誨在袾宏心中留下深刻的印象。多年後，袾宏出家為僧，說道：

> 予再拜服膺。後觀親識中，坐此而敗者十七八。繇是推而廣之，即為官亦所不願。出家後，又推而廣之，不敢妄干有官大人，并誡徒眾，不得乞緣出入於官家，不得倚官勢與人搆訟。安貧守分，倖免於大戾。雖遵持佛敕，亦素聞於庭訓也。❺

然而，儘管對官府採取如此消極的態度，袾宏此生直到三十二歲都是傳統儒家學者。他勤奮用功，對儒道經典的理解皆可謂傲視同儕。他父親對其學業甚爲關心，但是也告訴他：不應以功名爲第一要務。袾宏十六歲時，離家發憤讀書，準備童試，他父親來信勸勉：「功名富貴亦有天命，不可太執。」袾宏讀後，感動落淚，回信說道：「兒負重行遠，誠萬不及人。至於殫精文事殊不困，幸大人無慮。」❻次年十七歲通過考試，成爲諸生，取得官學學籍。

　　除了繼續準備更高階層的考試，他也開始研究佛教與道教。他接觸佛教的因緣始於鄰居一位老婦：得知老婦一日誦念佛號數千聲，他很好奇背後的原因，老婦表示，她亡夫生前修持念佛，過世時身無病苦，僅與家親眷屬道別，即安然辭世。❼袾宏得聞此事，深受感動，於是也開始修持念佛法門，並且書寫禪宗弟子常說的「生死事大」四字，置於案頭，以自惕勵。此外，最晚於此同時，他發現成書於宋代的知名善書《功過格》，於是重印此書，免費流通，日後且以此書爲本，撰寫《自知錄》。我們無從得知袾宏成爲佛教在家居士的確切年代，但是當他二十歲成婚時，已自稱「蓮池居士」──「蓮池」意謂他希望往生西方極樂淨土。婚後五年，他的妻子產下一子，不幸早夭，五年後其妻也過世。她顯然是賢妻，故得袾宏珍重悼念，如以下悼亡辭所述：

居士素懶，擯世事，不以過眼。碩人乃身任勞瘁，無細大，百不以擾居士。居士遂以四大輕安，門生故舊，宴坐清談，參請熏修，隨心自在，不識有人間內顧之慮。居士平居禮佛，碩人躬製幢旛，捨奩資為供養具，不吝。居士平居齋食，碩人每膳必留心蔬品，口不及自奉。居士平居愛購內典，有持至者，不俟居士知，買而進曰：知君所重者此也。❽

除了茹素念佛之外，袾宏亦戒殺生祭祀，而以素菜鮮果替代。

其時袾宏雖然好佛，但或許只是在家信眾。明代受過教育的儒者通常熟知佛理，也會在人生某個階段投入某種佛教法門的修持。袾宏割愛辭親，捨俗出家，極有可能與連年考場失意、家人相繼辭世有關。短短六年之內，他遭遇喪妻、喪子，以及父母俱亡之痛。他二十七歲那年，父親過世，當時他下定決心，如果三十歲之前沒有通過鄉試，四十歲前沒有通過會試，則放棄仕途。❾二十九歲喪妻，奉母命續絃，繼室湯氏出身貧苦，也是茹素信佛之人。三十一歲母亡，仕途依然不順。

最終觸發他出家因緣的是一件小事，關於此事的敘述有三種不同版本。根據其中一個版本，❿一日正當袾宏閱讀《慧燈集》時，⓫失手打碎茶碗，頓時醒悟人生無常，如白

圖二　逗機發願（《淨土傳燈歸元鏡》，卷1，頁7b）

駒過隙，徒勞無益。另一個版本則記述此事發生於除夕，**⓬**
繼室湯氏泡茶，將要奉上茶水之際，茶杯突然破裂，袾宏微
笑說道：「因緣無不散之理。」第三個版本也記載此事發生
於除夕，**⓭**打破青釉瓷杯的是婢女，袾宏出聲訓斥，湯氏卻
說：「萬物有數，是青瓷破，亦數也。」袾宏聞言深有所
感，據說因此而發心出家。

　　無論故事細節有何差異，顯然此事的重要性僅在於象
徵意義。多年來袾宏屢試不中，頻頻受挫，這點無庸置疑，
至親接二連三去世更加深他對人生苦短、徒勞無益的感觸。
打破茶杯一事雖然微不足道，卻是長久以來潛意識心理變化
過程的頂點。以下這首詩是當時他為湯氏所作，也許最能表
達他的心境：

> 君不見，東家婦，健如虎，腹孕常將年月數。
>
> 昨宵猶自倚門閭，今朝命已歸黃土。
>
> 又不見，西家子，猛如龍，黃昏飽飯睡正濃。
>
> 遊魂一去不復返，五更命已屬閻翁。
>
> 目前人，尚如此，遠地他方那可指。
>
> 聞將親友細推尋，年去月來多少死。
>
> 方信得，紫陽詩〔紫陽即宋朝道士張伯端〕，語的言真
> 不可欺。
>
> 昨日街頭猶走馬，今朝棺裏已眠屍。

伶俐人，休瞌睡，別人與我同一類。

狐兔相看不較多，見前放著傍州例。

鑽馬腹，入牛胎，地獄心酸實可哀。

若還要得人身復，東海撈鍼慢打捱。

我作歌，真苦切，眼中滴滴流鮮血。

一世交情數句言，從與不從君自決。❹

1566 年，袾宏三十二歲，禮請西山（今浙江省臨安市以西）性天理和尚爲他剃度，然後乞請無塵玉律師，於杭州昭慶寺戒壇授具足戒與菩薩戒。❺

袾宏從性天理和尚剃度出家之時，繼室湯氏亦誓受五戒，成爲優婆夷（受五戒的在家女性佛教徒），❻當時年方十九。在她母親過世後，也在四十七歲那年出家爲尼，法名袾錦。袾宏有幾位主要的俗家弟子，如宋應昌、朱衷純等人，出資於城內購置屋宅，改建爲尼庵，袾錦五十九歲時任住持。此庵名爲「孝義庵」，以表彰袾錦的孝心孝行，以及在家施主的善心布施。❼

袾宏和繼室的關係相當獨特，他曾爲文感念追思湯氏的無私護持。❽他在出家爲僧之前，按照朝廷規定程序，寫信給提督學道，請求許可進入僧團。他的堂兄試圖攔截此信，以挫其出家之志，但湯氏一得知此事，立刻告訴袾宏。袾宏落髮當晚，親友試圖阻止，也慫恿湯氏加入勸阻行列，

然而她表示自己早已知道夫君發願了生脫死，其意已決不可改。最後她成功勸退眾人，不再試圖阻撓袾宏出家。數年後，袾宏在南京瓦官寺參學期間，曾經一病不起，幾乎氣絕。湯氏聽到這消息，立刻以道教方式禮拜北斗星君，祈求袾宏病癒。對當時的宗教生活而言，這可說是一個有趣的註腳，說明她的佛教信仰並不妨礙她從事道教修持。

湯氏的忠誠摯愛顯然被視為典範。當時袾宏的伯母是沈氏家族的大家長，湯氏的作為令她深受感動，於是在其他女眷面前當眾表揚：「汝曹見聞否？彼丈夫棄之出家，不懷冤恨，而反祈禳。希有也！願汝曹效之。」袾宏認為自己能夠毅然決然出家，大多得力於湯氏的體諒與支持。她早袾宏一年過世，兩人的舍利塔相距不遠。

袾宏出家受戒後，依遊方僧傳統，於六年間行腳大江南北，尋師訪道。在京師參學於徧融、笑巖兩位德高望重的禪師。❶根據袾宏記述，兩位大師在他參訪次年示寂。❷他何時參訪我們無從得知，不過既然他 1571 年回到杭州，則可推知參學必然在此之前。雖然他在二師座下參學時日不長，卻顯然對當時所學留下深刻印象，尤其是徧融的點撥。笑巖則是隱居避世之人，鮮少接見訪客。❷徧融強調實修，沒有著述傳世。袾宏描述初次拜見徧融的情形如下：

予入京師，與同行二十餘輩，詣辯融師參禮，請益。融

教以無貪利，無求名，無攀援貴要之門，唯一心辦道。既出，數年少笑曰：吾以為有異聞，惡用是寬泛語為。予謂不然，此老可敬處正在此耳。渠縱吶言，豈不能掇拾先德問答機緣一二以遮門蓋戶？而不爾者，其所言是其所實踐。舉自行以教人，正真實禪和，不可輕也。❷

據說袾宏途經東昌（今山東省聊城），而有第一次開悟體驗，當時寫下一偈：

二十年前事可疑，三千里外遇何奇。焚香擲戟渾如夢，魔佛空爭是與非。

三年遊方期間，袾宏一如以往，謹記身為人子的本分，為亡母守孝三年，無論行腳何處，皆隨身懷藏亡母的神主牌位，每餐必先供養。

袾宏參加浙江一帶各寺院舉行的禪期，前後共五次，但他一心參禪，不曾分心探問鄰座比丘的法名。1571 年，袾宏回到故鄉杭州，經過雲棲山的梵村，見四周山水幽寂，頗合己意，於是決定留在當地安身終老。當地人士太學生陳如玉、李繡為他結茅建屋。他繼續參禪用功，日中一食，甚至曾經絕糧七日。據說他在胸前掛一鐵牌，上面寫著：「鐵若開花，方與人說。」

圖三　東昌發悟（《淨土傳燈歸元鏡》，卷 1，頁 8a）

當時雲棲山有一古寺遺跡，原爲 967 年特爲伏虎禪師所建。❷伏虎禪師法名志逢，生於五代（907－960），卒於北宋雍熙二年（985），以嚴持戒律聞名。有一天，當他禪坐時，突然有一神人來到面前，自稱「護戒神」，並且說志逢戒行幾乎圓滿無缺，只是偶有小過。志逢立刻請問自己有何缺點？護戒神回答：即使是用來洗缽的水也是施主所供養，他卻經常丟棄洗缽水，這是不當的行爲。自此以後，志逢總是把洗缽水喝完，一滴不剩。另有一則軼事談到他對山中寺院附近老虎的慈悲心，他經常化緣去買肉，餵食餓虎。據說眾虎常在路旁守候，等他回來載回山中。❷

弘治七年（1494）雲棲寺毀於洪水，此後七十餘年皆是一片廢墟。袾宏最初來到此地，深愛其幽靜離俗，卻無意在此建立道場。其實，他對於新建道場態度相當消極，如以下這段反思可知一二：

> 叢林為眾〔僧眾共住〕，固是美事，然須己事已辦而後為之。不然，或煩勞神志，或耽著世緣，致令未有所得者望洋而終，已有所得者中道而廢。予興復雲棲，事事皆出勢所自迫而後動作，曾不強為，而亦所損於己〔之修持〕不少。❷

雖然有所不願，袾宏最終還是答應住持雲棲寺，然而他對擔

任宗教領袖一職的猶豫心態似乎一直存在。後來他對居士結社也表明類似的保留態度，不過其中至少有一個社團請他領導，亦獲得首肯。

促使雲棲寺重建的因緣，有兩個主要事件：一是當地大旱不雨，袾宏念佛而得普降甘霖，二是當地常有猛虎出沒，袾宏成功平息虎患。由於這些功績，村民紛紛自告奮勇重建雲棲寺，以報袾宏恩德。

雲棲山周遭據說常苦於虎患，每年為猛虎所傷者不下二十人，而死傷的家禽家畜更是不計其數。為了解決這個問題，袾宏誦經千卷，並且舉辦瑜伽施食法會，據袾宏所言，虎患最終得以平息，不再有人為虎所傷。㉖但顯然事實與此略有出入，因為萬曆二十四年（1596）他再次主持法會以解除虎患。法會中所用的疏文留存至今，有助我們了解禳虎法會的過程：

　　萬曆二十四年十月，本府錢塘縣定北、五圖，乃至各鄉村虎獸為災，傷人及畜甚眾，本鄉某等來求禳解。宏思人虎本同一性，傷害縣乎宿冤。捕之，則彼此相夷；遣之，則自他何別？必須修齋作福，庶可默化潛消。於是雲集僧伽，就於本境黃山妙淨寺中，啟建禳解道場五晝夜，至某日圓滿。於中謹備香燭茗果之儀，命僧翹勤頂禮梁皇懺法一十二部，終宵設放瑜伽餤口。以此功德（云云），又復

祈禱自古伏虎聖賢，牒至諸方山神土地。承斯善利，伏願
前生負虎之命者，悉皆解釋怨瞋，不相酬報；今日為虎所
噬者，俱得早生善趣，不墮傷亡。人無害虎之心，發慈悲
而永除殺業；虎絕傷人之意，盡此報而速脫苦輪。下至微
類含靈，咸蒙護庇，遠及多生滯魄，俱獲超昇。人人植菩
提因，處處成安樂土。㉗

根據流傳下來的記述，㉘袾宏剛到雲棲這一年（隆慶五年，
1571 年），當地發生嚴重旱災，村民乞求袾宏禱雨，他起
初婉拒，對眾人說：「吾但知念佛，無他術也。」但眾人堅
持，最後他被說服，答應祈雨。他走到田間，沿著稻田敲擊
木魚，誦念佛號，所經之處，普降甘霖。村民對他的能力驚
歎不已，同時滿懷感恩，於是扛著木材、工具前來，自願幫
忙重建傾頹已久的寺院，他們說：「禪師福吾村，吾願鼎新
寺之遺址，以永吾一境之香火。」幾日之內，雲棲寺即完成
重建，不過，這座新建的寺院外無富麗堂皇的山門，內無大
殿，只有供僧眾用功的禪堂，以及安奉經典、聖像的法堂。
雖然袾宏起初對於建立叢林有所猶豫，但雲棲寺逐漸成為佛
教修行重鎮。他以淨土修行為僧眾主要目標，冬天專修坐
禪，輔以講經開示。

　　解讀僧人傳記時，通常會碰到一個問題，也就是如何
區別歷史與聖傳（hagiography）。在袾宏的傳記中，關於伏

圖四　恩沾法雨（《淨土傳燈歸元鏡》，卷1，頁9b）

虎和祈雨的感應事蹟，他本人和信徒的說詞是現存唯一資料來源，但是這些神異之事是否真的發生，也許比不上人們對這些事蹟的看法來得重要。就實用功能而言，村民和袾宏的連結，得力於法會或儀式的舉行，以及人們認定這些儀式的效力。自唐代以來，民間私人建寺畢竟是寺院建造的三大管道之一。其他兩種管道是僧人自建，以及官方出資興建。❷艾伯華（Eberhard）曾經研究唐代以後各朝代建寺活動，據他所言，「在所有寺院中，私人建寺的比例維持在整體的 20% 到 40% 之間，但是在官方建寺走勢強勁的時期，僧人自建的趨勢相對疲弱，反之亦然。」❸官方造寺最興盛的時期大約在 950 年（61%）、1150 年（47%）、1500 年（48%）；僧人自建最盛的時期約莫是 850 年（70%）、1050 年（56%）、1400 年（56%）；私人建寺最活躍的時期大約在 1200 年（39%）、1300 年（36%）、1800 年（40%）。袾宏活躍期前後大約一百年間（1550－1650），恰好是 900 年後第二個建寺巔峰，這段時期值得注意的是官建寺院的比例從 43% 降至 33%，在 1600 年降至最低點 28%，在此之前，僧人自建寺院的比例已從 27% 提高至 43%。然而民間私人造寺比例直到 1600 年都維持在31%，而在 1650 年前後降至 24%。這個時期的趨勢顯然是僧人自建寺院大增。

　　因此，雖然雲棲寺重建並未順應一般趨勢，卻讓我們

能深入了解民間私人發心建寺的起因與特色。當地人士所以造寺，通常涉及士大夫階級對一位敬重的高僧的贊同和鼓勵，不過也有例外。而這種造寺活動是為了報答他過去造福當地百姓的作為，以及將來給予他們精神的指導。對於僧人來說，一旦安頓於寺中，就覺得對鄰里有義務，自然生起一份責任感。我們可以推斷，由於寺院與當地居民彼此忠誠而形成的這種關係，確保寺院歷久不衰。事實上，據說至少直到第二次世界大戰時雲棲寺都還存在，並且相當活躍，1934年出版的一本佛寺史可證實此事。❸關野貞和常盤大定合著的《支那仏教史蹟》也提到雲棲寺，兩人於1920年代參學中國寺院與史蹟時，曾親眼見到這座寺院。❸

　　除了上述事蹟之外，袾宏也多次對當地百姓之所需表達體貼與關懷。萬曆十六年（1588），雲棲寺鄰近地區由於接二連三乾旱與天災，飽受瘟疫蹂躪。穀米價格飆漲，僥倖不死於瘟疫的人也免不了餓死。袾宏應太守余良樞之請，於靈芝寺啟建燄口法會，以期祈禳災患，福國佑民。這場法會歷時七天七夜，眾僧雲集，諷誦《金剛經》、〈梵網經菩薩戒心地品〉、《藥師琉璃光如來本願功德經》、《法華經》，以及〈華嚴經普賢行願品〉。❸據說法會圓滿時，瘟疫就減緩了。又有一次，梵村的朱橋被潮汐沖毀，交通受阻，過往行人苦不堪言。余太守請袾宏主導募款活動，以重建朱橋。袾宏請每個居民捐出八分銀（一兩銀的百分

之八），不分貧富貴賤。選擇八分銀的原因是「八」象徵
「坤」，也就是「土」，所以能制「水」。不久，造橋所
需款項就募集完成。據說準備打地基時，袾宏在施工地點持
咒，所以有好幾天都沒有潮汐出現，也因此得以及時完成朱
橋重建工程。❸

　　袾宏的鄰里社交活動有幾分是出自對一般百姓的關
懷？又有幾分是出自對在家護持者的責任感呢？這是有趣
的問題。我們知道雲棲寺完全仰賴十方信施：

> 自有叢林以來，五十年中……居常數千指。〔袾宏〕不
> 設化主，聽其自至。稍有盈餘，輒散施諸山，庫無儲畜。
> 凡設齋外，別有果資以供師者，咸納之，隨手任施衣藥，
> 抹貧病。❸

　　由於體認雲棲寺在經濟方面有所依賴，有些日本學者
提出：袾宏可能是為了順應逐漸以士大夫階級為主的在家信
眾，而調整自己的作法和教法。大浦正弘❸進一步指出，雖
然在重建雲棲寺時，袾宏得到平民百姓鼎力相助，但是後來
有權勢威望的士大夫階級對他的忠誠護持，更勝於普通百
姓，而袾宏自己也是士大夫階級出身。不過，這個論點沒有
足以令人信服的證據，而且對袾宏的行事動機隱含有真正慈
悲與投機隨俗的對立，這種二分法也顯得造作與武斷。我們

圖五　普濟幽魂（《淨土傳燈歸元鏡》，卷1，頁10a）

不能僅因爲袾宏也想接引士大夫階級的信眾，就質疑他對一般百姓的關注。他接受了在家信徒的護持，也就同時承擔了在適當時機造福鄰里的責任，這是不言而喻的。地方官府負責賑濟飢民，修復橋樑，但是地方上主要的神職人員和僧人通常被寄望能夠對這些公眾之事提供援助和祈福。事實上，自唐代以來，寺院積極參與地方事務已經成爲佛教的一種傳統，佛寺不僅做爲往來行旅暫時歇宿之所，也經營「無盡藏」，充當整個鄰里的金庫、當鋪，以及信貸協會。❸另外還有「悲田院」，由寺院撥出大片土地，做爲社會救濟之用。這塊土地的收益用於爲病患設立醫院、藥房，爲飢民設置施食處，也爲老病成立庇護所。其他實例還包括在寺院周邊蓋澡堂，通往著名聖地的道路沿途建客棧，還有造橋、鋪路、掘井、沿幹道植樹等工程。❸雖然袾宏沒有提及這些前朝先例，但是無論是他或他的信眾應該知道它們的存在。

　　雲棲寺重建完成後，袾宏擔任住持，直到 1615 年示寂爲止。他成功地讓雲棲寺成爲淨土修行、僧眾嚴持戒律，以及在家信眾活躍的模範道場。雖然他早年戮力禪宗修學，後來卻愈來愈強調淨土了生脫死的法門。萬曆十二年（1584），他完成兩部著作：一是《阿彌陀經疏鈔》（《雲棲法彙》6－9），註解小本《阿彌陀經》（淨土宗最根本的經典），二是《往生集》（《雲棲法彙》16），彙集公認已往生西方極樂世界的淨土行者傳記。這些是袾宏最早的著

作，指出他日後教化依循的方向。

　　當今大多數佛教信徒和學者都認為，袾宏是禪淨融合這個傳統的最後一位具有影響力的思想家。❸如果「融合」意謂兩個同等重要元素的合併，就不能說袾宏融合淨土宗與禪宗。如本書後續章節所示，袾宏極力倡導淨土教理，尤其是持名念佛，他認為那是三根普被、利鈍全收的法門。為了讓淨土教理與法門更容易為人接受，他也認可禪宗、華嚴、天台，或甚至密教的宗旨，但在接受這些宗派的同時，他也總是體悟：對他所處的時代而言，淨土法門最有效、最適當。換句話說，根據袾宏的看法，一個人單憑念佛（持名念佛），即使沒有投入其他修行活動，也可以達到解脫、證悟，反之則不然。

　　其次，袾宏念茲在茲的是戒律的復興，從他著作的順序與數量也可以看出這一點。完成淨土相關的作品之後，他接著撰寫兩部關於戒律的著作，一是成書於萬曆十三年（1585）的《緇門崇行錄》（《雲棲法彙》15），彙整以嚴持佛戒聞名、堪當表率的僧人行誼記述。兩年後，他寫出《戒疏發隱》（《雲棲法彙》1－4），解釋智顗為《梵網菩薩戒經》所做的註釋。這部著作特別重要，原因在於為出家戒律提供理論依據，對居士佛教也影響甚鉅。他在這整部作品的註釋中，力圖以儒家孝道思想輔助佛教的慈悲觀。他也提出：要達到慈悲與孝道的要求，戒殺、放生、茹素都是

不可或缺的，相同主題的一篇文章〈戒殺放生文〉❹成為這個文類的經典之作。這也促使在家居士圈中興起一股結社放生的風氣，也就是組織「放生會」，竭力募款建造放生池，並且固定每隔一段時間集會，將被捕的鳥類、魚類和其他動物放生。

　　在雲棲寺的行政管理方面，袾宏既是傑出的戒律大師，也是稱職且出色的住持。他詳細制定管理僧眾生活各層面的規約，擬定《雲棲共住規約》（《雲棲法彙》32）。他揀擇、減縮與匯編有關戒律的文獻，用以教育比丘、比丘尼、沙彌、沙彌尼。他也恢復自唐代以來廢止已久的誦戒會（poṣadha，布薩），也就是僧眾定期聚集念誦波羅提木叉（prātimokṣa，戒本）的集會，在此儀式中，於全寺僧眾面前依次念誦五戒、十戒、二百五十條比丘戒，以及菩薩十重四十八輕戒，若有違犯，則當眾懺悔，重新受戒。此後三百年間，中國依然實行這樣的誦戒會。

　　袾宏於萬曆四十三年（1615）七月四日示寂，卒年八十一歲。❹他在過世前不久，曾進城向弟子辭別，首先會晤在家弟子宋守一，再一一尋訪故舊，告知自己即將遠行。過世前一晚，他走入寮房，閉目不語，當雲棲寺眾僧明白他即將圓寂時，即派人通知城中諸弟子，眾人趕來環侍在側。袾宏最後囑咐眾人：「大眾！老實念佛，毋捏怪，毋壞我規矩。」他並未指定繼任者，只是明確規定：此人必須解行

雙全，並且要以戒臘次第爲衡量標準。❷袾宏往生後，鄒匡明、王宇春兩位在家弟子蒐集他所有著述，歷時十日，但是並未立即付梓。直到十年後，也就是天啓四年（1624），集合眾弟子之力才得以刊行，參與此事者有十八位比丘和三十八位在家居士。袾宏著作全集由宋守一定名爲《雲棲法彙》，分爲三大類，總計三十四卷。❸

■ 註釋

❶ 此處所用的《雲棲法彙》是金陵刻經處 1897 年的重印版，這三筆
資料都出自冊 34。虞淳熙的〈雲棲蓮池大師傳〉收錄於《皇明文
海》卷 169，牧田諦亮全文引用於《中國近世佛教史研究》，頁
208。

❷ 《雲棲法彙》29，頁 55a；《雲棲法彙》28，頁 50a-55a，53a。

❸ 此類資料列舉如下：一、費隱，《五燈嚴統》，序於 1653 年，
卷 16，《大日本續藏經》（以下略稱《續藏》），編 2 乙，帙
12，冊 4，頁 368-369；二、通問，《續燈存稿》，序於 1666 年，
卷 12，《續藏》，編 2 乙，帙 18，冊 1，頁 142-143；三、超
永，《五燈全書》，序於 1693 年，卷 120，《續藏》，編 2 乙，
帙 15，冊 1，頁 100-101；四、周克復，《淨土晨鐘》，卷 10，
《續藏》，編 2，帙 14，冊 2，頁 154；五、彭紹升，《淨土聖賢
錄》，卷 5，《續藏》，編 2 乙，帙 8，冊 2，頁 145-147；六、彭
紹升，《一行居集》，卷 6；七、明河，《補續高僧傳》，卷 5，
《續藏》，編 2 乙，帙 7，冊 1，頁 55-56；八、徐昌治，《高僧
摘要》，卷 1，《續藏》，編 2 乙，帙 21，冊 4，頁 345；九、幻
輪，《釋鑑稽古略續集》，卷 3，《大正藏》，冊 49，頁 952；
十、喻昧庵，《新續高僧傳四集》，卷 43；十一、趙世安，《仁
和縣志》，序於 1690 年，卷 21。

❹ 《雲棲法彙》28，頁 52a，〈先考妣遺行記〉。

❺ 《雲棲法彙》25，頁 43a，〈遠官字〉。

❻ 《雲棲法彙》28，頁 53a，〈先考妣遺行記〉。

❼ 《雲棲法彙》31，頁 68a-b。

❽ 《雲棲法彙》28，頁 57a，〈張內人誌銘〉。

❾ 《雲棲法彙》29，頁 55b，〈自傷不孝文〉。

❿　虞淳熙，〈雲棲蓮池大師傳〉；明河，《補續高僧傳》。

⓫　此處《慧燈集》可能是元代僧人文才（1241 － 1302）的著作，文才生平載於《佛祖歷代通載》，卷 22。參見李華德（Walter Liebenthal），《肇論》（*Chao Lun: The Treatises of Seng-chao*，香港，1968），頁 14。然而，根據李華德所述，另有一位僧人名為「慧燈」或「慧證」（或作「慧澄」）為《肇論》作注，即三卷本的《肇論抄》，此書最初列於圓仁於 839 年自唐攜回日本的圖書目錄中，但是這位慧燈（或慧證、慧澄）的確切身分不詳，也不清楚他是否有以自己法名「慧燈」為題的著作。

⓬　德清，〈古杭雲棲蓮池大師塔銘〉。二十世紀名僧虛雲聞茶杯破碎之聲而達悟境，曾自述此事如下：「〔1895 年〕至臘月八七，第三晚，六枝香開靜時，護七例沖開水，濺予手上，茶杯墮地，一聲破碎，頓斷疑根，慶快平生，如從夢醒。」參見尉遲酣（Holmes H. Welch），*The Practice of Chinese Buddhism 1900-1950*，頁 82。

⓭　《仁和縣志》，卷 21。

⓮　《雲棲法彙》29，頁 59b-60a，〈出家別室人湯〉。

⓯　昭慶寺由吳越王始建於 947 年，後於 978 年築戒壇，是浙西首設戒壇的寺院。這座戒壇留存至今，然而同一地區另兩座寺院的戒壇，即建於 1131 年的開元戒壇和建於 1162 年的仙林戒壇皆不復存在。因此，昭慶寺向來備受尊崇。參見艾術華（J. Prip-Møller），*Chinese Buddhist Monasteries*，頁 345。1566 年，朝廷下令禁止設戒壇傳戒，袾宏就在這一年受戒。

⓰　《雲棲法彙》33，頁 79b。

⓱　同上，頁 67a-68b。

⓲　同上，頁 76b-77a。

⓳　二位禪師的傳記載於若干文獻，舉其要者，如《釋鑑稽古略續集》，卷 3，《大正藏》，冊 49，頁 95a。

⓴　《雲棲法彙》17，頁 60b。袾宏所撰的〈笑巖略傳〉，收錄於《皇明名僧輯略》。

㉑　同上。

㉒　《雲棲法彙》25，頁 33a-b，〈辯融〉。

㉓　關於雲棲寺歷史以及袾宏重建的出處：董其昌，〈重建雲棲禪院碑記〉，《雲棲法彙》33，頁 18a-20a；陶望齡，〈杭州雲棲禪院法堂記〉，同上，20a-23a；馮夢禎，〈雲棲蘭若志〉，同上，23a-24b；袾宏，〈重修雲棲禪院記〉，同上，24b-26b，以及〈復古雲棲寺記〉，同上， 26b-27a。

㉔　〈五代雲逢禪師〉，收錄於瑪瑙元敬、東嘉元復所輯的《武林西湖高僧事略》，袾宏轉載於《雲棲法彙》17，頁 14b-15a。

㉕　《雲棲法彙》24，頁 25b-26a，〈建立叢林〉。

㉖　《雲棲法彙》33，頁 25b，〈重修雲棲禪院記〉。

㉗　《雲棲法彙》28，頁 62b-63a，〈禳虎疏〉。

㉘　《雲棲法彙》34，頁 3b，德清，〈塔銘〉；《雲棲法彙》33，頁 25b-26a，〈重修雲棲禪院記〉。

㉙　參見艾伯華（Wolfram Eberhard），"Temple-building Activities in Medieval and Modern China." 尤其是 "Temple Builders" 一節，頁 312-317。

㉚　同上，頁 314。

㉛　項士元，《雲棲志》。

㉜　関野貞、常盤大定，《支那仏教史蹟》。

㉝　《雲棲法彙》28，頁 63a-64a，〈禳災疏代余太守〉。

㉞　《雲棲法彙》28，頁 65a-66a，〈重修朱橋緣疏〉；《雲棲法彙》34，頁 4b，德清，〈塔銘〉。

㉟　《雲棲法彙》34，頁 7a-b，德清，〈塔銘〉。

㊱　大浦正弘，〈明代仏教に関する一考察——雲棲袾宏とその叢林の社会思想史的研究〉，頁 36-49。

㊲　陳觀勝（Kenneth Ch'en），*Buddhism in China: A Historical Survey*，頁 263-267，以及他的另一著作，*Chinese Transformation of Buddhism*，頁 125-178；Jacques Gernet，*Les Aspects Économiques du Bouddhisme*

dans la Société Chinoise du Ve au Xe Siècle（Saigon, 1956）；楊聯陞
（Lien-sheng Yang），"Buddhist Monasteries and Four Money-Raising
Institutions in Chinese History"；Dennis Twitchett，"Monastic Estates
in T'ang China"，收錄於 Asia Major，5.2（1956），頁 123-146，以
及另一篇文章，"The Monasteries and China's Economy in Medieval
Times"，收錄於 Bulletin of the School of Oriental and African Studies，
19.3（1957），頁 526-549。

38　陳觀勝，Buddhism in China: A Historical Survey，頁 295。

39　此說的詳細闡述，見於高雄義堅的〈雲棲大師袾宏について〉，頁
238-248。後來的學者皆仿傚此詮釋，沒有任何重大改變，例如望
月信亨，《中国浄土教理史》，以及小笠原宣秀，《中国近世浄土
教史の研究》。

40　收錄於《雲棲法彙》22，頁 3-20。

41　彭紹升在《淨土聖賢錄》記載袾宏卒於萬曆四十年（1612）六月，
生於嘉靖十年（1531）。在所有相關資料來源中，只有他記載的生
卒年有所不同。

42　《雲棲法彙》34，頁 8a-9a，德清，〈塔銘〉。

43　袾宏著作細目詳列於本書參考書目。

第三章
袾宏與禪淨雙修

著名的日本禪宗大師白隱（1686－1769）抨擊袾宏最為猛烈。在他的著作《遠羅天釜續集》（*Orategama Zokushū*）中，有如下的批評：

> 時至明末出現一位人士，人稱雲棲袾宏，參禪之力不足，亦無見道之眼。精進修學時，無法獲得涅槃之樂；退步時，則怖畏生死輪迴。最後不勝悲嘆，遂欣慕慧遠蓮社之遺風，捨棄禪宗祖庭孤危之真修，自稱「蓮池大師」，造《彌陀經疏鈔》，大力倡導念佛法門，對於禪法的理解極為淺薄。❶

白隱禪師在憤慨之中，對事實的陳述不免有些錯誤。如前所示，袾宏的確嚮往淨土法門，尤其是持名念佛，甚至在他出家之前即是如此。他也確實為經典作注，那不是在他晚期或禪修無法突破瓶頸之後的著作，而是早期作品。不過，白隱

禪師的主要論點是可理解的，因爲袾宏終其一生都戮力於淨土持名念佛與公案禪的融合。正是因爲這一點，白隱禪師批評袾宏。

白隱禪師反對禪淨混和，曾有如下闡述：

> 悲哉！大雅枯而桑間湧，古曲啞而鄭衛震。百年以來，真實家風丕變，禪徒醜態畢露。身爲禪僧而結合淨土者，多如麻粟。昔日外現是聲聞，內秘菩薩行；今則外現佛心宗，內秘淨土行。恰如一器之中水乳混雜。❷

白隱禪師捍衛禪宗的純粹不雜，他抨擊袾宏，因爲袾宏在禪法中引進淨土宗的要素，因此敗壞禪宗的「孤危」修行法門。細讀這些段落和其他論述，令人覺得白隱禪師將袾宏視爲禪淨雙修的創始者。其實袾宏不是創始者，但的確在禪淨雙修的普及方面扮演重要的角色。明末另一位著名的佛教大師蕅益智旭深受袾宏影響，而在早期修學生涯中繼續努力推動禪淨合一。明代佛教僧人大多認可此一法門的正當性，清代禪僧也很可能持續念佛法門。尉遲酣（Holmes H. Welch）描述民國時期的佛教時指出，多數佛寺維持禪淨雙修，尤其是最負盛名的寺院，或是寺內同時有禪堂和念佛堂，或是在同一殿堂結合這兩種修持法門，焦山寺即爲一例。❸根據小笠原宣秀的看法，清世宗雍正採用袾宏的思

想，詔令寺院建造必須同時具備禪堂與念佛堂。❹此外，焦山寺的作法似乎是仿效袾宏的雲棲寺。❺白隱禪師認爲禪淨雙修盛行肇因於袾宏的思想與作爲，確是所言不虛。

　　如前所述，袾宏未被列入任何禪宗法脈之中，但過世之後人稱淨宗八祖。❻這是否暗示只有淨土宗單方面提倡禪淨雙修？是否反映淨土信衆努力改變「淨土宗是老實人的簡單信仰」這種形象呢？我們可否假設：這種融合的修行方式受到淨土行者的公開支持，是因爲它更側重以普及爲取向，也因此更適合不分宗派的融合？

　　仔細檢視現有證據，可知這些問題其實並不恰當，因爲就明代佛教而言，截然劃分「孤危」的正統禪宗和傾向於融合且廣爲流行的淨土宗，這種作法很難站得住腳。我們甚至無法確定當時是否有如同天台或禪等宗派的一個淨土宗？雖然明代確實有一些淨土傳統，卻沒有一個具有眞正祖師傳承的淨土宗。淨宗祖師的傳承很可能是近代某些虔誠佛教徒的創作。關於是否眞有所謂的淨土宗，或袾宏在此宗的地位等問題，留待下文討論。在此先簡要回顧明代的禪，對後續的討論將大有裨益。

明末的禪

　　袾宏所處的時代有禪僧和禪宗，這點無庸置疑。具體而言，當時有臨濟、曹洞兩個宗派。漢傳佛教歷史中，會昌

法難（842－845）是一個分水嶺，在此之後只有禪宗和淨土持續發揮影響力。到了九世紀中葉，禪宗的南宗贏得勝利。南宗禪以惠能為六祖，認為他是菩提達摩東來所傳禪法的合法繼承人。尊崇名僧神秀為領袖的北宗禪較早揚名於世，但終究無法與南宗禪抗衡，❼後來所有禪宗流派的法脈皆源於南宗禪。禪宗五派（或稱「五家」）究竟何時廣受認可？這點無從得知，不過，「五家」一詞似乎在五代時期（907－960）已經出現，就在南宗禪五派之中最晚成立的法眼宗創始者法眼文益（885－958）辭世之後不久。❽雖然五家法脈皆直接上溯至惠能，但是後來這些宗派的真正創始者是惠能的弟子南嶽懷讓（677－744）和青原行思（卒於740），以及著名的法嗣馬祖道一（709－788）和石頭希遷（700－790）。❾

關於馬祖和石頭，出現了許多傳說。兩人都有眾多弟子，也各自發展出枝繁葉茂的宗派；的確，晚唐所有著名的大師都出自兩人門下。有一段話經常被人引用，描述兩人的盛名：「江西主大寂〔馬祖〕，湖南主石頭，往來憧憧，不見二大士為無知矣。」兩人與六祖的關係不甚清楚，但他們無疑都認六祖為自己的祖師。❿

臨濟宗與溈仰宗源自馬祖門下，而曹洞、雲門、法眼

三宗出自石頭。雖然這五個分支派別在十二世紀初依然活躍，但以臨濟、雲門二宗爲主流。北宋徽宗（1101-1125 在位）曾爲一部禪宗史作序，序中概述當時禪宗的情況如下：

> 自南嶽、清原而下，〔禪宗〕分為五宗，各擅家風，應機訓對。雖建立不同，而會歸則一。……接物利生，啓悟多矣。源派演迤，枝葉扶疎，而雲門、臨濟二宗遂獨盛於天下。❶

時至南宋，臨濟宗依然是主流，但雲門宗已被曹洞宗取代。曹洞宗大興於南宋，在南宋末年名聞天下，舉足輕重。❷元代在朝廷中具有影響力的名僧若非系出臨濟，便是曹洞中人。❸

臨濟、曹洞二宗在明代時依然活躍，有人可能會問：爲什麼袾宏既非臨濟、亦非曹洞中人？然而，袾宏不是唯一特例，如前所述，眞可、德清、智旭也在禪宗燈傳中被列爲「未詳法嗣」的部分。他們的名字沒有出現在臨濟、曹洞二宗的名冊中，難道如白隱所言，是因爲他們「對於禪法的理解極爲淺薄」？還是出自刻意選擇被排除在名單之外呢？這些僧人可能不是被阻擋於禪門宗派之外，而是自行決定不加入任何宗派，因爲他們認爲這種隸屬關係無關緊要。到了明代末年，禪宗已如槁木死灰，以致和禪宗產生關聯不是資

產,而是累贅。

禪宗沒落當然不是始於袾宏的年代。明代初年臨濟宗第二十代祖師空谷景隆（生於 1393 年）❶論及禪宗情況如下：

> 自宋末至於今日,師法不逮,參徒根器亦為下劣。變壞妙訣,死法傳流。無繩自縛,本是活人,縛作死漢。做作規矩,提死話頭。執倚偏邪,無由開悟。❶

空谷禪師譴責的禪,死氣沉沉,排斥念佛誦經。根據他的看法,這種對禪修的純粹主義方法誤解了禪的真正精神。他解釋如下：

> 執守參禪,提箇話頭,自謂守靜工夫,更無別事。念佛往生,寅夕禮誦,皆所不行。此謂有禪無淨土也。此等參禪亦非正氣,是為守死話頭,不異土木瓦石。坐此病者,十有八九,莫之能救。禪是活意,如水上葫蘆,捺著便轉,活鱍鱍地。故云參祖師活意,不參死句。如此參禪,不輕念佛往生之道,寅夕禮誦亦所遵行,左之右之無不是道。❶

修行停滯不前的跡象,在袾宏的年代更加明顯。第七

章會討論袾宏對僧團整體，以及特別針對禪修的詳盡批評。
不過在此我們轉而關注兩位與袾宏同時代的人物對禪宗的
觀察。

德清在自傳中，於嘉靖四十四年（1565）寫下一則
記錄：

> 雲谷大師建禪期於天界〔寺〕，……審實念佛公
> 案。……江南從來不知禪，而開創禪道，自雲谷大師始。
> 少年僧之習禪者，獨予一人。時寺僧服飾皆從俗，多豔
> 色。予盡棄所習衣服，獨覓一衲被之，見者以為怪。❼

德清宣稱中國南方禪法不修，直到雲谷禪師用念佛公
案始創江南禪修，這種說法或許言過其實，不過，雲谷禪師
的確運用念佛公案，也被視為復興沒落禪宗的領導者，這件
事顯露當時的宗教形勢，因為這種以「念佛是誰？」為話頭
的念佛公案，始終是禪淨雙修的特徵。將禪修帶入長江以南
地區之人是否為雲谷禪師，其實不是重點。對於此處論述來
說，更為重要的是自認為禪僧也竭力倡導禪修的德清，將禪
淨雙修等同於嚴格定義的禪。德清原本是否明確區分禪淨雙
修與正統的禪，這實在大有疑問。談到當時對禪的誤解，德
清唯有嚴詞譴責：

今世好善男子，已能歸依三寶。以自恃世智聰明伶利之見，便生下劣魔心，薄五戒十善而不為，以好禪為上乘。三業不修，乃以祖師現成公案，看了幾則，記在胸中，便逞利口，動使機鋒，當自己妙悟。以此為是，全不知非。❸

智旭也有同樣看法，認為明末禪宗情況極為惡劣。他質疑當時禪門宗派祖師傳承意義何在？既然禪的真正精神已經蕩然無存，名列禪宗法脈之內或被排除在外，對他而言都毫無意義：

禪宗自楚石琦大師〔1296－1370〕後，未聞其人也，〔若必得另舉一人，〕庶幾紫柏老人乎？壽昌無明師，亦不愧古人風格。……或曰，佛祖之道，必師資授受，方有的據，否則法嗣未詳，終難取信。無名子應之曰，譬諸世主，桀非傳自大禹，紂非傳自成湯者乎？身苟無道，天子而不若匹夫矣。今之雖有師承，顛覆如來教戒者，何以異此？漢之高祖，明之太祖，並起草莽，誰授以帝位乎？苟得其道，匹夫而竟開大統矣。今之雖乏師承，能自契合佛祖心印者，亦奚不然。❹

在重要的禪僧傳中，例如《五燈嚴統》，紫柏真可和

壽昌無明皆被列於「未詳法嗣」一節。而智旭對於當時頗有名望的密雲圓悟竟然隻字未提，難怪這留給現代漢傳佛教史學者陳垣深刻印象。❷到了明代結束之時，禪門宗派早已委靡不振，以致人們不再認爲禪宗的修持法門有明心見性之效。認眞修行的佛教徒必須另外尋求方法，就袾宏和其他類似者而言，這包括揚棄僵化的宗派隸屬，以及自由、創新地結合禪、淨、律諸宗的精華。

袾宏與淨土宗

　　袾宏死後被尊爲淨土宗第八祖，至少在清代似乎有此共識。❷不過，這不是唯一的世系傳承，因爲根據另一種推算法，袾宏是第九祖。❷

　　這個差異與創立淨宗祖師傳承的兩種不同嘗試有關，而嘗試建立這樣的傳承是爲了確立淨土爲一獨立宗派。宋代天台四明石芝宗曉（卒於 1214）首先嘗試爲淨宗建立祖師世系。他在刊行於 1200 年的著作《樂邦文類》中，立慧遠（334－416）爲淨土宗始祖，而以善導（613－681）、法照（卒於 822）、少康（卒於 805）、省常（活躍於 990）、宗賾（活躍於 1086）爲繼之而起的五位祖師。❷

　　另一位天台志磐（活躍於 1258－1269），活躍期約在宗曉之後五十年間，也嘗試建立淨宗祖師世系。他在著作《佛祖統紀》的〈淨土立教志〉章節中，立淨宗七祖，❷

即慧遠、善導、承遠（711－802）、法照、少康、延壽
（904－975）、省常。雖然這個世系看來類似宗曉所列的
六祖，兩者卻有重大差別。志磐將承遠、延壽納入淨宗祖師
之列，前者是法照的師父，後者可說是大力倡導禪淨雙修最
著名的禪師。另一方面，志磐將宗賾排除在名單之外。明
代初年天台蓬庵大祐合併上述兩種祖師表，立淨宗八祖，
其中宗賾爲第八祖。㉕自此之後，有些作者維護這個世系傳
承，以袾宏爲第九祖，但是其他人以袾宏取代宗賾，以爲第
八祖。

　　從淨土宗這些分歧的祖師表，我們可以得到什麼結論
呢？它們眞的代表一個世系或法脈嗎？這些祖師表皆以慧
遠爲初祖，但是慧遠和二祖善導之間相隔將近兩百年，而且
雖然承遠是法照的師父，善導和承遠之間卻沒有明確可辨的
關係，善導和法照也沒有實際的關聯。在志磐所立的祖師表
中名列五祖的少康，其生存年代距離六祖延壽一百年，省常
與宗賾之間的年代間隔也很大。然而，更有意思的是試圖將
袾宏列入淨宗祖師的譜系，因爲他生於省常、宗賾之後五、
六百年之後，除了微乎其微的象徵性關係之外，他和前兩位
祖師之間還能有什麼關聯呢？

　　淨土宗祖師傳承的意義顯然與禪門諸宗大不相同，它
所代表的不是像禪宗祖師之間的法脈關係。實際上，淨宗祖
師傳承是宋代天台宗諸僧的建構，此前淨土教理與行持已存

在數百年，但在《樂邦文類》刊行之前，我們找不到任何文獻提及淨宗祖師傳承，也沒有將淨土宗視為一個個別獨立的宗派。我們發現的是南宋期間突然出現淨土這個宗派，而且有完整並建立仔細的祖師世系。當時淨土宗的出現有一個強有力的理由：天台諸僧因為禪宗祖師傳承而感受到的挑戰。隨著 1004 年《景德傳燈錄》問世，列舉禪門諸宗的祖師傳承，其他佛教宗派備感威脅，試圖起而效尤，建立自己的傳承譜系。在宗鑑的《釋門正統》和志磐的《佛祖統紀》之類的文獻中，可見天台宗為自己宗派制定的祖師傳承。值得注意的是，分別在三個不同時期試圖為淨土宗建立祖師傳承的三位僧人，即宗曉、志磐和明代的大祐，皆屬於天台宗。天台大師智顗（538－597）將觀想阿彌陀佛，做為體證三昧的一種方法，自此以後，天台僧人開展、持續導歸淨土教的傳統。因此，積極建立淨土宗的三位僧人皆屬天台宗，此事並非偶然。而他們列舉的祖師中，有幾位強烈偏好天台教理，例如少康和延壽，這也不無道理。

　　談漢傳佛教時，通常是從成立於中國的宗派來探討，而淨土一向被視為其中一個主要宗派。但是這可能造成很大的誤解，因為淨土不像禪宗，並沒有基於祖師傳承而成立的法脈，[26] 淨土行者也不像天台宗或華嚴宗的修行人，沒有一部或一組經典做為共同承認的權威依據。事實上，淨土有兩個明顯不同的傳統，慧遠代表其中一種傳統，以《般舟三昧

經》爲根本依據的經典，修行以禪觀阿彌陀佛爲主，強調以內心觀想阿彌陀佛而證三昧爲最高目標。另一種不同的傳統以善導爲代表，可上溯至曇鸞（476－542）和道綽（562－645）。這個傳統的根本經典是所謂淨土三經：《無量壽經》、《觀無量壽經》和《阿彌陀經》。相較於第一種傳統，這個傳統強調持名念佛。兩個傳統的追隨者皆以往生西方極樂世界爲究竟目標，但是第一種傳統強調此生在定中「見佛」的重要性，而第二種傳統並沒有同樣的關切。

若仔細審視淨宗八位祖師的志業，可以清楚看出有些祖師偏重慧遠的傳統，而其他祖師則依循善導代表的傳統。因此，認爲這些祖師隸屬單一淨土傳統的說法，似乎缺乏依據。向來認爲宗曉是嘗試以天台、禪、律諸宗模式，建立淨土爲宗的第一人。❷我們可採集宗曉和志磐❷提供的原始資料，以發掘試圖建立淨土世系者如何看待八位祖師，從這些撰述中浮現的樣貌雖然未必是精確的史實，卻代表自十二世紀以降公認的「正統路線」的共識。

淨土諸祖

慧遠，❷山西雁門人，俗姓賈。346 年隨母舅遊學於許昌、洛陽一帶，學習儒道經典七年。他很有學問，尤其精通老莊之學。二十一歲時遇到道安（312－385），聽聞道安講解《般若經》之後，對於佛教諦理豁然開悟，於是落髮爲

僧，並且說其他哲學或義理瑣碎無用，皆如糠秕。慧遠於
381年至江西廬山，因周圍環境清峻而生喜，所以決定留在
當地。地方官員為他建寺，寺名東林，其後三十年間慧遠從
未離開過廬山，若有客來訪，送客止於虎溪。402年，慧遠
結蓮社，修念佛三昧，社員包含僧俗二眾，人數據稱有一百
二十三人，全員齊立阿彌陀佛及觀音、勢至二脅侍像前，焚
香共誓，發願往生西方極樂世界。有些信眾作詩頌讚念佛三
昧殊勝，慧遠親自寫序，明言雖有種種三昧修證法門，念佛
三昧卻最簡單有效。

　　慧遠終生修持念佛三昧，最初修此法門十一年間曾經
親見彌陀三次。在他圓寂前七日，又於定中見佛，這次阿彌
陀佛佛身遍滿虛空，並從圓光中湧現種種化佛，有十四道水
流上下流注，大放光明，水聲演說苦、無常、無我之理。其
時阿彌陀佛對慧遠說：「我以本願力，故來安慰汝。汝後七
日，當生我國。」他也看到先前往生的一些弟子站在阿彌陀
佛身旁，他們對慧遠說：「師志〔生淨土〕在吾先，何來之
遲？」此次見佛之後，慧遠對眾弟子說：「吾始居此，幸於
淨土三覩聖相；今復再見，吾往生決矣。次日即寢疾，期七
日而後行。汝徒當自勉，無以情慮拘也。」七日後，即預告
往生之期來臨時，慧遠圓寂，世壽八十三歲。

　　善導，❸於唐代貞觀年間（627－649）聽聞道綽宣說
《觀無量壽經》，歡喜踴躍，並且說這真是入佛的津要。他

認為相較於其他修行之道，觀經倡導的法門的確可以引導行者速超生死輪迴。自此之後，精勤修持念佛，❸如救頭燃。後來他前往京師，弘揚淨土四經（淨土三經，加上《鼓音聲陀羅尼經》）。他在居室內供奉一尊阿彌陀佛像，入室即長跪，全心全力稱念阿彌陀佛名號，直到力竭才停止，即使冬日嚴寒，也如此用功而至出汗。善導弘揚淨土法門三十餘年，未曾稍歇，鼓勵《般舟三昧經》的念佛法，也支持其他大乘經典提到的禮佛等善行。信眾的供養金，他用以書寫《阿彌陀經》十萬卷，以及畫淨土變相兩、三百壁。

由於他的努力，京師皈依淨土法門的僧俗二眾不計其數，有些信眾誦《阿彌陀經》十萬至五十萬遍，有些持名念佛，日誦佛號高達十萬聲，還有人得入念佛三昧。曾經有人問善導：持名念佛能否得生淨土？善導回答：「如汝所念，遂汝所願。」然後他自念一聲佛號，隨即有一道光明從他口中發出，如此誦念十至百聲，每念一聲，皆有光明從口而出。他曾作如下偈誦，勸導世人持名念佛：

漸漸雞皮鶴髮，看看行步龍鍾。
假饒金玉滿堂，豈免衰殘老病？
任汝千般快樂，無常終是到來。
惟有徑路修行，但念阿彌陀佛。

到了晚年，善導對眾人表示色身可厭，想要回歸西方。然後
爬上柳樹，面向西方大聲祝願，請阿彌陀佛與諸菩薩助他正
念不失，說完從樹上一躍而下，自絕其命。

　　承遠，❸主要因為弟子法照而聞名。法照是代宗在位時
的國師，他舉薦自己的師父為具有神異成就之人，使得代
宗面向承遠所在的方向遙禮，並為他的寺院賜名「般舟道
場」。根據柳宗元所作的承遠傳，法照拜承遠為師的因緣甚
為奇特。法照本來住在廬山，一日在定中昇至西方極樂世
界，看見一位衣衫襤褸的比丘正在侍佛。法照問比丘是什麼
人？佛陀說那是衡山承遠。後來法照找到承遠，發現他酷似
定中所見的比丘，因此成為承遠的弟子。

　　根據法照的傳記作者所述，❸法照有生之年曾數次於定
中親見淨土。唐大曆二年（767）法照棲止於衡州（今湖南
衡陽）雲峯寺，因戒、定、慈悲行而聲名遠播。有一天，當
他在齋堂用齋時，在自己的食缽中看見天空中梵剎的種種景
象。他將此見聞告訴寺中兩位僧人，他們認為他所描述的景
象很像五台山。769 年，法照於湖東寺啓建五會念佛❸道場
時，據說有五色祥雲彌覆其寺，法照親睹阿彌陀佛與兩位脅
侍菩薩。由於一位老人的提醒，他想起先前有意前往五台山
朝聖，所以於此時前往，得到決定性的啓示。這個關鍵時刻
發生在參訪五台山的大聖竹林寺時，當他一進入講堂，即見
文殊菩薩在東，普賢菩薩在西，兩位菩薩正在為眾人說法。

他立刻趨前禮敬二菩薩，然後請問末法眾生的最佳修行法門是什麼？文殊菩薩回答說，念佛為最上法門，又說正是因為他過去修念佛法門，所以證得一切種智。經過這次親身經歷之後，法照繼續在并州（今山西太原）倡導五會念佛。據說唐德宗在長安宮中經常聽到東北方傳來念佛聲，於是派遣使者找到了法照，延請他入宮，教導皇室成員如何修持五會念佛。

少康，❸縉雲仙都人（今浙江）。貞元（785－804）初年至洛陽白馬寺，在大殿中看到一卷文籍放光，結果發現那是善導的〈西方化導文〉。為了確認此事並非偶然，他說：「若於淨土有緣，當使此文再放光明。」話還沒說完，殿內即大放光明。少康後來前往長安光明寺，供養寺中善導像。他自稱此時目睹善導遺像上升空中，對他說道：「汝依吾教，廣化有情，他日功成，必生安養。」後來遇到一位僧人，勸他到新定（今浙江）教化眾生。少康剛到新定時，一個人也不認識，於是用錢勸誘小孩子念佛。起初念佛一聲給一錢，過了一個月，很多人都開始念佛了，所以改為每念十聲給一錢。一年之後，據說持名念佛者為數眾多，遍及各行各業。少康隨後於烏龍山建淨土道場，築壇三級，於午夜聚集數千會眾繞壇念佛，他高聲念佛，帶領會眾齊聲念佛。會眾中有人看見他每念佛一聲，口中即出現一尊佛；連續念佛十聲，則有十尊佛從他口中一一相續而出，如貫珠。少康對

會眾說:「汝見〔阿彌陀〕佛者,決定往生。」會眾中也有人不曾看見這項奇蹟。少康最終被後人視為善導轉世再生。

　　延壽❸出家前曾任吳越王的稅務專知官,因為挪用公款購買魚蝦放生,事發後本該被判死刑。但是吳越王沒有將他處死,而是派手下測試延壽:如果延壽臨刑驚懼變色則處斬,如果面不改色則免刑。結果延壽神色淡然,面無懼色,於是獲得赦免。後來他就出家為僧,修習天台禪觀。他轉修淨土的關鍵發生在某夜定中所見。當天晚上,他修持智顗制訂的法華懺,❸正當行道旋繞時,眼前忽現普賢菩薩像手持蓮花。由於不知此事深意,他做了兩支籤,其中一支寫道:「一生禪定」,另一支則是「誦經、萬善、莊嚴淨土」,靜心祝禱許久之後才開始抽籤,一連七次都抽中第二支籤。自此之後,延壽專心致志修淨土。961 年他遷往浙江永明寺,帶領禪淨雙修,據說他日誦佛號十萬聲,每晚念佛聲自山頂迴盪而下,不絕於耳。他對眾人說,佛教以心為宗,以悟為則。他以心為本,力圖調和天台、華嚴與唯識諸宗的教理。延壽居於永明寺十五年,有弟子一千七百人。除了念佛、禪觀之外,他也強調出家戒律,行施食餓鬼等密教儀式,並將這一切功德悉皆迴向莊嚴淨土。

　　淨宗第七祖省常和第八祖宗賾皆以結社念佛有成而聞名。省常❸活躍於宋初淳化年間(990－994),棲止於錢塘(今浙江)南昭慶院,專修淨業。由他領導,組成一淨土社

團，名爲「淨行社」，成員包含僧俗二眾，有八十位在家信
眾，包括文人、翰林學士和朝廷高官，也有一千位僧眾。根
據一位翰林學士宋白撰寫的碑文，雖然省常的淨行社仿效廬
山慧遠蓮社，卻遠勝於後者，因爲宋白認爲慧遠生逢亂世，
所以追隨者多爲隱士或半退隱之人，而省常所處的時代四海
昇平，信眾有許多顯達名士。

　　宗賾❸活躍於宋元祐年間（1086－1093），以眞州（今
江蘇）長蘆寺爲中心，化導當地居民。他在 1089 年成立蓮
華勝會，普勸修念佛三昧，❹規定每人每日應盡力持念阿彌
陀佛聖號，並且在每個日期底下以十字標記，以記錄念佛次
數。❹

　　以上簡要回顧淨宗八祖生平，由此可知禪宗所謂的法
脈傳承顯然不存在於淨土宗，儘管如此，或許有幾個要點讓
這八位祖師連結在一起，而這些要點也正是袾宏心之所繫，
因此可將他視爲連結淨宗八祖傳統的傳人。

　　首先，八位祖師都強調念佛。如上述所示，「念佛」
可以有兩種解讀：觀佛或持名念佛。這一詞多義的現象與
「念」字有關，「念」可以指朗誦、思考，或者就佛教嚴格
定義而言，意指繫念或憶持，相當於梵文 *Buddhānusmṛti*。❹
傳統上有四種念佛，最早提出四種念佛的是華嚴宗的祖師宗
密（779－841），❹而袾宏在《佛說阿彌陀經疏鈔》中提出
自己的詮釋。四種念佛依序爲：一、稱名念佛，即依照《阿

彌陀經》囑咐的方式念佛；二、觀像念佛，即攝念專注於一泥塑、木雕、金鑄或銅製的阿彌陀佛像；三、觀想念佛，遵照《觀經》所述的方法，以自己的心目觀想阿彌陀佛種種妙相；四、實相念佛，觀阿彌陀佛與自己的自性無二無別，因爲阿彌陀佛與自性皆超越生滅、空有、能所。既然此觀解脫言說相（語言的特徵）、名字相、心緣相（內心對外在現象的認知），因此的確是依實相觀佛。❹根據念佛的四種類別，持名念佛相當於第一種，觀佛可以指其他三種念佛的任何一種。慧遠、承遠、法照著重於觀佛，而善導、❺少康、省常和宗賾主要熱衷於稱念佛名，一向努力調和佛教諸宗的延壽則同時提倡稱名與禪觀。❻袾宏效法延壽，透過對於「一心」這個概念的獨創詮釋，建立種種念佛形式背後的究竟一如。

　　第二個相同點是八位祖師都關切在家居士的化導。慧遠蓮社接納僧俗二眾，爲後世淨土行者樹立典範，善導、少康力圖將持名念佛轉變成爲普及大眾的信仰，省常、宗賾則吸引社會中的知識菁英，並且仿效慧遠蓮社，組織淨土修行團體。如以下第四章所示，袾宏對居士佛教的推展也煞費苦心，無論士大夫或庶民他都有心接引，不過面對不同的化導對象，他演示淨土法門的方式也不同。一般而言，他對知識分子強調念佛與禪修的基本共通處，但運用有關賞善罰惡的道理和故事來勸導一般善男信女念佛。

　　然而，袾宏並不鼓勵居士結社，主要是因為擔憂居士
社團會演變成白蓮宗之類的附佛外道組織。白蓮宗，子元
（1086－1166）創立於宋代，優曇普度（卒於 1330）中興
於元代，原本是根據淨土教義興起的民間運動，❹主要藉由
強調不殺生、行善、孝事父母、尊敬師長，❹吸引在家居
士。如下文所示，這些強調內容也都是袾宏大力宣揚的重
點。他也的確展現對子元和普度的贊同，包括將子元收錄於
《往生集》，以及認為普度「中興淨土」有功，❹但是他從
未在任何著作中提及白蓮宗，❺因為從一開始它的宗教活動
就被認為是一種異端邪教，其修行聚會中男女混雜，引起儒
家官員與正統佛教徒極大的非議。子元本人在 1131 年遭流
放江州（今江西九江），雖然在三年後被赦還，白蓮宗門人
依然持續被指控「吃菜事魔」、「夜聚曉散」。白蓮宗在南
宋和元代都遭敕禁，❺《釋門正統》的作者在子元死後七十
年也依然譴責白蓮宗離經叛道。❺為了避免與非法教派有所
牽連，普度刻意省略白蓮宗的「白」字，而將自宗稱為「蓮
宗」，並且宣稱他本人和子元都只是延續慧遠所傳的淨土正
教。雖然此舉對於消弭誤解沒有多大的作用，卻開啓了一個
新傳統。明代淨土信眾也捨棄「白」字，於是「蓮宗」成為
淨土宗的標準稱謂。

禪淨雙修

袾宏常說，念佛無異於禪修，因爲禪淨皆可令人體悟自己的本性與佛相同。爲了證實這個見解，他舉出過去也修念佛法門的禪僧爲實例。仔細審視他各種著作之後，❸得出一份實踐禪淨雙修的僧人名單，包括永明延壽、圓照宗本（1020－1099）、南宋初年的眞歇清了、慈受懷深，元代有三位：中峯明本（1262－1323）與弟子天如惟則（卒於1354），以及斷雲智徹（1309－1386），明代有五位：楚山紹琦（1404－1473）、空谷景隆、毒峯季善（卒於1482）、古音淨琴，以及袾宏曾在其座下短期參學的笑巖德寶（1512－1581）。袾宏舉出這十二位禪僧做爲範例，不過他也明言：兼修念佛與其他佛教修行法門的僧人爲數更多。

如上述袾宏列舉名單所示，禪淨雙修通常溯自延壽。延壽所處時代之前的僧人一旦表明忠於一個宗派，很少稱許其他宗派的信徒。事實上，自從唐初以來，禪淨一向彼此相諍。信奉淨土的慧日（679－748）與法照雖然從未質疑禪修本身的價值，卻嚴詞批評禪僧傲慢且不守戒律。另一方面，禪僧往往認爲淨土信仰頭腦簡單的宗教祈禱和禮拜，僅適於愚夫愚婦。❹很可能由於這種互相批評，使得有些禪師後來也鼓勵持戒與禮拜，百丈懷海（749－814）即是一個著名的例子。他強調出家戒律，世人咸認他制定第一部禪僧

的僧團規約《百丈清規》，❺其中規定僧人荼毗儀式必須包含稱念阿彌陀佛名號。❺袾宏列舉修念佛的尊宿名單，百丈名列其中，此外還有天台大師智顗、華嚴祖師澄觀。❺為了反擊禪宗視淨土為頭腦簡單的批評，淨土中人長久以來主張念佛實為一種禪宗公案。關於這一點袾宏收羅了不少提倡禪淨雙修僧人的相關語錄，這方面將於本章後文詳述。

　　觀佛的念佛可入三昧，達到能、所雙泯之境。如慧遠傳、法照傳所示，兩人都已體悟念佛三昧。更確切的說，根據記載兩人皆已親眼目睹彌陀現在面前。證得這種現前見佛的境界是念佛人一生宗教修持的頂點，因為淨土行者相信見佛現前保證往生西方極樂世界。不過，見佛之所以如此重要，似乎是因為它象徵禪觀者與阿彌陀佛，亦即禪觀對象，玄妙契合。由於念佛具有證得三昧的力量，智顗和唐初一些禪僧都推薦念佛，做為打破妄心、達到不二境界的有效法門。

　　念佛三昧出現於《般舟三昧經》❸和《觀經》中。慧遠似乎特別受到《般舟三昧經》的影響，❾根據此經所下的定義，念佛三昧是「現在佛悉在前立三昧」，是一種內心專注的狀態，能讓虔誠精進修行者見一切諸佛如在目前。經中說修此法門者應該於一日一夜乃至七日七夜觀佛，這段期間結束時，就算在醒覺時不見阿彌陀佛現前，也會在夢中見佛。心作此觀時，諸佛國土、須彌山，以及幽冥之處悉皆通達，

不須證得神足通，即可遊歷〔彌陀〕佛土，在阿彌陀佛座下聽聞佛法。經中特別囑咐修行人念佛身三十二莊嚴相，此觀可令人證得「空三昧」。如人夢中享用美食，醒來仍覺飢餓，修行人終將體悟一切唯心所造，如夢似幻。觀佛無所從來亦無所去之時，行人了悟自己亦無所從來，無有去處。藉由此觀，行人覺悟自心無異於佛心，二者皆不可見，亦不可思議。心有想是癡心，若無想，即是涅槃。❻⓪

此經接著說明：有四事可讓虔修此法門者速得念佛三昧。行人應以三月為期，一、不得有世間思想，二、不躺臥，三、時時經行，不得休息或坐下，除非用餐或上廁所，四、為人宣講經典，不期待獲得衣食等回報。若符合這四項條件，行人必定能證三昧，無論面向哪個方位，皆見佛現在眼前。❻①

因此，根據《般舟三昧經》，念佛的過程有兩步驟：一開始觀阿彌陀佛像或心念阿彌陀佛，再導向體證阿彌陀佛（禪觀對象）與觀修者之心無二無別。其中，轉變到第二步驟的關鍵因素在於三昧的體驗。精進念佛可以一尊佛像為所緣境（相當於宗密四種念佛中的第二種，觀像念佛），也可透過內心觀想（相當於第三種觀想念佛），兩者皆可導致能觀的主體和所觀的對象合而為一。修行人一旦證得三昧，即悟入空性實相，在此境界中不以二相而見諸法，也就是沒有能、所的分別。

　　這部經沒有提到持名念佛，但是智顗以此經介紹的念佛方法爲基礎，制定「常行三昧」行法，這是他在《摩訶止觀》探討的四種禪修之一。在此，智顗所謂的念佛，兼具觀佛與持名念佛兩種意義。修持常行三昧時，以九十天爲一期，在此期間鍛鍊身、口、意。修行者前往寂靜偏僻之處，避免與惡知識接觸，行乞食，嚴淨修此禪法的道場，沐浴淨身，誓願經行不斷，若不得三昧，絕不休息──因此名爲「常行三昧」。此外，行者經常大聲唱念阿彌陀佛名號，同時心也常念阿彌陀佛，可以同時口唱心念，也可以先念後唱，或先唱後念，無論如何，都要唱念相繼，步步聲聲念念唯在彌陀。最後，觀佛身三十二相，而有三個層次的體證：首先體悟可從自心得佛，從自身得佛，其次體悟佛不用心得，不用身得，最後體悟不用心得佛色，不用色得佛心。若人明白本來無一物，即已開悟。❷

　　透過念佛證得的這種體悟，酷似禪修達到的悟境。在此，修行者以念佛爲方法，達到無心無念的不二境界。因此，在永明延壽之前就有禪僧以觀佛和持名念佛做爲禪修方法，這也就不足爲奇了。這些禪僧修「念佛禪」，都是五祖的弟子，也和四川的智詵（607－702）有密切關係。❸

　　智詵有弟子名處寂，是無相（684－762）和承遠的老師。無相是韓國僧人，因爲俗姓金，人稱「金和尙」。根據宗密所言，無相的教法可以三句來表達：無憶、無念、莫

忘。他一年教導弟子兩次（正月和十二月）持名念佛之法：
一開始引聲念佛，亦即大聲稱唱佛名，其後逐漸降低聲量，
直到氣息用盡而全然無聲。這種稱念法的目的是停止思維，
達到無念的狀態。❻

　　承遠，如前所述，是法照的老師，雖然有關他的念佛
方法資料極為有限，但是法照在這方面很可能深受承遠影
響。就某種程度而言，法照的五會念佛類似無相的引聲念
佛，以及智顗的常行三昧。五會念佛，意指以五番高低不同
音調連續稱念佛名的方法。從第一會到第五會稱念的速度由
慢到快，音調由低到高，而且全程屏除雜念，攝心於佛、
法、僧三寶。第一會以平聲緩念南無阿彌陀佛，第二會依然
緩念六字佛號，但音調轉為平上聲，第三會以非緩非急的速
度念六字佛號，第四會漸急念南無阿彌陀佛，最後於第五
會極快的只念阿彌陀佛四字佛號。❻無相的引聲念佛始於高
聲，止於無聲，而五會念佛一開始是低聲，漸次增強至最高
音。兩者都以念佛音聲為方便，以期達到定心一處的境界。

　　雖然無相和法照以念佛為證三昧的方法，兩人卻沒有
倡導禪淨雙修。直到延壽刻意論述念佛與禪修的基本相通
處，禪淨雙修才逐漸成為一種自覺運動，其他禪僧以延壽為
榜樣，開始修持念佛法門。雪竇重顯（979－1052）、天衣
義懷（993－1064）、慧林宗本、宗頤以及其師長蘆應夫，
是其中幾位最著名的念佛禪僧。❻延壽在《萬善同歸集》中

列出十項論點，證明禪與淨土相輔相成，其中最常被人複述的兩點是「理事無礙」和「空有相成」。❻相對於禪宗貶損淨土的慣例，延壽雖不致讓淨土凌駕於禪之上，至少將禪、淨等量齊觀，展現這個態度的最佳寫照，也許是他聞名於世的「禪淨四料簡」：

> 有禪無淨土，十人九錯路，陰境若現前，瞥爾隨他去。
> 無禪有淨土，萬修萬人去，但得見彌陀，何愁不開悟。
> 有禪有淨土，猶如戴角虎，現世為人師，當來作佛祖。
> 無禪無淨土，鐵牀并銅柱，萬劫與千生，沒個人依怙。❻

念佛公案

禪淨雙修以「禪淨本無二致」的信念為基礎，亦即認定此二法門本質相同，皆可導致斷妄念、出輪迴的共同目標。然而，當時究竟如何理解這種「禪淨一如」之說呢？袾宏又如何看待禪淨之間的關係呢？

關於這個主題，袾宏匯編的《禪關策進》和《皇明名僧輯略》提供豐富的資料。由於袾宏本人對禪淨雙修的見解反映出這些僧人發揮的影響力，因此以下先呈現他們的觀點，接著再探討袾宏的想法。袾宏提到的禪僧如下：元代的中峯明本、天如惟則、斷雲智徹，以及明代的楚山紹琦、空

谷景隆、毒峯季善、天奇和尚、古音淨琴。

　　對這些禪僧來說，禪淨雙修並不表示禪修與念佛同時進行，而是認爲念佛不過是另一種禪修方式而已。既然念佛最終達到妄念止息的結果，就具有和公案禪同樣的效果，也就是以這個意義而言，這些禪師幾乎每個人都將持名念佛稱爲「念佛公案」。修行人以此方式念佛，顯然不再表達自己的虔誠與信仰，而是以念佛爲方法，目的在於產生「疑情」，那是一種內在的逼拶，是驅使行者開悟的關鍵。因此這種念佛也稱爲「參究念佛」。中峯明本寫了一百零八首〈懷淨土詩〉，其中有幾首陳述禪淨一如：

> 禪外不曾談淨土，
> 須知淨土外無禪。
> 兩重公案都拈却，
> 熊耳峯開五葉蓮。❻

> 彌陀西往祖西來，
> 念佛參禪共體裁。
> 積劫疑團如打破，
> 心花同是一般開。❼

　　天如惟則也認爲禪淨兩種法門不分軒輊，皆有助於行

者解脫妄念：

　　若論生死業根，即今一念，隨聲逐色，使得七顛八倒
者便是。由是佛祖運大慈悲，或教爾參禪，或教爾念佛，
令汝掃除妄念，認取本來面目，做箇洒洒落落大解脫
漢。……又有自疑念佛與參禪不同，不知參禪只圖識心見
性，念佛者悟自性彌陀、唯心淨土，豈有二理？……但將
阿彌陀佛四字做箇話頭，二六時中直下提撕，至於一念不
生，不涉階梯，徑超佛地。❼

　　楚山紹琦界定禪與淨土法門的目標，認爲兩者皆以了
悟自心即佛爲宗旨。以下摘錄他寫給一位居士的書信內容：

　　夫念佛者，當知佛即是心。未審心是何物，須要看這
一念佛心從何處念起？復又要看破這看的人畢竟是誰？
這裏有箇入處，便知圓悟禪師道：不是心，不是佛，不是
物，是箇甚麼？……所言心者，非妄想緣慮之心，乃虛明
圓湛廣大無相之心也。三世諸佛之所證，證此心也；六道
眾生之所昧，昧此心也。諸佛由悟而證，號曰菩提；眾生
因迷而昧，故曰煩惱。……居士於此果能信入。則與從上
佛祖所證所得更無差別。❼

給另一位居士的信中，則探討念與心的關係：

　　要信自心是佛，則知念佛念心，念心念佛。念念不忘，
心心無間，忽爾念到心思路絕處，當下根塵穎脫，當體空
寂。始知無念無心，無心無念。……故云：從有念而至無
念，因無念而證無心。❼❸

他認為若要體證無心，可以藉由經常持念阿彌陀佛四字
佛號：

　　不用別求玄妙，厭喧取寂，但將平日所蘊一切智見掃蕩
乾淨，單單提起一句阿彌陀佛，置之懷抱，默然體究。常
時鞭起疑情：這箇念佛的畢竟是誰？返復參究，不可作有
無卜度，又不得將心待悟。但有微塵許妄念存心，皆為障
礙。直須打併教胸中空蕩蕩無一物，而於行住坐臥之中，
乃至靜閙閒忙之處，都不用分別計較，但要念念相續，心
心無間。久久工夫純一，自然寂靜輕安，便有禪定現前。
儻正念不得純一，昏散起時，亦不用將心排遣，但將話頭
輕輕放下，迴光返照，看這妄想昏沈從甚麼處起？只此
一照，則妄想昏沈當下自然頓息。日久堅持此念，果無退
失，驀忽工夫入妙，不覺不知一拶疑團粉碎，歷劫塵勞當
下冰消瓦解。❼❹

如這段引文所述,「這箇念佛的畢竟是誰?」其作用顯然類似禪宗的公案或話頭——例如「什麼是無?」這就說明了為什麼會有「念佛公案」之稱。毒峯季善對他的信眾闡釋念佛公案的作用如下:

> 看這念佛底是誰?要在這誰字上著到,深下疑情。……故謂大疑大悟,小疑小悟,不疑不悟。良哉言也!你若纔有切切之心,疑情重也,話頭自然現前。緜緜密密,淨念相繼。……執而持之,勿令間斷。〔結果〕一念不生,前後際斷,目前空牢牢地,胸中虛碧碧地。❼

古音淨琴在〈念佛警策〉一詩中,簡明扼要地總結念佛之力:

> 一句阿彌陀佛,宗門頭則公案。……
> 不拘四眾人等,持之悉有應驗。
> 行住坐臥之中,一句彌陀莫斷。……
> 若能念念不空,管取念成一片。
> 當念認得念人,彌陀與我同現。
> 便入念佛三昧,親證極樂內院。❼

這些引文提到念佛時,並未明言是指觀佛,還是持名念佛,

但如果指的是念佛公案，其實這兩種方式都隱含在內，從斷
雲智徹和空谷景隆的詮釋即可明確看出這一點。首先是智徹
的詮釋：

　　念佛一聲，或三五七聲。默默返問，這一聲佛從何處
　起？又問這念佛的是誰？有疑只管疑去。❼

其次是空谷景隆的詮釋：

　　念佛一門，捷徑修行之要也。……緊念慢念，高聲低
　聲，總無拘礙。但令身心閑淡，默念不忘；靜鬧閑忙，一
　而無二。忽然觸境遇緣，打著轉身一句。始知寂光淨土不
　離此處，阿彌陀佛不越自心。❼

最後引述一段足以代表上述見解的陳述，那是德清對於他那
個時代廣泛運用的念佛公案所下的定義：

　　念佛審實公案者，單提一聲阿彌陀佛作話頭，就於提
　處，即下疑情，審問者念佛的是誰？再提再審，審之又
　審，見者念佛的畢竟是誰？如此靠定話頭，一切妄想襍
　念，當下頓斷，如斬亂絲。更不容起，起處即消，唯有一
　念，歷歷孤明，如白日當空。妄念不生，昏迷自退，寂寂

惺惺。❼⑨

袾宏的念佛思想

袾宏在四卷《佛說阿彌陀經疏鈔》中，以最有條理的方式提出他的念佛思想。他的思想大體上類似目前為止我們探討的禪僧所展現的見解，但是他更為強調念佛是末法時代眾生解脫與開悟的不二法門，也更有系統地鋪陳念佛的義理。

袾宏在《彌陀疏鈔》開宗明義，指出如來出現於世只為一大事因緣，就是要讓眾生悟入佛的知見。既然現在《阿彌陀經》向我們保證：藉由一心執持佛名，則可證不退位，這其實是表示凡夫可以透過自心體證而成佛。只要深信此經，堅定不移，即可「不越一念，頓證菩提」。這難道不是大事嗎？❽⓿

袾宏認為：此經所說的「一心念佛」法門，是佛陀給予世人最殊勝的禮物，因為如果能至誠懇切修此法門，其實正是修持菩薩的六波羅蜜：

> 而今一心念佛，萬緣自捨，即布施波羅密。一心念佛，諸惡自止，即持戒波羅密。一心念佛，心自柔頓，即忍辱波羅密。一心念佛，永不退墮，即精進波羅密。一心念

佛，餘想不生，即禪定波羅密。一心念佛，正念分明，即
般若波羅密。❸

因此，一心持念佛名可成佛道，但看似矛盾實則正確的是，
證得此一心的最佳途徑是持名念佛，因為根據袾宏的看法，
雖然心本無念，但眾生無始以來由於無明而習於妄念，所以
要讓人妄念止息極為不易；然而，若人稱念佛名，只此一
念即可排除其他千千萬萬妄念，正如「以毒攻毒，用兵止
兵」。如是以念佛之一念止息無數妄念時，無異於開悟。❸

　　袾宏「一心」的概念，是他的念佛論的樞紐。雖然
「一心」原出於《阿彌陀經》，袾宏賦予的詮釋卻完全是獨
創的見解。經中說，若有人「聞說阿彌陀佛，執持名號，若
一日，若二日，若三日，若四日，若五日，若六日，若七
日，一心不亂」，此人必將往生阿彌陀佛極樂國土。註解這
段經文時，袾宏說念佛法要在於「執持名號」，果能「執
持」圓滿，則得「一心不亂」──就袾宏所見，這正是此經
的要義。

　　根據袾宏註解，複合詞「執持」具有二義：執，意指
一聞佛號即信受，自此之後不相捨離，毫不動搖；持，也有
受持聖號之意，不過還蘊含更進一步的要求，也就是需要時
時憶念佛名。袾宏認為「持」一字兼具上述二義，總而言
之，即是「專念不忘」之意。❸

　　至於實際執持名號的方法，袾宏列出三種：一、明持，出聲稱念；二、默持，無聲密念；三、半明半默持，不出聲，微動唇舌念——他認為這就像密教持咒的「金剛持」。持名念佛時，記數或不記數皆可，這點也類似密教持咒的方式。❸

　　他接著分辨相應於兩重「一心」的兩層「執持」，以執持為因，證得一心不亂。由於袾宏推崇華嚴義理，故以華嚴名相「事」、「理」二字，指稱兩層執持：初階為**事持**，意謂執持名號，憶念無間；高階為**理持**，意謂執持名號，體究無間。事持得「事一心」，理持得「理一心」。

　　以下引述袾宏原文，說明以事持而證事一心憑藉的「憶念無間」究竟代表什麼意義：

　　　聞佛名號，常憶常念。以心緣歷，字字分明，前句後句，相續不斷。行住坐臥，唯此一念，無第二念。不為貪瞋煩惱諸念之所雜亂。……空閒寂寞，而一其心；在眾煩惱，而一其心；乃至毀訕利失，善惡等處，皆一其心。❸

此一心為「事一心」。根據袾宏所言，事一心可「伏妄」，但無法「破妄」，因為證得事一心憑藉的是信力，僅涉及定，而無慧。他接著解釋以理持而證理一心的「體究無間」：

　　聞佛名號，不惟憶念，即念反觀，體察究審，鞫其根源。體究之極，於自本心，忽然契合。❽

　　根據袾宏註解，理一心包含兩個層面的現觀：第一、了知能念、所念不二，因爲兩者皆唯一心；第二、了知此一心非有，非無，非亦有亦無，非非有非無，因爲這四句分別皆不適用於一心。第一種現觀的涵義是「如智不二」：

　　能念心外，無有佛為我所念，是智外無如；所念佛外，無有心能念於佛，是如外無智。非如非智，故惟一心。❽

第二種現觀的涵義是「寂照難思」：

　　若言其有，則能念之心，本體自空，所念之佛，了不可得。若言其無，則能念之心，靈靈不昧，所念之佛，歷歷分明。若言亦有亦無，則有念無念俱泯。若言非有非無，則有念無念俱存。非有則常寂，非無則常照，非雙亦，非雙非，則不寂不照，而照而寂。言思路絕，無可名狀，故唯一心。❽

相較於事一心，顯然理一心層次更高。袾宏說理一心可破妄，因爲不僅可因此得定，也能得慧。袾宏以事、理兩個層

次詮釋念佛,藉此調和了傳統的四種念佛,因爲由持名念佛
而證得的一心,與三昧無異,甚至由於此一心即是究竟實
相,因此等同於最高層次的實相念佛。

　　袾宏認爲人們不了解念佛的眞義,以爲念佛只適合鈍
根之人,唯有參禪才能悟道。他在《彌陀疏鈔》指出:高深
的念佛方式其實和參禪相同:

　　　　體究念佛,興前代尊宿教人舉話頭、下疑情,意極相
　　　　似。故謂參禪不須別舉話頭,只消向一句阿彌陀佛上著
　　　　到。❽

他也同樣認爲詆毀淨土的禪修者無法了解念佛的眞義:

　　　　禪宗淨土,殊途同歸。以不離自心,即是佛故,即是禪
　　　　故。彼執禪而謗淨土,是謗自本心也,是謗佛也,是自謗
　　　　其禪也。亦弗思而已矣。❾

　　所以,連結參禪與念佛的是此一心。袾宏明確指出,
此一心正是菩提達摩「直指」之禪,兩者之間的差別不過是
名相不同而已:

　　　　達摩說禪,直指靈知之自性也;此理一心,正靈知自性

故。門庭施設不同，而所證無兩心也。善哉中峰之言曰：
禪者，淨土之禪；淨土者，禪之淨土也。……或謂直指之
禪，不立文字，今持名號。若為會同，不知〔禪宗〕傳法
以四句之偈，印心以四卷之〔楞伽〕經。較之四字名號，
文更繁矣。蓋非以斷滅文字為不立也；不即文字，不離文
字，達者契之。❶

　　袾宏主張淨土念佛不異參禪，又說阿彌陀佛即是一
禪宗公案，這顯然是立足於禪淨雙修的傳統。但是有一點
我們必須謹記：這不代表同時修持禪與淨土。對於袾宏而
言，禪淨雙修似乎有如下幾種涵義：一、念佛不亞於參
禪；二、念佛與參禪殊途同歸，皆可達成體悟自性或本心
的目的；三、念佛比參禪更有效，不僅因為佛號的效力，
更因為它契合當時的需求。就某種意義而言，袾宏將禪納
入淨土法門之中。

　　總結以上說明，我們或許可以說：袾宏在詮釋念佛
時，結合本章前文探討的淨土法門的兩種趨向；他融合慧
遠、承遠、法照代表的念佛三昧傳統，以及善導、少康、省
常代表的普化虔誠與積極救世的傳統。即使我們對於淨土可
否歸類為獨立宗派有所遲疑，但歸根究柢，袾宏被尊為淨宗
祖師一事似乎不無道理。雖然袾宏對於義理闡述駕輕就熟，
但是讓他在當代出類拔萃的因素，卻是身為居士佛教運動領

袖的影響力,以及僧團改革者的才能。下一章我們將探討袾
宏在明末居士佛教運動中的角色。

■ 註釋

❶ *The Zen Master Hakuin: Selected Writings*，Philip B. Yampolsky 英譯，頁 147-148。

❷ 同上，頁 170-171。

❸ 尉遲酣（Holmes H. Welch），*The Practice of Chinese Buddhism 1900-1950*，頁 398；關於另立念佛堂，參見頁 89-104。

❹ 小笠原宣秀，《中国近世浄土教史の研究》，頁 213。

❺ 關於雲棲寺，將於第八章詳細討論。

❻ 或是淨宗九祖。此一差異，連同淨宗諸祖的排序等問題，將於下文「袾宏與淨土宗」一節詳細討論。

❼ 有關禪宗早期歷史，參見 Philip B. Yampolsky，*The Platform Sutra of the Sixth Patriarch*，頁 1-57。

❽ Heinrich Dumoulin, S. J.，*A History of Zen Buddhism*，頁 106。

❾ 關於這些禪師的探討，參見 Yampolsky，*The Platform Sutra*，頁 53-55；Dumoulin，*The Development of Chinese Zen after the Sixth Patriarch*，頁 4-6。

❿ Yampolsky，頁 54-55。

⓫ 惟白，《建中靖國續燈錄》。〈徽宗序〉轉引自岩井大慧，《日支仏教史論攷》，頁 460。

⓬ 《五燈會元續略》，轉引自岩井大慧，頁 461。

⓭ 海雲禪師屬於臨濟宗，他和元代帝王關係密切，包括成吉思汗、窩闊台和蒙哥汗；在忽必烈掌權期間具有影響力的至溫禪師，則屬於曹洞宗。同上，頁 462-534。

⓮ 空谷景隆自傳見於《雲棲法彙》17，頁 21b。

⓯ 同上，頁 23b。

⓰ 同上，頁 24b-25a。

❶ 《憨山老人夢遊集》，卷 53，頁 2885。

❶ 同上，卷 46，頁 2525。

❶ 蕅益智旭，《宗論》，第三部，卷 5。轉引自陳垣，《清初僧諍記》，頁 14-15。

❷ 同上，頁 15。

❷ 悟開的《蓮宗九祖傳略》和彭紹升的《淨土聖賢錄》這兩部廣為流傳的淨土祖師傳中，袾宏皆被列為第八祖。參見小笠原宣秀，《中国近世淨土教史の研究》，頁 182-183。

❷ 這是楊仁山在《十宗略說》提出的說法。參見小笠原宣秀，《中国近世淨土教史の研究》，頁 183。

❷ 《樂邦文類》，《大正藏》，冊 47，頁 192b-193c。

❷ 這一節收錄於《佛祖統紀》，卷 26，《大正藏》，冊 49，頁 261-265。

❷ 蓬庵大祐，《淨土指歸集》（揚州：揚州藏經院，1912），頁 86，〈蓮社立祖〉。

❷ 參見尉遲酣，"Dharma Scrolls and the Succession of Abbots in Chinese Monasteries"，尤其是頁 111，116，119，121-123，136-147。

❷ 高雄義堅，《宋代仏教史の研究》，頁 118-119。

❷ 志磐在《佛祖統紀》，卷 26 的〈淨土立教志〉確立淨土祖師傳承法脈，他的敘述多半基於宗曉的記載，不過也經常納入許多宗曉不曾收錄的資料。

❷ 《樂邦文類》，卷 3，《大正藏》，冊 47，頁 192b-c；《佛祖統紀》，卷 26，《大正藏》，冊 49，頁 261-263。

❸ 《樂邦文類》，卷 3，《大正藏》，冊 47，頁 192c-193a；《佛祖統紀》，卷 26，《大正藏》，冊 49，頁 263。

❸ 善導提倡持名念佛和觀佛，希望能藉此在今生親覲阿彌陀佛。大多數學者僅強調善導教化中持名念佛的部分，但是包如廉（Julian F. Pas）正確地指出《觀經》內含不同層次的教義，而善導在註釋此經時精確地體察到這些層次：「本經由不同層次的結構組成，其中

有兩、三個主要旨趣是顯而易見的。此經最初的旨趣或基本要義
僅涉及禪觀：這是一本操作指南，俾使修行者能在此生面見阿彌
陀佛。（稍後的）第二階層強調往生阿彌陀佛西方淨土所需的道
德與心理條件，最後則是近乎不經意的勸導臨終持名念佛，以祈
往昔罪過可得免除，並且──在一般看似無望的情況下──得生
淨土。……雖然善導在某些地方感到註釋《觀經》涉及的難處，
但他依然盡力客觀地註解此經，同時調和經中不同層次的教義。
然而，後人逐漸簡化他的觀點，甚至到達扭曲的地步。在現代著
作中，很難看到對善導禪修見解的闡釋，大家對他的認識似乎僅
止於念佛法門的弘揚者，而且還是極爲狹義的『念佛』。」參見
包如廉，"Shan-tao's Interpretation of the Meditative Vision of Buddha
Amitayus"，頁 98。

㉜　《佛祖統紀》，卷 26，《大正藏》，冊 49，頁 263。

㉝　《佛祖統紀》，卷 26，《大正藏》，冊 49，頁 263-264。

㉞　關於「五會念佛」的解釋，詳見「禪淨雙修」一節。

㉟　《佛祖統紀》，卷 26，《大正藏》，冊 49，頁 264；《樂邦文
類》，卷 3，《大正藏》，冊 47，頁 193b。

㊱　《佛祖統紀》，卷 26，《大正藏》，冊 49，頁 264-265。

㊲　這是懺悔六根所造罪業的一種儀式，以天台大師智顗所作的《法華
三昧行法》爲依據。智顗根據《法華經》和其他大乘經典制定法華
懺儀，而最初採用法華懺法的是天台二祖慧思。參見織田得能，
《織田佛教大辞典》，頁 1050a。

㊳　《佛祖統紀》，卷 26，《大正藏》，冊 49，頁 265；《樂邦文
類》，卷 3，《大正藏》，冊 47，頁 193b-c。

㊴　《樂邦文類》，卷 3，《大正藏》，冊 47，頁 193c。

㊵　嚴格說來，念佛三昧有兩種。第一種稱爲「因行」，意指三種念
佛：一、一心觀佛莊嚴妙相，二、一心觀法身之實相，三、一心稱
念佛名。這三者都稱爲「因行念佛三昧」，也稱爲「修」。第二種
念佛三昧層次較高。當前述念佛法門成就時，修行者或心入禪定，

或佛身現前，或體悟法身實相，此時稱爲「果成念佛三昧」，也稱爲「發得」。參見織田得能，《織田佛教大辞典》，頁 1381a。

㊶ 宗賾似乎將念佛三昧等同於稱名念佛。至少從這段文字看來，他似乎也強調念佛的數量：誦念次數愈多，愈可能證得念佛三昧。

㊷ 參見 Leon Hurvitz，"Chu-hung's One Mind of Pure Land and Ch'an Buddhism"，收錄於狄培理（de Bary），*Self and Society in Ming Thought*，頁 453。

㊸ 宗密在《普賢行願品疏鈔》卷 4 提出他的理論。《續藏》，編 1，帙 7，冊 5，頁 457-458。參見望月信亨，《中国淨土教理史》。

㊹ 《雲棲法彙》8，頁 66b-67a；Hurvitz，頁 455-456。尉遲酣也簡略提到這一點，參見 *The Practice of Buddhism 1900-1950*，頁 90，399。

㊺ 如同包如廉在最近的善導相關研究中指出（"Shan-tao's Interpretation of the Meditative Vision of Buddha Amitayus"，以及 1976 年在美國宗教學院年會中發表的論文 "The Significance of Shan-tao in the Pure Land Movement of China and Japan"），善導可能同等重視念佛的兩個層面，也就是觀佛與持名念佛並重。包如廉評述善導的〈觀念法門〉（《大正藏》，第 1959 號）時指出：「對於〔念的〕意義與內涵，他〔善導〕並未提出任何定義，反而在運用這個詞的時候，語意模稜兩可，也就是讓這個詞同時包含觀阿彌陀佛與稱念阿彌陀佛名號……他似乎藉由運用這個詞的歧義，強調念佛兼具禪觀與誦持，不應截然劃分。換句話說，以彌陀當下現前爲目標的禪觀，時時不離禮拜、誦經和持名念佛。」參見 "The Significance of Shan-tao in the Pure Land Movement of China and Japan"，頁 22。探討善導的《觀經疏》之後，包如廉提出迥異於陳觀勝、R. Robinson 和望月信亨的見解，結論如下：「……日本淨土信徒將善導塑造成思路偏狹且廣受歡迎的傳教者形象，但其實他並非如此。他的彌陀信仰法門有許多面向，他針對每個人的根機提供適當的往生淨土法門：信心薄弱者至心稱念阿彌陀佛名號，藉此

對西方淨土心生渴仰，而更為虔誠的弟子就鼓勵他們提昇修行層次──戒行和禪觀都是更高層次、更圓滿的念佛形式。」同上，頁39。

❹ 延壽在《萬善同歸集》卷2對比這兩種方法。修習禪觀可得三昧，他稱之為「定心」，並且認為定心可導致上品往生；但念佛名，兼行眾善，可得「專心」，導致下品往生。參見望月信亨，頁337。

❹ 關於白蓮宗，參見望月信亨，頁411-425；小笠原宣秀，頁83-130；歐大年（Daniel L. Overmyer），*Folk Buddhist Religion: Dissenting Sects in Late Traditional China*，頁73-108（中譯本：劉心勇譯，《中國民間宗教教派研究》，上海：上海古籍出版社，1993年）。

❹ 根據普度所言，如果一個人想要往生淨土，必須完成十項條件，他稱之為十種「念佛正因」：一、孝養父母，二、奉事師長，三、歸依三寶，四、發菩提心，五、受持戒法，六、慈心不殺，七、修十善業，八、深信因果，九、讀誦大乘，十、勸進行者。《蓮宗寶鑑》，卷1，《大正藏》，冊47，頁306a-309a。

❹ 參見《雲棲法彙》16，分別是《往生集》，卷1，頁27b-28c，以及卷3，頁5b。

❺ 袾宏可能沒有將這兩位淨土佛教徒聯想為明代的白蓮教徒。歐大年也指出：「明代淨土資料中，茅子元似乎是淨土教的中堅分子⋯⋯一念居士編撰的《西方直指》引述慈照〔譯按：即子元〕嚴詞批評無知大眾的種種行徑，包括不知求生淨土的正途、稱念阿彌陀佛名號只為除病消災、祈求神明祖先、焚燒紙錢、殺生祭祀⋯⋯讀過他的相關資料後，很難想像茅子元是融合諸說的民間信仰的創始者！如果他當時真的涉及可疑或異端的活動，為何淨土宗對他如此尊崇，視為本宗正統聖者，與慧遠、善導相提並論？」*Folk Buddhist Religion: Dissenting Sects in Late Traditional China*，頁93。

❺ 白蓮社在子元被放逐時首次遭到禁遏，又於元代1281、1308和1322年被敕禁。參見陳觀勝，*Buddhism in China: A Historical Survey*，頁430。

㉒ 小笠原宣秀，頁 90。

㉓ 這些著作包括《禪關策進》（《雲棲法彙》14）、《往生集》（《雲棲法彙》16）、《皇明名僧輯略》（《雲棲法彙》17），以及《竹窗二筆》（《雲棲法彙》25）。

㉔ 望月信亨，頁 330。

㉕ 自宋代以來，中國禪僧一向敬重百丈，認為他首創強調體力勞動（「一日不作，一日不食」）的宗風，並且創制禪門出家戒律。傳統上認為他制定第一部禪僧戒律《百丈清規》——在此之前禪宗出家人棲止於律宗寺院，基本上遵守小乘律。這個觀點獲得許多學者採納，但近來卻遭到禪宗戒律史相關研究的質疑。Martin Collcutt 在 他 的 博 士 論 文 *The Zen Monastic Institutes in Medieval Japan*（Harvard, 1975）論述日本學者的著作，例如近藤良一（〈百丈清規と禅苑清規〉、〈百丈清規の成立とその原型〉）、椎名宏雄（〈初唐禅者の律院居住について〉）、柳田聖山（〈初期禅宗史書の研究〉），以及鏡島元隆（〈百丈古清規変化過程の一考察〉）。這些學者一致認為百丈不但不是禪門戒律的首創者，而且可能根本沒有編輯任何清規。百丈本人、他的弟子，以及他的傳記作者都不曾提到可能由他編纂的任何一部清規。現存的《敕修百丈清規》是元代的作品，根據 Collcutt 所見，這份文獻融合了宋代最著名的清規，其中完全沒有可直接溯及百丈之處。參見 Collcutt，頁 189-190。

㉖ 望月信亨，頁 394。

㉗ 《雲棲法彙》16，《往生集附》，頁 1b。

㉘ 在《大正藏》中，《般舟三昧經》有兩個版本（《大正藏》，第 417、418 號），其中一個版本有八品，另一版本則有十六品，兩本的譯者皆署名後漢支婁迦讖（Lokakṣema）。參見望月信亨，頁 12；許理和（E. Zürcher），*The Buddhist Conquest of China: The Spread and Adaptation of Buddhism in Early Medieval China*，頁 35。此經有關念佛三昧的部分收錄於《樂邦文類》，卷 1。

❺❾　望月信亨，頁 24-28；許理和，頁 220-221。

❻⓪　《樂邦文類》，卷 1，《大正藏》，冊 47，頁 157c-158a。

❻❶　同上，頁 158a。

❻❷　望月信亨，頁 112；《樂邦文類》，卷 1，《大正藏》，冊 47，頁 158a-b。

❻❸　宇井伯壽，《禪宗史研究》，頁 169-174；Yampolsky，*The Platform Sutra*，頁 43-44。根據《楞伽師資記》，智詵是五祖弘忍的十大弟子之一（《大正藏》，冊 85，頁 1289c），然而無論是智詵本人，或應該是他創立於四川的派別，這份文獻都沒有提供多少詳細資料。後來問世的《歷代法寶記》以傳承智詵法脈的無住禪師的思想爲中心，此書宣稱智詵傳法予處寂，處寂接著傳法無相，爾後無相傳予無住。此外，《歷代法寶記》指出這幾位禪師代表初期禪宗的保唐派，這是獨立於南、北宗之外的另一支禪宗派別。參見柳田聖山，《初期の禅史 II：歴代法宝記》，頁 14-15。

❻❹　宇井伯壽，頁 180；Yampolsky，頁 44。

❻❺　宇井伯壽，頁 190。南無，意指「禮拜」或「禮敬」。

❻❻　望月信亨，頁 394。

❻❼　同上，頁 332。袾宏同樣運用「理」、「事」之別，解釋念佛的兩個層次。

❻❽　望月信亨，頁 341。

❻❾　《天目明本禪師雜錄》，《續藏》，編 2，帙 27，冊 4，頁 393b。

❼⓪　同上，頁 396b。

❼❶　《雲棲法彙》14，《禪關策進》，頁 21b-22a。

❼❷　《雲棲法彙》17，頁 41b-42b。

❼❸　同上，頁 44a。

❼❹　同上，頁 42b-43a。

❼❺　同上，頁 13b。

❼❻　同上，頁 55b-56a。

❼❼　《雲棲法彙》14，頁 22b。

㉘ 《雲棲法彙》17，頁 19a。

㉙ 《憨山老人夢遊集》，卷 9，頁 18。

㉚ 《雲棲法彙》6，頁 18b。

㉛ 同上，頁 22a。

㉜ 同上，頁 28b-29a。德清也表達同樣的思想，他認爲禪宗法門以「無念」爲特色，而淨土法門的特色是「念」：「參禪要離想，念佛專在想。以眾生久沉妄想，離之實難。若即染想而變淨想，是以毒攻毒，博換之法耳。故參究難悟，念佛易成。」《憨山老人夢遊集》，卷 8，頁 45-46。

㉝ 《雲棲法彙》8，頁 58b。

㉞ 同上，頁 59a；Hurvitz，頁 455。

㉟ 同上，頁 66a-b；Hurvitz，頁 463。。

㊱ 同上。

㊲ 同上。

㊳ 同上。

㊴ 同上。

㊵ 《雲棲法彙》6，頁 10a；Hurvitz，頁 461。

㊶ 《雲棲法彙》8，頁 70b；Hurvitz，頁 464。

第四章
袾宏與明末居士佛教運動

　　居士佛教的發展和三教合一是明末兩股趨勢，在整個中國思想史中特別突出。這兩種趨勢當然不是始於明代，其開端可遠溯至東晉時代（公元四世紀），從《弘明集》與《世說新語》這兩部著作，可以明顯看出當時文人學士對佛教的熱衷，以及試圖結合佛、道的努力。然而，即使袾宏的努力不是前無古人，但無論在廣度或深度上，都與早期的先例有本質上的差別。

　　明代居士佛教的興起，有時歸因於僧眾道德水準低落，以及透過科舉制度而入仕途的吸引力。❶因此，理論上才智出眾者入朝為官，出家為僧的能人智士則屈指可數；虔誠信佛之人不願加入聲名狼藉的僧團，唯有選擇居士佛教一途。根據這個理論，由於僧團佛教衰微，居士佛教遂應運而起。這種詮釋以僧團佛教與居士佛教成反比為前提，但是兩者之間的關係是否真是如此？其實有待商榷，因為居士佛教一向與僧團佛教有密切的關聯。在唐、宋兩代，當佛教是強

有力的制度性宗教時，德高望重的出家人對在家信徒極具號召力。明代也有類似的狀況，因爲在家居士通常聚集在幾位高僧身邊，袾宏和他的居士信徒可說是最好的例子。如果十六世紀末十七世紀初沒有僧團佛教的復興，也就不會有居士佛教的興起。因此，明末居士佛教反映出當時僧團佛教嶄新的活力，而不是取而代之。

　　將居士佛教主要視爲僧團佛教的「替代品」，也就等於是採納另一個普遍的見解：佛教自唐代以後就持續衰微，而且在明代跌至谷底。❷通常用以支持這個見解的主要理由是唐代以後沒有譯出重要經典，沒有創立任何新的佛教宗派，也沒有出現具有創見與卓越義理才智的大師。迄今用來評估漢傳佛教成長或衰微的準則，一向以其僧團實力和義理的創新爲中心。但這是詮釋漢傳佛教歷史的唯一途徑嗎？

　　雖然本章主要探討明末居士佛教運動現象與三教合一，但也提出一個不同的準則，用以衡量唐代以後的佛教。與其說佛教衰微或墮落，不如說唐代以後佛教實踐的本質產生改變。唐代以後的佛教可說是有別於前期佛教，但這未必表示佛教在唐代之後走下坡。此一改變的主要特色包含日益強調透過實用法門達到自覺，以及愈來愈能包容儒家與道家。唐代以後佛教放棄教義的排他性，力圖完全融入中國社會，佛教這種漢化過程的最佳典範就出現在明代。

　　當我們探究導致明末居士佛教興起的條件時，有兩個

因素顯然值得特別注意。其一是陽明學派的流行，尤其是後來分出的流派——左派泰州學派，這對於個人主義的氛圍以及宗教與思想探究領域的自由，皆大有助益。陽明學派倡導超越宗派的修行體證方法，開啓了重新發現佛教的新領域，激發對佛教的普遍欣賞與興趣。

　　另一個重要因素是像袾宏這樣的佛教大師的用心努力，以淺顯易懂的形式弘揚佛教，對象不僅是文人士大夫階級，也包括平民百姓。他們對儒、道也採取和解的態度，雖然其中有些法師，例如袾宏，其實並不是眞的認爲儒、道二教可與佛教相提並論。然而，此處應該注意的重點，倒不是袾宏沒有將儒、道等量齊觀而全心全意欣然接受，而是他確實試圖調適佛教，以順應其他二教，並且將儒、道、釋納入一個以佛教爲頂點的層級金字塔。應該強調的是，袾宏對於三教的態度，因爲若非他採取和解的立場，他就不可能成爲居士佛教運動形成中舉足輕重的人物了。這個運動始於明末，在整個清代持續蓬勃發展，直至今日在中國大陸以外的華人地區依然活躍。居士佛教運動和三教合一奠立了一個理論基礎，讓佛教併入文人士夫階級的個人生活中；反過來說，文人士夫階級中的居士佛教發展，是融合的具體表現，也是融合成功的實際指標。

　　袾宏的兩個思想對他的信眾產生很大的影響力：第一，持守不殺與放生，展現對眾生的慈悲；第二，透過他在

《自知錄》（《雲棲法彙》15）概括的功過制度，提倡庶民道德。如下文所示，袾宏並非這些觀念的創始者，因為它們長久以來一直被奉為圭臬，不僅在佛教傳統中，在儒、道二教也是如此。然而，袾宏詮釋與呈現這些思想的方式，為他贏得大批追隨者，包括知識菁英和平民百姓。

慈心護生：居士佛教的教理依據

不殺和放生的戒律在佛教中有確切的教理依據：前者是十重戒的第一條，後者是四十八輕戒的第二十條。十重四十八輕共同組成《梵網經·心地品》下卷宣揚的整套菩薩戒，由於大乘佛教基本戒律的主要宣說對象是在家信眾，《梵網經》這五十八條戒律在中國一向廣為流傳，備受推崇。此經有許多註釋，其中以天台大師智顗的注疏最著名，袾宏再根據智顗的疏作註解，題名頗為冗長：《梵網經心地品菩薩戒義疏發隱》（五卷，《雲棲法彙》1－4）。由此作品可見袾宏對佛教戒律的理解與態度，因此值得特別注意。《自知錄》是道德生活的詳細規範，而《戒疏發隱》則做為通篇洋溢佛教慈悲精神的理論依據。

不殺生戒的經文如下：

佛言：「佛子！若自殺、教人殺、方便殺、讚歎殺、見作隨喜，乃至呪殺，殺因、殺緣、殺法、殺業，❸乃至一

切有命者不得故殺。是菩薩應起常住慈悲心、孝順心，方
便救護一切眾生。❹

袾宏針對最後一句有如下解釋：

〔菩薩〕應有三：謂慈悲、孝順、救護也。殺事逆天悖
理，即是不孝不順。又一切眾生皆多生父母，惱害之，即
惱害吾父母。……但能不惱，差可免愆。若不救護，何名
大士？故不殺，仍應救生。❺

在這些禁令中，不殺生列於菩薩必須遵守的十重戒之
首，其重要性自不待言。不過，對於倡導放生茹素等行動以
慈悲眾生的人而言，主要的根本依據來自於另一條戒律：四
十八輕戒的第二十條，稱為「不行放救〔眾生〕戒」。相關
經文如下：

若佛子！以慈心故，行放生業。一切男子是我父，一切
女人是我母，我生生無不從之受生，故六道眾生皆是我父
母。而殺而食者，即殺我父母，亦殺我故身。一切地水是
我先身，一切火風是我本體，故常行放生。生生受生，常
住之法，教人放生。若見世人殺畜生時，應方便救護，解
其苦難。常教化講說菩薩戒，救度眾生。若父母兄弟死亡

之日，應請法師講菩薩戒經律，福資亡者，得見諸佛，生人天上。若不爾者，犯輕垢罪。❻

　　袾宏在這段經文的註解中闡述教理，強調三個要點，以問答形式呈現。提問者是一位虛構的對談者──顯然是儒家學者。第一個問題：「墨子兼愛，號爲異端。云何眾生皆我父母？」袾宏回應如下：

　　儒道止談今世，佛法乃論前身。受身既歷多生，託胎必徧諸趣，六道眾生皆我父母，豈不然乎？惟拘近跡不審遠緣等之異端，奚足爲怪。❼

　　第二個問題是關於四大（地、水、火、風）和一己色身是否相同？對談者問：「四大外物，何關己身？」袾宏認爲兩者之間的關係是虛妄的；一個人眞正的自我永遠是「空」，但由於無明而執著現象界，將自己短暫的存在視爲實有。人一旦受此顛倒妄見掌控，則落入生死輪迴的羅網，陷於四大的葛藤，無法自拔──其實四大只不過是種種現象的象徵。以下摘錄袾宏的註釋：

　　眾生顛倒，迷眞常身，認物爲己，攬彼地水及與火風，爲我自身血肉暖息。繇此四大和合而生，散滅而死。惟除

變易〔阿羅漢等超越生死輪迴的眾生之死〕，自餘分段
〔欲、色、無色三界內之死〕，終無離此而有身也。❽

　　袾宏預料讀者可能產生的疑問，針對物理世界與人體
小宇宙之間的關聯，提出兩個相關問題。他運用比喻和推
論，為自己的論點辯護。他的論辯方式令人想起四世紀儒、
釋之間的激辯，尤其論及靈魂是否不朽的爭議。這些論辯中
最重要的是反佛教論者范縝（大約在 450-515）的傑作〈神
滅論〉，他採取的觀點是靈魂無法長存。❾
　　袾宏提出的第一個問題：如果所有生物天生具有相同
的地、水、火、風四大元素，那麼我們應該能夠順理成章地
分擔彼此的情緒和知覺，但是當我傷害另一個生命時，怎麼
會絲毫不覺痛苦呢？其回答如下：

　　自身他身，亦同亦別。語其別也，喻如千華共樹，為
　　質自殊，折一華時，何與羣蕊。是以羅漢之食，不飽眾
　　夫；❿慈兄之灸，不分弟痛。⓫若言其同，則噬指而孝子
　　惕心，⓬斫像而亂臣墮首；⓭銜梅自彼，我口流酸；臨崖在
　　人，己身起粟。氣脈之通，亦有然者。⓮

　　袾宏接著提出另一個問題：如果我們的色身由四大組
成，我們何以容易遭受四大致命性的毀滅呢？換句話說，為

什麼泥土讓我們窒息，水讓我們溺死，火把我們燒毀，風把我們凍僵？對此問題，袾宏如是回應：

> 此有二義：一者互相刑剋義，二者自相損滅義。言互剋者，土壅風隔，風猛土揚；火熾水乾，水盛火熄。外之四大，與內四大，各以敵對而互相制，亦復如是。言自滅者，一撮之土，泰山所頹，則覆滅故；一勺之水，海濤所激，則衝滅故；一星之火，燎原所及，則掩滅故；一竅之風，剛颷所吹，則蕩滅故。外之四大，與內四大，即以本體而自相害，亦復如是。❺

袾宏在註釋中比較佛教和儒家對父母的態度，並且試圖證明佛教勝過儒家。由於《梵網經》第二十條輕戒（若合計輕重五十八戒，則是其中的第三十條戒），救生護生在先，父母忌日祭祀在後，按常理有人可能因此抨擊這條戒有輕慢先人之嫌。如袾宏註釋中假想的提問者所言，表達慈愛與忠誠應有合乎自然的次第，應該始於至親，而後推及他人，最後再納入無生命之物。現在如果依照這條戒的規定，以他人為先，自己親人在後，豈不是違反自然嗎？對此，袾宏回答：「先己後人者，雖知利物，而猶分爾我也，慈悲之常道也；先人後己者，惟知利物，而不知有己也，慈悲之至極也。」❻換句話說，儒家的慈悲不如佛教慈悲那麼有力且

徹底。

　　袾宏在另一部著作中，就整體而言比較儒家的道德規
範和佛教戒律，做出類似的結論。他認為雖然兩者在形式上
相仿，但在涵蓋範圍和強度上相差甚遠。依袾宏所見，佛戒
的要求更嚴格，影響更深遠，目標是達到究竟圓滿，而儒家
道德規範旨在中庸之善：

　　　　儒釋禁戒，大略相似，而疏密不同。如五戒，一曰不
　　殺，謂絕無所殺也。而儒止言無故不殺牛羊犬豕，不言不
　　殺；止言釣不綱，弋不宿，不言不釣弋。是知儒戒成世間
　　善，佛戒成出世間善。儒受佛戒，自古有之，無足異者。❼

　　不殺和放生的戒律對中國佛教實踐方面的影響一向很
廣泛，儘管袾宏和同時代僧人強調戒殺放生，他們並非首開
先河者。簡要審視為戒殺放生制度化而努力的歷史梗概，或
許能夠提供我們更宏觀的角度。❽

倡導戒殺放生的歷史先例

　　隋代在 583 年頒布法令，規定每年正月、五月和九
月，以及每月的「六齋日」（初八、十四、十五、二十四、
二十九、三十日），不得殺生。❾這些特定日期的選定是根
據《梵網經》記載的規定，❿經中說在三長齋月和每月六齋

日，在家信眾應該持守八戒，其中包括不殺生、不偷盜，以及過午不食。四天王每逢六齋日巡視人間，觀察記錄人們善惡之行，因此在這幾天人人特別應該謹言慎行。

唐代在 619 年詔令天下：每年正月、五月和九月禁屠，也禁止漁獵。❷在會昌法難（845）發生之前，這道詔令顯然獲得程度不等的成效。至於放生池的設置，最早的記載可溯及梁元帝當政時期（552－555），是時建有一座放生亭，❷但確切建造日期和使用細節則不得而知。唐肅宗於759 年頒布詔令，設立八十一座放生池，❷名書法家顏真卿（709－785）❷為此撰寫碑記。根據此碑文所述，設置這些放生池的地區包括今天的山西、湖北、湖南、四川、雲南、貴州、廣東、廣西、江西和浙江：「始於洋州之興道〔陝西〕，洎山南、劍南、黔中、荊南、嶺南、江西、浙江西諸道，訖於昇州之江寧〔南京〕秦淮太平橋，臨江帶郭，上下五里，各置放生池。凡八十一所。」❷雖然我們能夠看到朝廷的詔令和法典，得知官方遵循程度的若干跡象，這些證據也間接表明了一般大眾的實踐極為有限。直到宋代，才開始有全面推廣於民間的記錄。

放生這種作法逐漸普及，主要源於高僧成功的勸化。融合佛教諸宗的大師永明延壽，❷極力倡導禪淨合一，他出家前是吳越王的稅務專知官，曾經挪用公款購買魚蝦放生。同樣倡導淨土法門的天台僧慈雲遵式（963－1032），❷勸

導許多漁民改行轉業。據說當他在開元寺講經說法時,「不
葷飲者傾市邑,屠酤不售。」❷他大力促成新放生池的設
置。1017 年宋眞宗下詔,要求准、浙、兩湖設置放生池,
禁漁採,❷遵式於 1019 年向朝廷呈遞請願書,請求將西湖
設爲放生池,爲主上祝壽。自此以後,每年四月初八佛誕日
皆籌辦「放生會」,一時蔚爲風尚。後來這個習俗顯然有
些沒落,因爲 1090 年蘇東坡(1036 － 1101)❸上書奏請恢
復。❸

唐代以後佛教的特色

　　晚唐和五代時期,在譯經、教理闡釋和宗派組織化等
重大任務完成之後,佛教同化的過程正式展開──就某種意
義上而言,這在宋代之前是不可能的。因此,同化過程在宋
代蓬勃發展,此時禪與淨土躍居中國佛教主要宗派。禪宗的
方式是透過自力以達到自證,而淨土強調信心,表現在對阿
彌陀佛的虔誠與禮敬。雖然兩者進路不同,但皆以修行爲
先,義理次之。宗教救贖或解脫的尋求,必須憑藉宗教生
活。這裡所謂的宗教生活,未必意指出家爲僧,雖然出家一
直被認爲是個人獻身佛教的優先選擇。不過,宗教生活的確
涉及特定的生活型態,虔誠的佛教徒應該體現慈悲與智慧。
當禪修者孜孜不倦的參公案時,其實正是逐步探索大乘佛教
無上圓滿智慧的體證,這樣的智慧可以粉碎生來就有的整套

虛妄顛倒的思想建構。同樣地,淨土信徒希望藉由放生或在特定日期茹素等微善之行,解脫自己與生俱來的欲望、貪婪和瞋恚。

這些善行的動機不僅根植於道德訴求,也有深層的宗教與心理根源。當一個人殺害一眾生,即破壞隱含於所有生命體中的紐帶。暴力不僅讓施暴者背離了宇宙整體的和諧感,也終究背離了自己,因為雖然殺生是自我肯定的一種極端形式,但吊詭的是,如此孤立自限的自我不再具有任何真實的生命或意義。

從這個脈絡來看,佛教素食主義意義深遠,因為即使一個人自己不動手殺害動物,每當食用眾生肉時,就否定了自己與其他生命體之間存有任何重大關聯。一旦把動物物化為「食物」,人就可能漠視動物的苦痛,認為牠們不過只是個沒有知覺和感情的東西。相反地,如果一個人每見一眾生即將被宰殺而出手營救,每放生一次,即再次強化一切眾生之間本有的連結。放生的行為即是對重新合一的頌揚,在這過程中造成疏離的一己私欲瞬間消失了;事實上,放生者是讓自己解脫,不受人類自私自利的束縛。

一般人放生,可能不會意識到放生行為的重要性,我們也無法斷言人人可藉由行善數量的累積,達到這種超然物外的驟然質變。不過,這種虔敬行為背後的根本原因依然存在。上述倡導戒殺放生的兩位宋代僧人主要被視為淨土信

徒，也就不足爲奇了。特別值得注意的是，當時一般人普遍的關注甚至影響了以證悟爲重的禪師的教導。禪淨融合始於宋代，融合的共同基礎是禪、淨二宗皆注重修行。然而星移斗轉，從禪淨共同關注而發展的庶民佛教，逐漸成爲強化這種融合趨勢的力量。

　　宋代居士結社日益風行於佛教界，這種會社可遠溯至慧遠的蓮社，❷以及敦煌遺跡顯示的許多組織。但是鈴木中正在他以宋代佛教爲主題的傑出研究指出，❸這些會社和南北朝或隋唐的原型大不相同。首先，早期結社的主要目的是塑造佛像、鑿窟儲藏佛教寶物、鈔經、誦經，或啓建佛教齋會和宗教慶典，而宋代會社主要是「念佛會」，在定期集會時社員一齊誦念阿彌陀佛名號，並將此功德迴向速生西方極樂淨土。念佛會的成員也做善事，但以念佛爲主要目的。其次，早期會社成員多半來自上層社會，而宋代會社成員背景多元，來自各行各業的平民百姓通常占大多數。雖然稱爲「會社」，但是我們沒有發現這些團體有任何正式組織架構或組織章程規範。成員的數目不確定，集會時間也沒有具體說明。相形之下，明末清初「放生會」的組織遠比宋代會社更完備。

　　宋朝也開始出現大批勸人戒殺茹素的短文，我閱讀過的這類文章❹篇幅都相當短，而且訴諸倫理道德，而非宗教考量。最具代表性的例子是蘇東坡的文章，根據這位或許是

宋代最著名的居士所言，凡食肉者，皆違犯儒家五大德目，也就是「五常」：「屠戮他身，肥甘自己，為不仁也；離他眷屬，延我親朋，為不義也；將他肉體，供獻神人，為不禮也；稱言食祿，當受刀砧，為不智也；設餌粧謀，引入陷穽，為不信也。」❸

明代袾宏戒殺放生的倡導

袾宏即是在這樣的融合傳統中，進行對在家信徒的勸化。他撰寫的〈戒殺文〉和〈放生文〉❸一再重印，廣為流傳。這兩篇文章獲得很熱烈的迴響，聞名天下，以致皇太后派遣特使，請袾宏深入開示法要。如前所述，這些文章也開啟在家居士籌組「放生會」的風尚。這些團體努力籌募資金，建造放生池，每隔一段時間固定聚會，將被捕的鳥類、魚類和其他家畜放生（這些動物通常購自漁民或市集）。萬曆二十八年（1600）由於他的勸導，在家信眾捐錢，買回位於袾宏出生地浙江仁和市的兩座廢寺，各建一座放生池，也就是上方池和長壽池。❸

但是關於組織結社的話題，說來奇怪，袾宏即使不至於完全不贊同，至少他本人對此事避而不談。其原因非常有可能是擔憂牽扯上惡名昭彰的白蓮社和其他祕密會社，這些組織不時出現於歷史中，而且自宋代以來每個朝廷都力圖鎮壓。❸袾宏告誡信徒，社會上有無賴惡徒假藉佛的名義做壞

圖六　焦山寺放生一鼉（《鴻雪因緣》，卷 2，頁 67a）

事，❸他們宣稱當來彌勒尊佛即將出現於世，並且以金錢、名聲、有形的財產和女色誘惑信徒。若要讓自己免於和這些聲名狼藉的團體混為一談，唯有盡力獨自修行一途。籌組團體必須極為小心謹慎，而且數量不宜太多。以下抄錄袾宏所言：

> 結社念佛，始自廬山遠師。今之人，主社者得如遠師否？與社者得如十八賢否？則宜少不宜多耳。以真實修淨土者，亦如僧堂中人故也。至於男女雜而同社，此則廬山所未有。女人自宜在家念佛，勿入男群，遠世譏嫌。護佛正法，莫斯為要。……又放生社亦宜少不宜多，以真實慈救生靈者，亦如佛會中人故也。愚意各各隨目所見，隨力所能，買而放之。或至季終，或至歲終，同詣一處，會計所放，考德論業，片時而散。*毋侈費齋供，毋耽玩光陰。*❹

對於宗教修持的問題，袾宏的解決之道以強調彈性與善巧方便為特色。這些組織本身並不令人反感，但是因為它們傾向流於形式主義，加上其他陋習，所以袾宏無法滿腔熱忱地予以贊同。然而論及放生，他積極勸化的態度始終如一。他在〈放生文〉中說明論點，從歷史記載、傳說、當代傳聞和親身經歷中援引許多事例，闡明放生的功效。這些故事比理性勸說或教理勸導更有影響力，不僅有助於說服他同

時代的人，甚至也讓後代讀者堅信善有善報的法則必然存在。或許其中有些故事看似迷信，對這些故事信以爲眞的人如此天眞輕信，也可能令人驚異，但即使明白這一點，我們依然不得不贊賞袾宏說理的善巧，以及他對於人類深不可測的宗教虔誠的洞察力。他運用的技巧強調超自然的力量如何產生神異感應，藉此引起當時聽眾的共鳴。正如明代筆記文學中大量轉述的夢境、預兆和其他無法解釋的事件所顯示，當時整個時代氛圍有利於袾宏採取的這種方法。

　　袾宏在〈放生文〉中提及的兩件軼事，充分顯示他引用的故事類型。這兩個故事都發生在當代，一件是他自己的遭遇，另一件則發生在他家鄉杭州某位人士身上。❹

　　第一個故事發生於隆慶四年（1570），當時袾宏已出家爲僧，雲遊途中在一座小寺院掛單，某日看見有人捕捉蜈蚣數條，將頭尾綁在竹弓上，於是他買下這些蜈蚣放生，但只有一條存活離去，其餘都死了。後來有一天夜裡，當他正和友人坐著時，突然瞧見牆壁上有一條蜈蚣，他拍打牆壁，想要藉此驅離，卻徒勞無功。所以他對蜈蚣說：「你是我之前放生的那條蜈蚣嗎？你是要來感謝我嗎？如果是這樣，我將對你說法。仔細聽，不要動。」然後他對蜈蚣開示：「一切有情，惟心所造。心狠者化爲虎狼，心毒者化爲蛇蝎。爾除毒心，此形可脫也。」話一說完，蜈蚣毋須驅趕，即自行緩慢爬出窗外。在座友人見此，大爲驚歎。

　　第二個故事發生在萬曆九年（1581）杭州湖墅干氏家中，因爲鄰人被盜賊所侵，所以干氏的女兒送十尾鱔魚過去，向鄰人之母問安。鱔魚儲存於一大甕，後來卻被遺忘。有一天晚上鄰人之母夢見十人身穿黃衣，頭戴尖帽，長跪面前，求她饒命。醒來之後，她找相士問卜，因此得知有眾生乞求她放生。她翻遍房舍，終於發現儲藏鱔魚的大甕，經過這段時間都變成巨鱔，數一數正好十尾。她大吃一驚，立刻放生。

　　這兩則軼事和文中引用的其他故事，都是用以證明：「諸放生者，或增福祿，或延壽算，或免急難，或起沈痾，或生天堂，或證道果。隨施獲報，皆有徵據。」❷雖然善報不應該是行善的唯一目的，但是袾宏告訴讀者：行善，則善報必至，因果使然，即使辭不受報也無法改變。

　　事實上，袾宏倡導在家居士修行時，總是以善報爲主要論據。在另一篇同樣主題的文章中，他詳列應該實行放生的所有理由，這份完整的清單中再次凸顯善報的重要性：

　　　人既重其生，物亦愛其命。
　　　放生合天心；放生順佛令。
　　　放生冤結解；放生罪垢淨。
　　　放生免〔火、水、風〕三災；放生離九橫❸。
　　　放生壽命長；放生官祿盛。

放生嗣胤昌：放生家門慶。

放生無憂惱：放生少疾病。

放生觀音慈：放生普賢行。

放生悟無生：放生生死竟。❹

袾宏在此對讀者表示：放生既符合上天的意志，也是佛陀的教誨。他以世間利祿吸引讀者，向他們保證放生可消災免難，最後提出佛教最高理想：「無生」，以及解脫生死輪迴。

這種糅合宗教、神異、道德與物質主義的邏輯依據，應該如何理解呢？我們應該假定袾宏採用物質上的回報只是隨順民間的盲目信仰，但他真正的用意是宣揚更崇高的佛教嗎？或是應該主張袾宏其實能力僅止於此，只不過是一個銷售變質佛教的無知僧人，為了讓佛教符合大眾的口味，不得不利用一般人的貪欲和迷信？我認為上述兩者皆非事實。

無可否認，袾宏一貫採用善惡有報的題材，但是與他同時代的人完全認同他有資格做為舉足輕重的佛教大師。他對佛教義理有卓越的認識與理解，尤其是華嚴教理。他遵循正統漢傳佛教傳統，著述《佛說阿彌陀經疏鈔》，從這本《阿彌陀經》的逐句註釋可以看出他注疏經典的功力。❺然而，在倡導戒殺放生，以及弘揚《自知錄》提出的社會倫理道德時，他鮮少展現佛教的學養，而多半依賴實用的道德勸

說。這個顯而易見的矛盾，只要仔細研究袾宏促進居士佛教的目的，即可迎刃而解。我們發現他不僅是希望達到什麼目標，同時也是想反彈什麼對象。

袾宏不以知性或義理闡釋的方式勸化世人，這不是偶然，而是出自審慎的選擇。其實，他認為當時佛教衰頹，而因此憂心忡忡。在他看來，其原因主要是禪風墮落，以及僧團戒律廢弛。禪宗信徒不努力修行開悟，只知巧言論禪，把禪修當成一種知性的遊戲；禪不再是真實的生命經驗，而是機械式的模仿以前的公案，以及編造種種詭辯。宗教修持演變成死記硬背，以及各逞智巧言之無物的代名詞。

僧團綱紀廢弛和禪的僵化息息相關。唐宋時期的禪師往往以跳脫常規的行為，或拒絕承認道德行為與開悟有關，藉此震撼弟子。透過開悟而體證的真理超越人間道德，因此達到悟境的人可能認為一切道德價值都是相對的——這個見解是正確的。這不只是禪的立場，因為在陽明學派也可見同樣立場，在著名的《天泉證道紀》中提出的名言：「無善無惡心之體」，也源自真實的開悟體驗。但是有一要點人們常常容易忘記：這種人間道德的超越只適用於已有開悟體驗之人。對於還在努力修行以求開悟的人而言，僧團戒律其實是不可或缺的。

到了袾宏那個年代，禪已失去生命力，但是尚未經歷開悟那種脫胎換骨體驗的人持續貶抑戒律，視為世俗陳規，

不屑一顧。袾宏抨擊的對象，正是這種不負責任的態度。他認為釜底抽薪的解決之道是要有嚴守道德的意識，至於表現的形式，就出家人而言是遵守戒律，就在家人而言是戒殺、放生和社會慈善行為。讓袾宏念茲在茲的重大問題是如何挽救佛教，避免流於例行公事的僵化效應。過去在具有強大感召力的禪師啟發之下，佛教即使不強調道德修持，依然能夠維持生氣蓬勃。但是到了明代，大師感召力不復存在（袾宏以及其他佛教徒稱之為「末法時期」），只要任何人繼續忽視戒律，都是很危險的。而且，要振衰起敝，讓宗教生命充滿力量與方向感，戒律是唯一有效的方法。

在這種情況下，記錄袾宏和泰州學派周汝登之間的書信往來是很有趣的一點。周汝登師事羅近溪，羅引周閱讀佛教典籍。[46] 周汝登曾與其他儒家學者辯論著名的「天泉證道」之義，堅持「心無善無惡」的詮釋。他致書袾宏，談及此事：「既識阿誰，何善何惡？如月在川，何分清濁？」袾宏回覆如下：

月雖皎潔，水清濁而影別昏明；心本昭靈，事善惡而跡分升墮。豈得以月體本無清濁，而故云濁水為佳？心體本無善惡，而遂云惡事不礙？既存空見，便悖圓宗。識渠善惡雙亡，正好止惡行善。定禁止惡行善，猶是識渠未真。[47]

「行善止惡」的確是整個佛教戒律的關鍵。袾宏運用淨土教和戒律，力圖矯正當時盛行的「空談」之風。

所以，放生的用意是做為道德修持的一種方法。或許有人覺得遺憾，心想要是袾宏鼓勵行善時多強調不執著的重要性，少提及世俗報償的利益，該有多好。但是袾宏不僅是佛教學家，也是務實的宣教者。他對聽眾懷抱的期盼與渴望瞭若指掌，也運用最有效的論證讓更多人能接受。

袾宏強調具體實用的在家修行方法，這點充分展現於他的〈放生文〉中，尤其文末提出的具體指導方針：

首先，他囑咐人人一有機會就買下被捕的動物，不要吝惜錢財，因為財富無常，而解救眾生所造之福卻可永久持續。沒錢的人只要發慈悲心，勸人贖放眾生，或見人放生，讚歎隨喜，亦可積福。

第二、最重要的是放生的行為，不是眾生數量的多寡。富人拯救許多眾生，窮人只救一隻螻蟻，兩者同樣值得讚歎，最重要的是盡量經常持續去做。有人不明白這個道理，大量購買體型微小的動物，那不過是工於心計的貪婪，絕非慈悲眾生。

第三、放生時應該盡可能作佛事，諷誦經典，持念阿彌陀佛聖號，因為放生不應只是解救眾生的色身，更要增長其慧命。不過，如果有所不便，則需權巧應變，如果沒有時間誦經，只要念佛即可。如果為了佛事而留置眾生一夜，致

使部分眾生喪命,那麼放生只是徒具虛文罷了。❹

　　雖然袾宏對居士結社有所疑慮,但確實曾經籌組一會社。他為此制定的規約是這個組織運作情形的最佳寫照。會社成員每月(倒數第二天)要在上方寺聚會一次,因此這個組織稱為「上方善會」。每次聚會,社員首先要誦戒經一卷,然後念佛五百聲或一千聲,由一僧人執掌木魚領眾。每人出資五分錢(一分錢相當於百分之一盎司白銀)以備素菜鮮果供佛。他也鼓勵社員捐錢以買放被縛的眾生,金額不拘多寡,也可以自行帶魚或鳥來寺裡放生。大眾聚會時,不可談論世俗之事,只能討論經文疑滯處或修持要點,而且必須簡短扼要。每位社員都要輪流主持月會,負責記帳,載明收支,率先到達,最後離開。❹

　　有些袾宏的信徒依循類似方式組織其他會社。周汝登的學生陶望齡,❺同時也是焦竑❺的摯友,萬曆二十九年仲夏(1601)連同好友數人,於會稽(今浙江紹興)城南成立放生會,袾宏的〈放生文〉置於會員名冊之首。❺另一位在家弟子虞淳熙❺成立「勝蓮社」於西湖,除了少數細節之外,其社約與上述規約無異。

　　和〈放生文〉成對出現的另一篇文章是〈戒殺文〉,其中包含同樣比例的個案歷史與實踐方法指導。袾宏認為殺生食肉是經由模仿而逐漸形成的習慣,若有殺人而食之事,社會必然驚駭,但如果不予制止,群起效尤,數年後以人肉

為食也會變成舉世公認的慣例。因此，袾宏深信殺生食肉的
習俗必須停止，而且這是可以做到的。他列出七項最常見的
殺生場合和情況，並且一一說明其中的錯誤或不合理。❸

　　一、生日不宜殺生。父母生兒育女，極為勞苦。子女
出生之日，父母已開始逐漸邁向死亡之途，因此為人子女者
每逢生日應該行善，以助已故父母早日超脫苦難。如果殺生
無度，不僅為自己招引災禍，也會連累雙親。

　　二、生子不宜殺生。既然知道人得子的喜悅，豈會不
知一切動物也一樣愛牠們自己的孩子？如果為了慶祝自己
孩子出生，殺害動物的孩子，難道不會良心不安嗎？再者，
子女初生之時，應該為他們積福，如果反倒殺生造業，實在
愚不可及。

　　三、祭祖不宜殺生。每逢亡者忌辰，以及春秋祭掃，
應該持守不殺生戒以助亡者造福。如果殺生祭祀，只會為亡
者徒增惡業。就算世間上等珍饈陳列在前，也無法讓墓中遺
骨品嘗。

　　四、婚禮不宜殺生。從問名、納采等初步禮儀，到最
後的婚禮，為了這些典禮殺生不計其數。然而，結婚是創造
新生命的開端，在新生之始殺生，有違理法。此外，成婚之
日是吉日，因此，在如此良辰殺生行凶，實在殘忍。

　　五、宴客不宜殺生。鮮果蔬食，粗茶淡飯，同樣能讓
賓主盡歡，不需要屠宰生靈，豪奢宴客。如果知道盤中肉食

來自驚聲哀嚎的動物，有人心者必定感到悲傷。

六、祈禳不宜殺生。人若生病，往往殺生祭祀神明，以祈福佑。但是殺害其他生命，以求神明延長自己的壽命，實在逆天悖理。再者，神明正直無私，豈會受賄？因此，殺生祀神者不但無法延命，而且招致殺生的惡報。

七、謀生不宜殺生。或云有些人必須畋獵漁捕，或屠宰牛羊豬犬，以維持生計，然而，不從事這些行業的人也未必餓死。以殺生為行業的人會被神明懲罰，而且其中沒有一個人事業昌盛，反而種下地獄之因，來世受惡報。因此，殺生謀生者必須立即另謀生計。

文末，為了讓人經常遵守不殺生戒，袾宏再次提供實際可行的指南。❸如果一個人面臨上述七種情況無法完全戒殺，則應盡量減少殺生的頻率；如果無法斷絕肉食，至少應該到市集買肉，不要親自殘殺動物。如此積養慈悲心，可望逐漸改善個人業報的性質。

此外，根據袾宏的指示，還有兩件事應該去做。首先，應該在親友熟人之間展轉流通這篇文章，勸化愈多人茹素，功德愈大。其次，每年初始應該在牆上黏貼十二張紙，一一填上每月名稱，整個月不殺任何眾生，就在該月紙條上書寫「不殺」二字。一個月不殺是「下善」，一年不殺是「中善」，一生不殺則為「上善」。

袾宏與利瑪竇之間的爭議

我花了相當大的篇幅探討袾宏戒殺和放生的思想，因為我相信這兩個觀念對居士佛教的影響最大，不僅在袾宏當時，在後來的時代，甚至到今天都是如此。在現代讀者眼中，慈悲護生、茹素，尤其是將被捕獲的動物放生，這些作為往往看似古怪、幼稚。其實，即使在袾宏有生之年，也有人可能基於常識和合理性，提出對這些戒律的抵制，耶穌會傳教士利瑪竇（1552－1610）即提出抨擊。利瑪竇於 1582 年來到中國，他成就輝煌，得到許多儒家仕紳的擁護。他的問難和袾宏的答辯開啓了天主教與佛教之間的重大爭辯，這場佛教徒稱之為「闢邪運動」的爭辯在杭州、福建積極展開，而且持續到清代初期。❺❻

利瑪竇在 1603 年成書的《天主實義》❺❼中有條不紊地提出主要論點。他在第五章抨擊佛教的輪迴轉世之說，在列舉五項反駁此說的論據之後，得出主要論點，也就是證明佛教不殺和放生的戒律是荒謬的證據：

> 彼言戒殺生者，恐我所屠牛馬即是父母後身，不忍殺之耳。果疑於此，則何忍驅牛耕畎畝或駕之車乎？何忍羈馬而乘之路乎？吾意弒其親，與勞苦之於耕田，罪無大異也。❺❽

他進一步論證：果真相信輪迴六道之說，那麼根據邏輯得到的結論就不僅止於禁止殺害動物，也要廢止農事中使役牲畜。尤有甚者，婚姻制度也會失去法律效力：

> 謂人魂能化他人身，信其說將使夫婚姻之禮與夫使令之役皆有窒碍難行者焉。何者？爾所娶女子，誰知其非爾先化之母，或後身作異姓之女者乎？誰知爾所役僕、所詈責小人，非或兄弟、親戚、君師、朋友後身乎？此又非大亂人倫者乎？❺

利瑪竇引用基督教造物主上帝的觀念，主張世間萬物都是上帝為人類的利益而創造的。❻鳥獸皆被創造以滋養人的生命，只要人類適度使用自然資源，殺生未必是罪惡。在這些信念中，利瑪竇與儒家自然保育者的看法完全相同：

> 天下之法律但禁殺人，無制殺鳥獸者。夫鳥獸、草木與財貨並行，惟用之有節足矣。故孟軻示世主以「數罟不可入洿池」而「斧斤以時入山林」，非不用也。❻

袾宏的辯護包含三篇短文，皆名為〈天說〉，收錄於《竹窗三筆》。❻他的主要論證如下：

梵網〔經〕止是深戒殺生，故發此論，意謂恆沙劫來生生受生，生生必有父母，安知彼非宿世父母乎？蓋恐其或己父母，非決其必己父母也。……夫男女之嫁娶，以至車馬僮僕，皆人世之常法，非殺生之慘毒比也。故經止云一切有命者不得殺，未嘗云一切有命者不得嫁娶，不得使令也。〔利瑪竇〕如斯設難，是謂騁小巧之迂談，而欲破大道之明訓也。胡可得也？❻

這篇文章完成於 1615 年，袾宏就在這一年圓寂。他的在家弟子虞淳熙繼志述事，接續護法，秉持自己師父的立場，與利瑪竇書信往返。虞淳熙的信函和利瑪竇的回覆皆收錄於一本名為《辯學遺牘》的奇特著作，❻一般認為這本書的作者是利瑪竇，在袾宏圓寂二十年後問世。除了那兩封信之外，書中還收錄一封據說是利瑪竇所寫的回信，信中辯駁袾宏的〈天說〉。❻然而，利瑪竇在〈天說〉等文刊行前五年辭世，不可能見過這些文章，因此，至少該書的這部分顯然是偽託利瑪竇之名。❻

　　這場爭論意義重大，不僅因為具有歷史上的重要性，也因為展現了佛教與其他道德體系之間的重要教理差異。佛教規定，一個人修慈悲的對象不僅是其他人，還包括一切眾生。將我們對其他人表現的情感與情操，同樣推及其他動物，這正是不殺和放生戒的要求。這種思想有別於儒家的

「仁」，雖然儒家也要求對動物仁慈、同情，因為人與動物共同經歷宇宙再生與衰變的過程，但是儒家主要關切的是人類社會。

倡導佛教的慈悲時，袾宏其實努力建立一個重新評估的形式，讓人們重新順應一個比傳統以家庭為中心的社會意識格局更寬廣的價值體系。在這過程中，他並沒有推翻儒家的道德綱要，而是原封不動地接受忠、孝，以及其他儒家德目（這說明了袾宏何以能夠吸引儒家學者）。但他的作法不是只把佛教倫理道德疊加於儒家架構之上，而是採取一條儒家德目，證明佛教也重視，再根據佛教的理解來詮釋這個德目，然後將它回歸社會，請世人以這個新增的詮釋層面予以重視，他對孝道思想的論述即是最佳例證。根據《梵網經》，佛陀在垂訓戒條之前說：「孝順父母、師僧、三寶。孝順至道之法，孝名為戒。」此經最初註釋者智顗沒有評註這段經文，但是袾宏卻據此發展主要論點，他說：

如孝順父母，則下氣怡聲，言無獷逆，是名口戒。定省周旋，事無拂逆，是名身戒。深愛終慕，心無乖逆，是名意戒。順止惡義，恐辱其親，名律儀戒。順行善義，思顯其親，名善法戒。順兼濟義，拾檣回兕，捨肉悟主，錫類不匱，名攝生戒。……以要言之，但能孝順，自然梵行具足。戒之得名，良以此耳。舍孝之外，寧有戒乎？❺

他甚至進而把其他五波羅蜜納入孝的範疇：

> 順慈惠心，而不逆以慳貪，是孝名布施。順和柔心，而
> 不逆以瞋恚，是孝名忍辱。順堅剛心，而不逆以懈怠，是
> 孝名精進。順寂靜心，而不逆以散亂，是孝名禪定。順靈
> 知心，而不逆以愚癡，是孝名智慧。❻

居士信徒

袾宏有許多在家徒眾來自同時代的士大夫階級，關於
這些在家信徒的研究，有兩份資料特別有價值。首先是《居
士傳》，❻由彭紹升（1739－1796）彙編校訂。彭紹升法名
際清，號尺木，是清代最著名的佛教居士。留存至當時的三
部佛教居士傳中，❼以彭紹升編纂的作品最詳盡，其中包含
袾宏二十位信徒的傳記。研究袾宏在家信徒的另一份重要資
料是他和一些信眾之間的書信集，收錄於《雲棲法彙》的
「遺稿」（《雲棲法彙》30、31）。袾宏的回信總共約有二
百件，其中大部分附上原先寄給他的信函，與他書信往來頻
繁者約有一百人。由於這些資料的特性，看來士大夫在袾宏
的在家信徒中占絕大多數，因為相較於平民百姓，士大夫更
有可能被納入彭紹升的傳記，也更有可能和袾宏經常通信，
雖然我們在「遺稿」確實發現若干無名人士的來信。從袾宏
的傳記可知，他非常關切鄰近村民的福祉，當地城鎮村落的

一些居民也必定成爲他的在家信徒，但是因爲缺乏相關資料，我們對這類信徒所知有限。

居士傳和書信集提供許多資料，讓我們了解在家信徒的背景、他們在家修行的型態、求道過程中遇到的問題，以及袾宏一般推動居士佛教的方法。閱讀這些資料，不難發現有關在家居士的一些實際情況。就地理位置而言，大多數來自江蘇和浙江，不過也有些來自江西、福建、四川、湖廣（湖南、湖北）和山西。❼酒井忠夫對居士佛教地理分布的觀察報告❼可以證實這一點，他發現《居士傳》記載的一百零七位在家佛教徒中，有七十二人來自江蘇和浙江（67.3%），而安徽、江西、四川、湖北和湖南等內陸省分，僅各占 5%。關於這一百零七位明代佛教居士的另一個重點是時間的分布，除了四人之外，其蓬勃發展時期約莫一百五十年左右，時間從明末持續到清初，正好是袾宏和紫柏眞可、憨山德清、蕅益智旭等四大高僧的活躍時期。因此，我們得知明代居士佛教運動主要是局部地區的現象，在袾宏有生之年迅速增長，主要集中於江南三角洲一帶。這個區域自五代（十世紀）以來，或甚至起自更久遠之前，一直是佛教的搖籃。

就社會地位而言，這些資料記載的在家信徒大多數屬於所謂紳士階級。❼這再次反映出袾宏的這些信徒樣本的傾向，而非他所有信眾的實際全貌。從居士傳記可知有九人

是進士，其中兩人身居高位，以致得以列入明代官方正史《明史》之殊遇（嚴敏卿的生平載於卷 193，陶望齡載於卷 216）。與袾宏通信者有四分之一擔任官職，品位從正二品到從七品，**❼**最常見的官職是郡伯、邑令、中丞、司理，以及翰林院太史，可見他們是中階官員，主要是文官，但也包括武職。

袾宏的信眾之中（士大夫，以及沒有任何官職的讀書人）擁有法名者的比例（60%）出人意料。這些法名是他們受三皈五戒之後，袾宏爲他們取的，按照輩分，法名的第一個字可能是「廣」、「大」，或是「智」。有趣的是，雲棲寺的出家人也以同樣模式獲賜法名。袾宏以此方式表明：他對在家弟子和雲棲寺的出家弟子一視同仁。出家僧眾和在家居士是眞正同一信仰的師兄弟。

促使這些在家信徒信奉佛教的動機五花八門，我們可從居士傳記中略知一二，但無法獲得完整的解釋。有些人年幼時出於天性而心向佛道，其學佛因緣不可思議，以致佛教徒視之爲「宿根」（宿世延續而來的好佛天性），最明顯的例子是長年爲不治之症所苦的人。個人遭受的苦難往往趨使人信奉宗教，但我們發現即使是過著所謂正常生活的人，也有可能突然放下一切，潛心修行，王孟凤即是一例。**❼**他曾任知縣，也曾率兵剿滅地方上的盜匪，後來有一天突然對一切感到厭倦，於是收拾行裝，辭官而去，開始雲遊諸山。所

以除了遭受身心疾患者之外，也有其他人皈依佛教。

居士傳記其他幾個層面也引起我們注意。首先，一個人的宗教信仰和為官的作為是有關聯的，嚴敏卿、❼蔡槐庭、❼陶望齡、王孟夙、丁劍虹❼等人的實例都清楚顯示這一點。悲憫黎民之苦與秉公執法，是儒家和佛教的共同德目。然而，既然蔡槐庭禁止治下人民殺生祭祀，丁劍虹給予囚犯念珠，要他們誦念佛號，這顯然源自於袾宏的影響。這些人身為政府官員，在能力所及範圍內採取這樣的措施，足以證明其內在信仰與外在行為的合一。

居士傳的另一層面是親友關係和分享傳播信仰方式之間的密切關聯。這可能有幾種形式，就家庭而言，通常是丈夫皈依佛教，妻子也跟著學佛（例如王道安），❼也有可能是兄長帶領弟弟學佛（例如虞淳熙或王弱生的例子），❼或是姻親關係（例如黃元孚❼和聞子與）。❼當然最常見的情況是父親開始在家中修行，由於他的影響而建立信奉佛教的家族傳統（例如嚴敏卿家族）。至於朋友關係，通常是同鄉友人或有共同背景的朋友引介或探討教理，例如陶望齡與黃平倩，❼兩人同年登進士，皆與同年進士及第的焦竑深交。焦竑與陶望齡討論義理，又將袾宏的著作贈予黃平倩（根據傳記所述，焦竑贈書一事是黃平倩的夢境）。反過來說，共同信仰也可能是新交和友誼歷久彌堅的基礎，王孟夙和朱白民❼之間的情誼即是最佳例證。

組織放生會是這些親友關係的自然延伸。其實，這些會社往往是一些志同道合的朋友開創的（例如虞淳熙和陶望齡），目的是相互勉勵切磋，後來擴大讓其他人加入。雖然前文指出放生會的發展有長久的歷史，明代這些淨土會社之所以盛行，也可能是整個社會流行的風尚所致。據說明末結社是全國熱衷的消遣：❺「文有文社，詩有詩社，普遍了江，浙，福建，廣東，江西，山東，河北各省，風行了百數十年。……不但讀書人們要立社，就是士女們也要結起詩酒文社，提倡風雅，從事吟詠。」❻

居士傳記顯露的第三個層面是袾宏那個時代宗教信仰的活動性。淨土法門修行者也參禪、參加密教儀式、討論教理，這是普遍現象。不僅如此，我們也發現：佛教和道教之間的界線可說是模糊難辨，這並非誇大其詞。因此，我們在居士傳中發現袾宏有幾位信徒對道教的養生術有興趣（例如莊復眞❼和朱白民），對道教的興趣通常是接引他們學佛的途徑，而他們信奉佛教之後也未必放棄對道教的愛好。最有意思的是他們輕鬆自在地從世俗轉變爲篤信宗教，甚至過著出家人的禁欲生活——在獨立空間閉關（例如戈以安），❽元配過世後不願續絃（例如黃平倩），住在寺院（例如王道安），或是如雲遊僧四處遨遊（例如王夢夙和朱白民）。其中有些人甚至在過世前剃髮爲僧（例如黃元孚和聞子與）。這些傾向也反映出袾宏的宗教進路——他對佛教宗派的門

戶之見的反感、對其他思想體系的調適，以及眞心希望看到僧團佛教成爲兼具世間與出世間的現實。

當我們研究書信集的內容時，發現有幾個主題反覆出現，其中最重要的或許是修行。袾宏的信徒想知道修持的時機與方法，他們通常因爲有許多可用的法門而感到困惑，希望袾宏推薦最有效的方法，袾宏總是勸他們念佛，不過如果有人特別詢問禪修法門，他也會加以論述。以下摘錄回覆許廓如❽的信函，充分顯露他對念佛功效的建議的特色：

> 但常觀無間，非塵緣未了者所能爲。……又曰塵緣中觀法難成，不如直以學業家業得暇之時，即便默默執持名號。只貴字字分明，句句親切，心則自攝。若久之不退，三昧成就。即此是觀。❾

對一開始修公案禪，以及深信話頭禪奇妙的人，袾宏建議念佛本身即可做爲話頭：

> 古來尊宿教人看話頭，起疑情，以期大悟。或看無字，或看萬法等，不一而足。今試比例，假如萬法歸一，一歸何處？與念佛是誰極相似。若於是誰處倒斷，一歸何處，不著問人自豁然矣。古人謂念佛人欲參禪，不須別舉話頭，正此意也。❿

有幾位信徒寫信給袾宏，訴說自己遭遇的不幸。袾宏每每
表達同情，也藉此機緣讓他們轉念，志求解脫，以下試舉
數例。

有一位江陰（今江蘇）的信徒馮筠居，年近八十，意
志消沉。袾宏告訴他，晚年是念佛修行的最佳時期：

> 七十古希，百年能幾？今此暮景，正宜放開懷抱，看破
> 世間宛如一場戲劇，何有真實？但以一聲阿彌陀佛消遣光
> 陰，但以西方極樂世界為我家舍。我今念佛，日後當生西
> 方。……儻遇不如意事，即便撥轉心頭，這一聲佛急急提
> 念，卻回光返照：我是阿彌陀佛世界中人，奈何與世人一
> 般見識。回瞋作喜。❷

另有家居餘杭的王中泉痛失愛子，袾宏在信中說：

> 想貴命中止應一子，此〔身故之〕二郎君者，必有宿
> 因。其來也，索債負者，非紹箕裘者也。故今生為之長養
> 成人，為之教導成業，為之姻聘成其室家，色色完備，所
> 索已竟，則飄然而去。彼父子之情已枯竭無餘矣，此正不
> 必苦苦追憶而悲思也。然理則明知，情猶計執，豈能豁爾
> 頓脫？須……時時看內典，說世界空花，人生一夢，眷屬
> 暫時相守，俄頃即散。以此破惑，令心放下。慎勿孤居寂

寥，展轉哀悼，而損自身也。❽

　　還有一位信徒，是太倉的舉人王子顯，身染重病，袾宏勸他：「疾病之緣，多從殺生中來，故偏重放生也。今更有所陳，良以外僧代懺，與內心自懺，功德懸殊。願空其心，盡罷一切諸緣，於空心中單念一聲阿彌陀佛。」❾

　　另一個經常討論的問題是，儒生投入宦途擔任行政事務者是否方便繼續佛教志業？袾宏的回答當然是肯定的，他在可能充滿矛盾的情況中絲毫不見任何衝突，而他正向的態度自然也鼓舞了許多心懷疑慮的人，促使居士佛教發展。以下回信是寫給一位率領軍隊的王弱生：

　　來書云：世累所羈，不能一洗凡俗。然世未足稱累也。世間法，如為子而事親以孝，為臣而事君以忠，乃至人倫庶物，一一與道非礙。所貴者，任理隨緣，無心順應而已。科場近，且自一心舉業。登第之日，發大誓願：必不以富貴利達負其所學，期如古昔名臣，是謂濟世；必不以富貴利達迷失正念，務了明此一段大事因緣，是謂出世。如是，則士大夫皆可即宦遊而參禪，不離俗而入道者也。❾

　　另一位在家信徒擔心行善無法達到「千善」的定額，他回信中的忠告類似上述風格，甚至更切中要點：

若時迫，不及滿千善之數，當至心發願：願登科入仕，加倍加倍廣行諸善，決不為保護己官而聽一不合天理之囑託，決不為保護己官而行一不義之事，決不為保護己官而殃一無辜之民，決不為保護己官而明知冤枉不為申雪，決不為保護己官而歇了當為之大利益功德。能然者，即此是千善，即此是萬善，即此是萬萬善。❾

在此，佛教行善的規定與儒家理想中的清官巧妙地結合在一起。

還有一次，袾宏對於不殺生戒有所通融，以順應公門生涯中的緊要情況。這也再次展現他的「善巧方便」。此事源於一位信徒來信請問：「居官者刑殺，在所不免，此皆佛家所禁。今欲皈依三寶，宜棄職歸山否？」❾調和個人職責與宗教戒律的要求，的確是經常考驗信徒良知的問題，袾宏非常清楚他們的難處。其實他在其他著作已預料這個問題，在註解第一條（不殺生）戒時，有如下的敘述：

問：沙門專慈悲之業，王臣主生殺之權。有罪不誅，何以為國？答：菩薩戒本❾云：菩薩見劫賊為貪財故欲殺多生，或復欲害大德聲聞等，發心思惟：我若斷彼惡眾生命，當墮那落迦；如其不斷，無間業成。寧自入地獄，終不令彼受無間苦。如是殺害，無所違犯，生多功德。此正

前見機得殺義也。然則有罪而殺，殺何犯焉？虞舜之誅四
兇〔共工、驩兜、三苗、鯀〕，周公之戮二逆〔武庚、管
叔〕，即斯義也。況復斷死，必為流涕，三覆然後行刑。
是乃即殺成慈，雖殺非殺。法既不廢，恩亦無傷，國政佛
心兩無礙矣。❾

他對戒律的詮釋總是採取彈性變通的作風，從不要求信眾刻
板地忠於戒律，自己也不會執守戒律的字面意義而罔顧世俗
生活的真實情況。因此，對於上述信徒的提問，他回答如
下：「見機得殺，經有明文。帶職悟心，古多高士。」❿

　　袾宏不曾鼓勵在家弟子出家，尤其是父母健在或子女
尚幼者，優先考慮的是善盡孝子或為人父者應盡的職責。這
讓我們接著要談到貫穿書信集的第三個主題，也就是經常出
現的一個問題：在家居士無論如何精進修持，恐怕終究比不
上出家人，這是真的嗎？袾宏的回答如下：「在家人能於五
慾中證得，如火中之蓮，後遇水則愈長；若水中生者〔出家
者〕，後遇火恐焦耳。」⓫

　　袾宏認為僧團佛教和居士佛教相輔相成，但各有截然
不同的領域。他對兩者同等重視，評價無偏無倚：

　　已剃髮者，貴慎終如始；不剃髮者，貴即俗而真。各各
　　一志精進，務在破惑證智，明悟自心，以了此大事而已。

髮之有無，不必論也。⓲

一位儒僧的個案史

最後，我以一位舉人終於出家的故事做爲本章的收尾，這個弟子出家過程中的每一步皆可清楚看出袾宏的影響力。

袾宏寄給江陰孝廉馮泰衢的信函有六封。一開始，我們從信中可知馮泰衢考慮閉關靜修一段時間，但是袾宏認爲既然馮父身體不適，他應該留在家中，況且靜修未必要在特定場所或固定期間進行，只要馮生能夠安定自心，即使照顧父親也能同時靜修。否則，堅持要在固定一段期間之內修行反而會變成一種滯礙。馮生顯然接受了袾宏的建議。在其後另一封信中，袾宏說：「尊翁小有疾患，此老人之常，宜時時悅其意爲要事耳。」但他不希望馮生對淨土的信仰有所動搖，所以接著寫道：「近時頗尚參禪，雖可喜，亦大可虞，又有執禪非淨土者。唯願篤信，不爲搖動，方有成功。」⓳

馮泰衢最後出家，法名常惺，不過似乎沒有立即剃髮，也沒有進入寺院修行。在某次回信中，袾宏勸他在佛前自受比丘戒。這是應急措施，正規程序應該要在有戒壇的寺院受大戒，但是明末詔令天下，禁開戒壇傳戒：

勢所必不可，無已，止應佛前禮拜自受〔戒〕而已。若

疑菩薩戒有自受之文，比丘戒無之，今解曰：平常不禁戒
壇，壇開而故不往受，乃自受，則誠有過。今國有明禁，
而佛前自受，正理所宜然，不必疑也。⓴

　　馮泰衢這種不符正規的行爲（宣稱發心出家後，仍住
在俗家）招致一些流言蜚語，袾宏爲他辯解，提出兩點理
由：第一、他的兒子才十二歲，正是受教育的關鍵時期；第
二、他的女兒還未出嫁。袾宏也指點馮泰衢：「愚意令愛
早早畢姻，令郎及師挈之來我山中，隔兩三箇月回家省母
一次，并自回一整家業。庶幾世事既不廢，而謗言亦無繇
興也。」⓵最後他終於進入雲棲寺，成爲袾宏最倚重的弟子
之一。

■ 註釋

❶ 陳觀勝，*Buddhism in China*，頁 449。

❷ 例如陳觀勝對宋代以降佛教的論述，以「衰微」（Decline）一詞為副標題；芮沃壽（Arthur Wright）將 900 － 1900 年左右的年代稱為「充用時期」（the period of appropriation）。參見陳觀勝，第十四章；Wright，*Buddhism in Chinese History*，頁 86（中譯本：常蕾譯，《中國歷史中的佛教》，北京：北京大學出版社，2017 年）。

❸ 袾宏對這些名相釋義如下：「因緣法業四者，大意一念本起殺心為**因**，多種助成其殺為**緣**，殺中資具方則為**法**，正作用成就殺事為**業**也。」《雲棲法彙》2，《戒疏發隱》，卷 3，頁 8a。

❹ 《梵網經》，《大正藏》，冊 24，頁 1004b。這部極為重要的經典已由高延（J. J. M. DeGroot）從漢文譯為法文，收錄於 *Le Code du Mahāyāna en Chine*（Amsterdam，1893）一書中，這段經文載於頁 32-33，頁面左側是法譯，右側是漢文原典。

❺ 《雲棲法彙》2，《戒疏發隱》，卷 3，頁 9a。

❻ 《梵網經》，《大正藏》，冊 24，頁 1006b。

❼ 《雲棲法彙》2，《戒疏發隱》，卷 4，頁 47b-48a。

❽ 同上，頁 48b。

❾ 《梁書》，卷 48，頁 7a-13a。

❿ 根據袾宏提供的註釋，「不飽眾夫」出自《楞嚴經》的一段經文：「佛告阿難：『汝觀比丘一食時，諸人飽否？』阿難答言：『是諸比丘雖阿羅漢，軀命不同。云何一人能令眾飽？』」《雲棲法彙》5，《戒疏事義》，頁 27b。

⓫ 同上，頁 28a。「宋太祖弟晉王嘗病，醫為之灸，王覺痛。帝取艾自灸，以分其痛。」

⑫ 同上。「蔡順少孤養母，嘗出求薪，有客卒至，母望順不還，乃噬指，順即心動，棄薪馳歸。」

⑬ 同上。「唐臣有與安祿山謀叛者，其人先為閽守，有像在焉。明皇幸蜀見之，怒，以劍擊其首。時閽守居陝西，首忽墮地。」

⑭ 《雲棲法彙》3，《戒疏發隱》，卷4，頁48b-49a。

⑮ 同上，頁49a-b。

⑯ 同上，頁50a-b。

⑰ 《雲棲法彙》5，《戒疏問辯》，頁1b。

⑱ 參見鈴木中正，〈仏教の禁殺戒律ガ宋代民眾生活に及せる影響について〉，頁115-141。

⑲ 《佛祖統紀》，《大正藏》，冊49，頁359c。

⑳ 《梵網經》，《大正藏》，冊24，頁1007b。

㉑ 《唐大詔令集》，卷113。

㉒ 〈梁元帝荊州放生亭碑〉，《藝文類聚》，卷77。

㉓ 《佛祖統紀》，《大正藏》，冊49，頁376a。

㉔ 《新唐書》，卷153；《舊唐書》，卷128。

㉕ 〈天下放生池碑銘〉，《全唐文》，卷339。

㉖ 永明延壽的傳記見於《五燈會元》，卷10，《佛祖統紀》，卷26，《佛祖歷代通載》，卷18，《釋氏稽古略》，卷3。

㉗ 《佛祖統紀》，《大正藏》，冊49，頁207a-209a。

㉘ 同上，頁207c。

㉙ 《宋史》，卷8，〈真宗本紀〉。

㉚ 《宋史》，卷338；《宋元學案》，卷99。

㉛ 《臨安志》，卷32。

㉜ 湯用彤，《漢魏兩晉南北朝佛教史》，頁248-271。

㉝ 參見鈴木中正，〈宋代仏教結社の研究〉，頁65-98，205-241，303-333。

㉞ 例如：〈東坡學士飲食說〉，頁135b；〈優曇祖師戒殺文〉，頁136a；〈佛印禪師戒殺文〉，頁136a；〈真歇禪師戒殺文〉，頁

136a-b；〈普庵祖師戒殺文〉，頁 136b。以上皆收錄於《歸元直指集》，卷上，此書序文記載的日期是 1570 年。參見《續藏》，編 2，帙 13，冊 2。

㉟　〈東坡學士飲食說〉，《續藏》，編 2，帙 13，冊 2，頁 135b。

㊱　《雲棲法彙》22，頁 3-20。

㊲　袾宏以偈頌回覆太后所問，勸請福慧雙修。此偈名為〈慈聖皇太后遣內侍問法要敬以偈對〉，收錄於《雲棲法彙》29，頁 21a。上方寺與長壽庵的放生池建造記事，載於《雲棲法彙》33，頁 27b-30a，30a-32b。

㊳　參見小笠原宣秀，《中国近世浄土教史の研究》，〈白蓮宗の研究〉，頁 79-165；鈴木中正，〈宋代仏教結社の研究〉，頁 303-333；李守孔，〈明代白蓮教考略〉。

㊴　《雲棲法彙》25，《竹窗二筆》，頁 23a-b，〈蓮社〉。

㊵　同上，頁 22a-b，〈結社會〉。

㊶　《雲棲法彙》22，頁 16b-17a，〈放生文〉。

㊷　同上，頁 17b。

㊸　九種「橫死」：一、得病卻無醫生救治而死；二、因為作惡，受國法制裁而死；三、耽荒欲樂而身不慎，鬼怪乘隙奪其精氣而亡；四、溺死；五、被火燒死；六、為山林猛獸啖食而死；七、墜落絕壁而喪命；八、中毒藥或罹咒咀而死；九、困於饑渴而死。參見《佛學大辭典》，頁 174b-c。

㊹　《雲棲法彙》31，《遺稿》，卷 3，頁 78a，〈放生圖說〉。

㊺　關於《阿彌陀經疏鈔》主要概念的探討，也就是論述念佛的探討，詳見本書第三章。另見 Leon Hurvitz，"Chu-hung's One Mind of Pure Land and Ch'an Buddhism"，收錄於狄培理（de Bary），*Self and Society in Ming Thought*，頁 451-476，特別是頁 453-469。

㊻　羅近溪將佛教典籍《法苑珠林》一書贈予周汝登。參見《明儒學案》，卷 36，頁 372。

㊼　《雲棲法彙》31，《遺稿》，卷 3，頁 14b，〈答周海門少參〉。

❹⓼ 《雲棲法彙》22，頁 17b-19a，〈放生文〉。

❹⓽ 《雲棲法彙》32，頁 74a-75a，〈上方善會約〉。

❺⓿ 《明史》，卷 216；《居士傳》，卷 44。

❺❶ 《明史》，卷 288；《明儒學案》，卷 35。

❺❷ 陶望齡，〈放生辯惑〉序，收錄於《說郛續集》（1647 年重印），卷 30。

❺❸ 《居士傳》，卷 42。

❺❹ 《雲棲法彙》22，頁 3b-6b，〈戒殺文〉。原文某些地方我加以改寫，以避免多餘的細節。

❺❺ 《雲棲法彙》22，頁 6b-7a，〈戒殺文〉。

❺❻ 參見橫超慧日，〈明末佛教と基督教との相互批判〉（上）、（下），頁 1-20，18-38。另見小柳司気太，〈利瑪竇と明末の思想界〉，頁 83-109；侯外廬，《中国思想通史》，頁 1189-1213；D. Lancashire，"Buddhist Reaction to Christianity in Late Ming China."

❺❼ 收錄於李之藻輯，《天學初函》（1965 年，臺北重印本），頁 351-635。

❺❽ 同上，頁 501-502。

❺❾ 同上，頁 503。

❻⓿ 同上，頁 505-506。

❻❶ 同上，頁 509。

❻❷ 《雲棲法彙》26，頁 72a-75a。

❻❸ 同上，頁 73b-74a。

❻❹ 〈虞德園銓部與利西泰先生書〉、〈利先生復虞銓部書〉兩篇文章，收錄於《辯學遺牘》，《天學初函》，卷 2，頁 637-641、641-650。

❻❺ 同上，〈利先生復蓮池大和尚竹牕天說四端〉，頁 651-684。

❻❻ 福建刊行的《辯學遺牘》版本中，有彌格子〔Michael〕所寫的序文，彌格子是楊廷筠（1557－1627）的教名。參見方豪，《中國

天主教人物傳》，頁 126-138。楊廷筠聲稱袾宏臨終前懺悔誤信淨
土。浙江刊行的《辯學遺牘》版本卻找不到這篇序文，許多佛教徒
認為這件事是確切的證據，證明此書是偽作，是針對袾宏的無恥爭
辯。參見張廣湉，〈證妄說〉，收錄於《明朝破邪集》，卷 7。

㊆ 《雲棲法彙》2，頁 32b。

㊇ 《雲棲法彙》2，頁 34a。

㊈ 這部著作總共五十六卷，有二百二十八篇完整傳記，其中附帶提及
另外六十九人。此書於 1776 年刊行。

㊉ 另外兩部居士傳是 1632 年刊行的《居士分燈錄》（兩卷），朱時
恩輯，以及 1672 年刊行的《先覺集》（兩卷），陶明潛輯。彭紹
升的《居士傳》以陶明潛的作品為基礎，不過大量增添新資料。參
見小川貫弌，〈居士仏教の近世発展〉，頁 51-52。

㊋ 五位來自江西，四位來自福建，湖廣（湖南湖北）、四川各兩位，
山西一位。

㊌ 酒井忠夫，《中国善書の研究》，頁 303-304。參見尉遲酣，*The
Practice of Chinese Buddhism 1900-1950*， 頁 126-128，417，500，
注 12。

㊍ 有關士紳的相關研究眾多，「士紳」（gentry）一詞的定義也同樣
不勝枚舉，筆者認為其中最有助益的是瞿同祖在 *Local Government
in China under the Ch'ing*（中譯本：范忠信、何鵬、晏鋒譯，《清
代地方政府》，北京：法律出版社，2011 年）一書勾勒的兩種士
紳：官紳（official-gentry）、學紳（scholar-gentry）。參見該書頁
171-173。

㊎ 這些官位的職稱包括郡伯（從四品）、邑令（從七品）、中丞（從
二品）、太史（從五品）。除此之外，還有下列職稱：總戎（正二
品）、方伯（從二品）、宗伯（正三品）、京兆（正三品）、都閫
（正四品）、治中（正五品）、郡丞（正五品）、主政（正六品）、
中翰（從七品）。這些職稱和品位的英譯是根據 Charles O. Hucker，
"An Index of Terms and Titles in the Governmental Organization of the

Mind Dynasty"，頁 127-151，以及 H. S. Brunnert、V. V. Hagelstrom 合著，*Present Day Political Organization of China*。

㊔ 《居士傳》，卷 48。

㊖ 同上，卷 40。

㊗ 同上，卷 42。

㊘ 同上，卷 48。

㊙ 同上，卷 38。

⑧⓪ 同上，卷 44。

⑧① 同上，卷 48。

⑧② 同上。

⑧③ 同上，卷 42。

⑧④ 同上，卷 48。

⑧⑤ 謝國楨，《明清之際黨社運動考》，頁 8-13。

⑧⑥ 同上，頁 10。

⑧⑦ 《居士傳》，卷 42。

⑧⑧ 同上，卷 41。

⑧⑨ 此人身分無法得知。

⑨⓪ 《雲棲法彙》30，《遺稿》，卷 2，頁 25a。

⑨① 同上，頁 46b。

⑨② 同上，頁 34b-35a。

⑨③ 同上，頁 26b-27a。

⑨④ 同上，頁 47a-b。

⑨⑤ 《雲棲法彙》30，《遺稿》，卷 1，頁 45b-46a。

⑨⑥ 《雲棲法彙》30，《遺稿》，卷 2，頁 24b-25a。

⑨⑦ 《雲棲法彙》31，《遺稿》，卷 3，頁 17a。

⑨⑧ 一卷。有兩個版本，一是北涼曇無讖（卒於 433）的譯本（《大正藏》，冊 24，頁 1107-1110），另一為唐玄奘（大約 596－664）所譯（《大正藏》，冊 24，頁 1110-1115）。

⑨⑨ 《雲棲法彙》2，頁 10a-b。

⑩　《雲棲法彙》31，《遺稿》，卷 3，頁 17a。

⑩　同上，頁 26a。

⑩　《雲棲法彙》30，《遺稿》，卷 2，頁 22a。

⑩　同上，頁 35a-36a。

⑩　同上，頁 36a-b。

⑩　同上，頁 36b。

第五章

融合的實踐：善書與《自知錄》

善書：共通特色

　　袾宏是融合主義者。融合，一般認為意指相異要素的混合或揉雜。有一位作者對這個詞定義如下：「『融合』一詞用於表示兩種或兩種以上宗教的混合體，例如在希臘文化的融合中，有幾個宗教的要素經過合併，並且彼此影響。融合，也可用來表示一個宗教的要素被納入另一宗教，但基本上不改變後者的性質（因為被納入的要素數量相當少）。」[1]這位作者坦承此定義實在太寬鬆，所以不是很有幫助。事實上，我們很難賦予「融合」一個明確的定義，這反映出這個研究領域缺乏理論上的細緻與精密。雖然自古以來，宗教之間一直有融合，東西方皆是如此，但直到近年來才出現許多學術探討，將融合的過程視為獨特的宗教現象。[2]或許因為如此，這個詞通常帶有相當貶損的涵義，[3]並且演變成意指不分青紅皂白地混合截然不同或甚至自相矛盾的思想。

　　我想提出的論點與上述恰恰相反，我認為融合可以被視為一種創造性的事業。當不同傳統互動時，一個傳統的思想受到其他傳統中相容思想的刺激，因此得以發展。這不是擷取其他來源的人工移植，也不是借鑑或屈從其他來源。❹以袾宏為例，他從未放棄佛弟子的身分，但他欣然接受並吸收儒、道的理想與行持，也因此有助於佛教適應明代的社會。他編纂的《自知錄》即是創意運用融合的實例。《自知錄》屬於通稱「善書」的儒、釋、道通俗書籍或手冊。這種著作成書的目的是灌輸讀者道德價值觀。簡言之，善書旨在「揚善止惡」。為了勸服讀者必須行善戒惡，善書作者訴諸賞善罰惡的普遍信仰，這種信念是善書的理論基礎。起初，這類著作的內容不外乎一般性質的道德格言，或應做善行與應戒惡行的清單。然而，最終有卷帙浩繁的「個案紀錄」添加於原本的善書中，以闡明善惡有報的定律絲毫不爽。於是若有人實踐某一善行，即得相稱的報償，另有一人造某一惡業，則面對相當的報應。這些通常讀起來像是一篇篇小故事的個案，讓一般的道德訓諭具體化，也的確鼓勵大眾欣賞與接受它們闡述的道德標準。

　　善書這個文類最早一部作品是《太上感應篇》，成書年代可溯及北宋後半葉，最早刊行於南宋，而且顯然是在十一世紀初之後開始流通，❺但是直到約當十七世紀明末清初之時，善書才得以積極的編纂與流傳。明代東林黨領袖高攀

龍爲新版《感應篇》作序，躬身實踐其中的道德戒條，並且與友人組成「同善會」，❻凡此種種皆表現出他對此書的讚賞。明代知名作者屠隆和明末其他幾位名人也爲各種善書作序。❼《太上感應篇》得到清代順治、雍正二帝的官方認可，兩大儒家學者惠棟（1697－1758）、俞樾（1821－1906）也爲此書作注。❽惠棟在母親患病期間發願註解《太上感應篇》，祈求母親早日康復。惠棟是儒家學者，以經史研究聞名於世，而他竟然發如此誓願，由此可見《感應篇》驚人的影響力。❾

對於中國民眾道德觀念的形成與轉變有興趣的學者，善書的研究應該極具價值。透過比較與分析不同時期不同類型的善書，多少可以掌握隱含在所有善書中的主要價值觀與概念。或許也可以留意新舊價值觀的轉換，以及由原本強調依賴鬼神懲罰，逐漸轉變爲重視道德內化和宗教意識，藉此追溯改變的過程。但是人們未必總是能立即領略它們的重要性。這些善書大量刊印，廣爲流通，雖有學者個人爲之作注或作序，善書類的作品卻從未被視爲文學或哲學著作。因此，除了《太上感應篇》和《功過格》之外，其他善書都未被收錄於儒、釋、道的任何經藏中。歷來學者多關注「大傳統」或精英文化著作，卻很少給予善書同樣的關注，這可能是原因之一。❿然而，善書是有用的資料，幫助我們探查近世傳統中國「大傳統」或精英文

化發言人最想要灌輸的價值觀。❶

因爲善書普及與融合的特性，有些學者認爲善書爲陳榮捷所謂的「庶民宗教」（religion of the masses）提供道德與神學的辯證。❷雖然善書著述的主要目的確實是爲了平民百姓的道德教育，但讀者不限於一般大衆，而是遍及社會各階層。正如酒井忠夫所言，「我稱之爲『普及』（popular），意思是這些書不僅對社會下層民衆有用，也適合所有類型與階級的人，無論社會地位、經濟情況和宗教隸屬。它們訴諸非常基本的人類普同道德思想，以致即使是認同程朱學派的學者也閱讀、運用這些善書。」❸善書作者是精通儒、釋、道基本宗旨的人，雖然各有其文學傳統的教育訓練背景，卻也明白一般大衆的願望與信仰。善書的讀者包含仕紳和庶民，他們渴望塑造自己的命運，也爲了達到這個目標，願意接受不只一種教義的引導。

善書與融合趨勢

許多明代文人的著作證實他們對融合趨勢的關注。反傳統者李贄以下所言可爲明證：

謂三教聖人不同者，真妄也。「囥地一聲」，道家教人參學之話頭也；「未生以前」，釋家教人參學之話頭也；「未發之中」，吾儒家教人參學之話頭也。同乎？不同

乎？唯真實為己性命者默默自知之，此三教聖人所以同為
性命之所宗也。❶

他的友人焦竑是一位傑出的經史學者，亦有同感，他說：

> 孔孟之學，盡性至命之學也。顧其言簡指微，未盡闡
> 晰。釋氏諸經所發明，皆其理也。苟能發明此理，為吾性
> 命之指南，則釋氏諸經即孔孟之義疏也。又何病焉？❶

從如上陳述，我們只知道三教合一獲得一些主要文人學士的
擁護。如果想了解這個學說如何以具體的方式來理解，如何
落實，那麼善書是比較有助益的資料。

李贄有一部著作《因果錄》，闡釋佛教業報的運作。
他依循一般善書的通則，引用個案史，以證明業因果報的定
律。此書分為三部分，第一部探討善人的經歷，第二部是關
於惡人，第三部是奉行漢傳佛教放生戒者的人生際遇。第一
部收錄賞善罰惡的故事，這些故事發生在家奴、衙役、獄
吏、僧侶、婦女、富商、醫者、官員，以及來自不同社會階
層的其他人士身上。❶三教融合在這類善書的呈現，遠比義
理陳述更為生動，因為即使佛教業報是主要重點，儒、道的
思想和行為也用來說明業報的運作。

另舉一例，《自知錄》列出的每一項行為，無論善

惡，都有若干點數，修行人的目標是增加善行的點數或功德，減少惡行的點數或缺失。其中可獲得一善的行為如下：一、事奉父母以盡孝，事奉君主以盡忠，一日各得一善；二、不取不義之財，價值百錢❶為一善；三、見動物被宰殺，不食其肉，為一善；四、前往寺院齋僧，一僧為一善；五、流傳救病藥方五帖，為一善；六、撿取路上的字紙，妥善燒化，百字為一善。❷前兩項善行體現儒家孝、忠、義等德目，第三、四項善行凸顯佛教戒殺與布施之德，第五項論及典型的道家關切要點，因為傳統上認為道士善於療病與長生之術，而第六項敬重書寫文字屬於中國的價值觀，不限於任何一個傳統。《自知錄》賦予上述六項行為同樣的功德，不僅弘揚三教合一，也公平認可三教的種種教義，鼓勵大眾遵行。

　　善書從最初原型的刊印，到清末普遍激增，無論是內容或強調重點都一再經歷轉變。這過程自然反映出社會整體的改變，因為作者或編纂者永遠無法全然跳脫自己所處的社會環境。然而，善書也同時納入新的價值觀，重新詮釋舊有的觀念和作法，因此促進社會價值觀的轉變。這些過程息息相關，由以下兩部善書的探討即可闡明。選用《太上感應篇》和《自知錄》對比研究，一則因為兩書相距約六百年，各自呈現善書最早和發展最成熟的型態，二則因為兩書性質相差甚遠，恰恰體現善書內容與強調重點的轉變，那正是我

們此處的關注要點。❶

《太上感應篇》：一部早期原型

　　《太上感應篇》篇幅相當簡短，總共一千兩百字。❷此
文一開始引用太上所言——「太上」是老子被奉爲神明之後
的稱號：「太上曰：『禍福無門，惟人自召；善惡之報，如
影隨形。』是以天地有司過之神。」❷

　　每個人都應該有一定的壽命，但會因爲所犯的罪過而
減壽。這是《太上感應篇》的基本原則。有四種神負責記錄
人們的過失，削減其壽命。這些神靈之間的關係令人費解，
《感應篇》並未試圖將祂們列入井然有序的諸神階級制度
中，只是保存遠從周朝流傳下來的普遍信仰。首先是司過之
神，❷《感應篇》稍後文句又稱之爲司命，其次是三台北斗
神君，❷接著是平時住在人身中，每逢庚申日（六十日爲週
期的第五十七日）上天庭稟報的三尸神，❷ 最後是每月最後
一天也會稟告人們所犯罪過的竈君。❷懲罰的施行是根據罪
行輕重，犯重罪者減壽一紀（一紀三百日），犯輕罪者減壽
一算（一算三日）。一旦原有壽命削減殆盡，此人即喪生；
若死有餘罪，則禍延子孫。❷至於殺人越貨等極重之罪，將
面臨更驚心動魄的懲罰。《感應篇》中說：

　　又諸橫取人財者，乃計其妻子家口以當之，漸至死喪。

若不死喪，則有水火盜賊，遺亡器物，疾病口舌諸事，以
當妄取之直。又枉殺人者，是易刀兵而相殺也。❷

《感應篇》中包含十六種善行，以及九十四種惡行。❷如果
人不犯這些惡行，可以長命百歲。另一方面，如果能行三百
善，可望成爲地仙；如果行一千三百善，則爲天仙。❷

相信有掌管人壽長短的諸神，以及達到長生不老的方
法，這些當然是如假包換的道教關切重點。《感應篇》在處
理這些觀念時，只是重述《抱朴子‧內篇》的段落——此書
是兼容並蓄的道教人物葛洪在 317 年完成的一部「成仙術百
科全書」。❸不過，《感應篇》在最後一段採用一些非道教
的思想，包括《法句經》的引文：「其有曾行惡事，後自改
悔，諸惡莫作，眾善奉行。久久必獲吉慶，所謂轉禍爲福
也。」❸接著將道德行爲區分爲三部分：

故吉人語善，視善，行善。一日有三善，三年天必降之
福。凶人語惡、視惡、行惡，一日有三惡，三年天必降之
禍。❸

除了這個段落之外，《感應篇》完全沒有受到佛教的
影響。這可能是因爲《感應篇》大體上仿效的《抱朴子》成
書之際，佛教尚未充分深植於一般大眾的意識中，但是到了

《感應篇》可能最初問世的九世紀或十世紀，佛教已經深入
中國文化傳統，以致其作者無法全然忽視，於是總結全文時
引用盛行一時的《法句經》，並且根據佛教身、語、意三業
制定另一套因果報應的理論。但是他並未努力調和此處陳述
與之前論及的道家長生不老的方法，所以兩者之間其實沒什
麼關聯。《感應篇》作者關心的是有關延壽增福的教條，一
有發現就納入文中，不曾費心做任何整合。成為地仙所需要
的三百善是否應該被解讀為單指「善行」？還是「善語」、
「善意」也包括在內？如果包括在內，應該如何列表顯示其
功德點數？對這些要點作者隻字未提。如此毫不顧及細節，
又全然無視明確具體性，可想而知至少引起一些依照《感應
篇》虔誠修持者的煩惱。缺乏明確具體性也是《感應篇》和
《功過格》之間的一大差異，因為後者專門強調道德行為的
實踐與例行層面。

　　開始分析《感應篇》的內容之前，值得注意的是關於
既定壽命和神靈對人類道德行為的強制約束，這本善書提出
的信條。如前所述，就這些要點而言，《感應篇》遵從成書
於四世紀的《抱朴子》。但是早在《抱朴子》出現之前，這
些思想就已經相當盛行了。漢代的道經《太平經》說：「過
無大小，天皆知之。簿疏善惡之籍，歲日月拘校，前後除算
減年。」❸因此，德行圓滿和懺悔罪愆很早就被道教納入基
本信條，力求德行圓滿，以及懺悔罪過，旨在影響神明的判

決，達到長生不老。

這些信條有很大的影響力，以致無法在佛經中找到類似見解的佛教徒有時偽造佛經，提出可與道教相媲美的教義。❸以下引文出自《四天王經》：

　　四天神王……各理一方，……案行天下，伺察帝王、臣民、龍鬼、蜎蜚、蚑行、蠕動之類心念、口言、身行善惡，……具分別之以啟帝釋。若多修德，精進不息，……釋敕伺命，增壽益算。❸

經中又說，四天王每月十五日和三十日親自降臨世間巡視，八日、十四日、二十三日和二十九日則派遣使者巡行天下。這幾天稱為「六齋日」，每逢六齋日佛教徒持守八關齋戒，聽經聞法，布施供養或從事放生等其他善行。❸湯用彤教授提出確鑿證據，證實這段經文是有道教傾向的中國僧人的偽作。❸順帶一提，此經特別提到身、語、意三業，這很有可能是前述《感應篇》具有佛教色彩的結尾的靈感來源。

　　當我們分析《感應篇》的內容時，可清楚看出全文以儒家為主導，其次是道家的觀念。關於善行的篇幅較少，文中列出的善、惡行比例為 1:10。此處頌揚的善行是舉世道德思想家皆認可的傳統美德，並非中國文化特有。以下從十六項善行中選取十四條列舉如下：

不履邪徑。

不欺暗室。

積德累功。

慈心於物。

忠孝友悌。

正己化人。

矜孤恤寡，敬老懷幼。

憫人之凶，樂人之善。

濟人之急，救人之危。

見人之得，如己之得；見人之失，如己之失。

不彰人短，不衒己長。

推多取少。

受辱不怨。

施恩不求報，與人不追悔。

這些訓諭大多由四字或六字組成，簡短且對仗工整，非常有利於口頭傳誦與記憶。其中有些四字成語沿用至今。❸對於我們的研究目的而言，論及惡行的部分由於明確具體及其涵蓋範圍，更值得關注。惡行可畫分為幾個類別，不過作者隨便鋪陳，似乎沒有察覺到這些行為有相異的特徵。

　　第一類是關於違反社會倫理的行為。雖然文中提及大部分社會關係，但是沒有善盡以家族為中心的道德義務卻特

別偏重。遭到指責的行為包括：「暗侮君親；慢其先生，叛其所事；……攻訐宗親；……恚怒師傅，抵觸父兄；……輕慢先靈。」這一類惡行之中，有些是關於夫婦的不良行為。《感應篇》譴責為人夫者對婚姻不忠、不善待妻子，或聽從妻妾閒語而違逆父母等行為，為人妻者的不當行為則包括不敬重丈夫、對公婆無禮，或妒忌心重。

第二類惡行的對象是五倫以外的一般人，其中比較嚴重的惡行如下：

凌孤逼寡；……竊人之能，蔽人之善，形人之醜，訐人之私；……助人為非；……見他榮貴，願他流貶；見他富有，願他破散；見他色美，起心私之；……鬥合爭訟。

第三類是特定階層人士所犯的惡行，特別挑出官吏、商人和農民做為關注焦點。因此，為官者禁止「誅降戮服」、「棄法受賄」、「賞罰不平」、「貶正排賢」；商賈被告誡不得偷斤減兩、以假亂真，也不可謀取暴利；農民也同樣被告誡，不得破壞他人的田地與作物，不得決水放火，造成別人家宅田產損毀。

最後一類惡行與宗教禁忌有關，其中有些源於周朝，❸這類行為也讓我們更能理解盛行於民間的宗教和信仰。這個類別可以進一步細分為二：一是源於道教，二是源於儒

家。屬於道教的訓諭包括不得「唾流星，指虹霓，輒指三
光」，也不可「對北惡罵」，屬於儒家的禁令包括不得「射
飛逐走，發蟄驚棲，填穴覆巢，傷胎破卵」，不得於立春、
春分、立夏、夏至、立秋、秋分、立冬、冬至等「八節行
刑」，也不可「春月燎獵」或「無故殺龜打蛇」。有些學
者❹認為這個類別中有些條目證明有佛教影響力的存在，其
實這些條目與其說是佛教慈悲眾生的展現，不如說是儒家之
仁推而廣之的例子──這一點已由《感應篇》註釋者惠棟確
立，他將這些禁令追溯至《禮記》，❹以此證明他的觀點。

《太上感應篇》和《自知錄》的差異

《感應篇》最後這一類與宗教有關的禁令，除了一些
稱揚慈心愛物之類的訓示之外，其餘完全沒有出現在《自知
錄》中，這是兩書之間最顯著卻未必是最重要的差別。其他
主要差異列舉如下：第一、《感應篇》通常籠統地條列善、
惡之行，沒有依循任何明確的準則，內容主要是關於倫理道
德的理想。《自知錄》不僅將功過區分為幾種類別（忠孝類
對不忠孝類，仁慈類對不仁慈類等等），而且每項行為都有
特定數量的功過點數。換句話說，《自知錄》不但告訴讀者
生活在各個不同領域中應該做什麼事，不應該做什麼事，也
讓讀者知道依據某種標準的衡量之下每個行為的相對重要
性。此書強調的重點是倫理道德理想的實踐。

第二、《感應篇》訴諸神靈的強制約束，不是以減壽威脅讀者，就是以長生不老加以利誘，這兩者最終都來自某些超自然主體。相反地，《自知錄》以不具人格的業報法則為前提，依循業報法則的內在理路，人們本身就有掌控自己命運的力量。一個人的道德表現的確依然影響其命運，但是卻不再求助於神靈的權威，業報法則甚至讓神靈顯得多餘。袾宏在《自知錄》序中說，一個人若有所求，只要發願行善，其數或五百，或一千、三千、五千，乃至一萬，不必祭天求神。一旦圓滿自己允諾之數的善行，願望立即實現。❷ 這段話隱含的信念是，只要一個人信守協議中自己應盡之責，實踐自己的誓言，其命運必定會改善。這個過程是自然而然發生的，甚至可說是機械化式的屢試不爽。

第三、與《感應篇》相較之下，《自知錄》更重視道德的內化和意圖。舉例來說，為官者解救一人免於死刑，理論上可贏得最高功德數值一百善，但如果因為受賄於被告而相救，則絲毫沒有功德可言。另舉一例，面對色欲誘惑卻能坐懷不亂，可得五十善，但如果因為情勢所阻而無淫亂，則全無功德。

這種對於外顯行為和內在動機之別的意識不僅限於《自知錄》，而是自明末以來所有善書的共通特徵。原來用以闡明《功過格》教義的一則個案故事，收錄於清代的一個《功過格》版本中，這個故事簡潔有力地呈現此一精神覺醒

意識的顯著進步。

　　這個故事據稱是一真實個案，主人翁是俞都，明代嘉靖年間（1522－1566）江西人氏。❸俞公博學多才，十八歲通過童試，成為秀才，以教書為生。他和幾位同學共組一宗教會社，名為「文昌社」（信奉文昌帝君的會社，文昌帝君是掌管讀書考試的神明），提倡放生、惜字紙（有書寫文字的紙張不做不當使用，撿拾道路上的字紙，然後以恭敬之心燒毀等等）、戒殺、戒淫、戒妄語。這些善事他實踐多年，卻災禍連連。應考鄉試七次都落榜，雖有五個兒子，其中四個夭折，僅存的第三子聰明俊秀，卻在八歲時突然失蹤，四個女兒之中只有一女存活。他的妻子為此經常哭泣，導致雙目失明，同時家中也淪落到一貧如洗的地步。他不明白為何遭受這些厄運，於是每年臘月三十撰寫一篇疏文，祈求灶神幫助上達天庭。

　　四十七歲那年除夕，他與盲妻和剩下唯一的女兒共坐一室，眼見家境淒涼，悲嘆不已。正當此時，化身為道士的灶神來訪，他指責俞公心懷惡念，行善只圖虛名，還說他每年寫的疏文都是怨天尤人的牢騷，可能讓天帝更為震怒。一聽此言，俞公自覺深受委屈，抱怨說多年來自己和學友一直恪守戒律，怎麼會遭受行善專務虛名的指控呢？灶神的回答是整個故事最精彩的部分，表明這種新意識的核心：

即如君規條中惜字一款，君之生徒與知交輩，多用書文舊冊，糊窗裹物，……君日日親見，略不戒諭一語。但遇途閒字紙，拾歸付火，有何益哉？社中每月放生，君隨班奔逐，因人成事；儻諸人不舉，君亦浮沈而已。其實慈悲之念，並未動於中也。且君家蝦蟹之類亦登於庖，彼獨非生命耶？若口過一節，君語言敏妙，談者常傾倒於君，君彼時出口，心亦自知傷厚，但於朋談慣熟中，隨風訕笑，不能禁止。舌鋒所及，怒觸鬼神，陰惡之註，不知凡幾。……邪淫雖無實跡，君見人家美子女，必熟視之，心即搖搖不能遣，但無邪緣相湊耳。……此君之規條誓行者，尚然如此，何況其餘？……上帝命日遊使者察君善惡，數年無一實善可記，但於私居獨處中，見君之貪念、淫念、嫉妒念、褊急念、高己卑人念、憶往期來念、恩讐報復念，……此諸種種意惡，固結於中。❹

俞公聽了這頓訓斥，立即懺悔，並且發願精進，痛改前非。次日元旦，他改名為「淨意」，跪在忠義勇武之神關羽像前，發誓從此以後心中唯有淨念，也只從事善行。最後他得享大福，先是在萬曆四年（1576）五十一歲時通過鄉試，考取舉人，次年會試合格登進士。不久，在偶然情況下找回失散多年的兒子，他的妻子經過兒子舐舐雙眼而復明。於是他辭官回鄉，終其一生行善，教化鄉里。他有七個孫子，得享

高壽八十八歲而終。

俞都的故事之所以有趣，是因爲它區分內在意念和外在行爲，並且承認出於認知的聲明和實際行爲表現之間的落差。這個故事表明，眞正重要的不僅是一個人的行爲，還有行爲背後的意圖。另外有趣的一點是對美滿人生的願景：功成名就、大眾讚賞、多子多孫、得享高壽──中國普遍的人生觀中，這些都是有福之人的特質。

我們自然會問：從《感應篇》成書到《自知錄》問世之間發生了什麼事，導致如此顯著地強調道德內化？最明顯的因素是宋明理學的興起與發展，誠意、正心、愼獨、敬等傳統儒家觀念因此得以重新深入詮釋。同時，關於「心」、「性」、「良知」等新學說也是所有理學家經常闡釋與討論的主題，他們一致強調心的覺悟，❹這無疑對大眾意識造成影響深遠的改變。我此處用「大眾」（popular）一詞是經過深思熟慮的，因爲我不認爲仕紳文人是唯一因此受到影響的族群。自明代開始，社會的流動性、大規模印刷，以及受教育的機會日益增多，這些都促成階級差異趨於模糊，也有利於文化菁英與俗民大眾之間的思想交流。人的命運自己掌控的這個新信念，也可能因爲陽明學派「人人皆可成聖」的信條而更具說服力。這兩個思想皆表現出慷慨激昂的自信，皆開啓通往新世界之路。

另一個同樣重要的因素是自宋代興起與發展的居士佛

教。「眾生皆有佛性」的佛教信念、禪宗對當下證悟的強調，以及淨土普願眾生藉由持念阿彌陀佛名號與慈悲行善往生西方極樂世界，這些都意味著基本的樂觀主義。再者，強調自證是宋明理學和佛教之間的共同連結。即使沒有談到佛教對理學的影響等領域的細節，也可明顯看出：眾生皆有佛性的佛教信仰，以及人人皆可成聖的儒家信條，兩者在精神上有基本共識。

然而，儘管理學運動確實在中國人宗教意識的深化上扮演重要角色，善書的編纂者並未欣然承認這一點。後來的善書作者或編纂者解釋自己贊同這類文學時，總是引用《周易》（例如「積不善之家，必有餘殃」），要不就是大量汲取佛教資料來源。由於某種難以理解的理由，在這些陳述中宋明理學比較不具代表性。

袾宏在《自知錄》序中討論不同類型的人可能對此書表達的態度，他說：

是錄也，下士得之，行且大笑，莫之能視，奚望其能書。中士得之，必勤而書之。上士得之，但自諸惡不作，眾善奉行，書可也，不書可也。何以故？善本當行，非徼福故；惡本不當作，非畏罪故。終日止惡，終日修善，外不見善惡相，內不見能止能修之心。福且不受，罪亦性空。❹⑥

此處有兩點值得注意。第一、袾宏斷言，像《功過格》和他的《自知錄》之類的一套道德修養方法，只對中等人有幫助，上智與極惡之徒都不需要。❹第二、袾宏以創新方式運用佛教的「善巧方便」，挪用這個觀念做為《自知錄》的基本原理。某項教理之所以解說得更詳盡，是因為它對某一群人有效，而不是因為它內在本有的眞理。袾宏運用佛教的「二諦」理論，將本質為機械式的一套方法精神化。在世俗諦的層次上，個人被要求實踐某些善行，避免從事某些惡事，進而被告知善有善報，惡有惡報。但是在勝義諦的層次上，不僅福報和懲罰皆不存在，行為者和行為也不可預知。除了袾宏之外，其他作者也採用「二諦」這個理論，以調和道德修養的實用面與精神面。

與此類似，從以下這段出自十九世紀增補版《功過格》的引文，也可明顯看出，從儒家觀點詮釋道德的因果律時，運用了佛教「善巧方便」和「二諦」等概念：

聖人以事神之道，盡於事人。忠臣孝子、善人烈婦，天地感動，鬼神呵護。此豈諂媚鬼神者所可得乎？故誠能敬天，則不言怪與神可矣；誠能事人，則不言事鬼神可矣。此實教也。因果三世之說，雖涉於怪，然其意主於令人恐懼修省，以動其敬天之心；雖涉於鬼神，而其意主於令人行善去惡，以全其事人之理。此權教也。聖人因時以

立教，設教以救世，〔無論實教或權教〕其苦心則一焉爾
矣。㊽

此處運用的論證正如前段引述中袾宏的論證，相當有
說服力。上等人不需要任何因果報應的理論，因為他們純粹
為了道德而遵守道德規範。無論是佛教徒對涅槃的希求，還
是儒家的聖賢理想，對超凡出世的熱切嚮往成為延續道德生
活的燃料，既然如此，道德即是心靈覺醒自然而然附帶產生
的後果。然而，由於任何時代任何社會都沒有為數眾多的上
等人，因此必須訴諸因果報應的信仰，讓道德成為一般人
（袾宏所謂的「中士」）必須服從的規範。於是，慈善和正
義等抽象的理想變得更容易理解；道德的圓滿和心靈的完善
是遙遠而抽象的概念，但如果告訴一個人每天積累小小的善
行會導致未來的福報，那麼這些概念就會變得具體，具有吸
引力。前文關於放生作為中所見的默認的假設也同樣適用於
此，也就是說定量而有條理的行善，最終可造成行善者精神
與道德觀的質變。因此，雖然因果報應的信仰只是一項俗諦
的教理，不代表勝義諦，但是袾宏充分意識到它的價值，鄭
重看待記錄功過的制度，也以此為《自知錄》的基礎。

《自知錄》

《自知錄》是一本較早問世的善書的增訂版，該書名

為《太微仙君功過格》，收錄於《道藏》。❹根據此書序言，成書年代在女真建國的金朝大定十一年（1171），內容是太微仙君降授給西山會真堂無憂軒的一名修道者又玄子。因此，這本功過格具有神話起源。雖然我們不知道這位有幸「傳遞」神旨的道人實際生卒年或具體生平事蹟，不過幸運的是關於他的身分並非一無所知。酒井忠夫和吉岡義豐都已指出，又玄子可能屬於一個道教派別，稱為「淨明忠孝道」。顧名思義，這個教派強調忠孝，❺創教者是公元三世紀的許真君。雖然此派傳承系譜源遠流長，但直到北宋滅亡之後才活躍起來，此後歷經南宋、大金、元、明、清等朝代，存在於中國北方，尤其活躍於黃河中、下游，對這個區域的平民百姓有極大的影響力。❺根據這個假說，又玄子是淨明道徒，由《功過格》內容可知他同樣關切這個教派所強調的道德圓滿。

　　更重要的是，學者也指出《功過格》可能受到淨明道徒使用的類似簿冊的影響，或甚至抄襲這些簿冊。遺憾的是這些簿冊已經散失，不過從淨明道的經典和規約可知其中兩份文獻的名稱，一是《靈寶淨明院行遣式》，其中規定每個道徒必須要有一本《功過簿》。❺此派另一部聖典是《太上靈寶淨明飛仙度人經》，經中勸戒每位道徒寫所謂的《日錄》。關於這兩份文獻，前者年代不明，不過後者成書於紹興元年（1131），大概是《功過格》刊行之前的四十

年。❸《功過格》和《功過簿》名稱如此類似，令人驚異，必然不僅僅是巧合而已。又鑒於年代可能相當接近，確實令人不禁推測《功過格》源自於《功過簿》，或反之亦然。《功過簿》和《日錄》的確切格式無人知曉，但這些文獻如同《功過格》，皆強調自我反省言行以及記錄善惡之行的重要性。

　　袾宏撰寫《自知錄》的年代是萬曆三十二年（1604），當時他已七十歲，❺早已成為舉足輕重的佛教領袖。他的雲棲寺被尊為淨土修行和嚴守戒律的模範，在家弟子包括朝廷高官、著名文人，以及寺院所在地周遭沒沒無聞的平民百姓。因此，我們或許可以假定：他撰寫《自知錄》的決定並非輕率之舉，而是有意在他復興佛教的整體計畫中發揮某種重大作用。袾宏表示，他年少尚未出家時，在偶然的情況下第一次看到《功過格》，看完之後非常喜悅，所以予以重印，免費流通。❺他在遲暮之年取出年少時如此珍視的這部著作，以此為範本撰寫另一本同樣性質的作品。袾宏年輕時發現《功過格》且對此書大感興趣，這一點不足為怪，因為到了明末，《功過格》的流傳早已不限於原本的教派，在一般民間相當有影響力。袁了凡（1533－1606）為兒子撰寫〈立命篇〉，在此文中陳述自己原來對宿命論如何深信不疑，直到隆慶三年（1569）雲谷禪師贈與《功過格》，又描述他在如實奉行書中提到的規範之後，人生如何徹底轉

變。❺許多人必定有類似經驗。

如果《功過格》如此有效，袾宏為什麼要撰寫同樣性質而篇幅更長、品質更佳的《自知錄》呢？其中緣由他從未明說，不過提倡功過格這套方法，很有可能是他弘揚居士佛教整體計畫中的一環。正因為功過格簡明實用的性質，他決定自創一套制度，大量增補新項目，刪修舊條目。當他完成這項修訂工作時，原本以儒、道為主要取向的作品，一變而為具有佛教與儒家關懷的文獻。此時，這本《自知錄》不僅可以而且的確發揮了推動居士佛教事業的功能。

在分析《自知錄》和比對《功過格》之前，先研究功過格這套方法如何實際運用，並且就這一點大膽提出一些假設，以說明其來源與盛行的原因，如此將有所助益。

對於想要躬身力行《功過格》的人，該書開頭有一段話：

　　凡受持之道，常於寢室床首，置筆硯簿籍，先書月分，次書日數，於日下開功過兩行，至臨臥之時，記終日所為善惡，照此功過格內名色數目，有善則功下注，有惡則過下注之，不得明功隱過。至月終計功過之總數，功過相比，或以過除功，或以功折過，折除之外者，明見功過之數。❺

袾宏在《自知錄》序言中也對於這套方法如何操作有類似的
描述：

> 昔仙君謂凡人宜置籍臥榻，每嚮晦入息書其一日功過，
> 積日而月，積月而年，或以功准過，或以過准功，多寡相
> 讎，自知罪福。❸

現在我們已知《功過格》書名的由來，如酒井忠夫正
確地指出，「格」有標準、規範之意。❸此書旨在做為道德
生活指南，供人查閱，得知哪些善行應該去做，哪些惡行應
該避免。不過，「格」也有框架、界線、樣式，或書寫的輔
助格線等詞義。如上述引文所示，《功過格》的作者敦促實
踐這套方法的人記錄日常行為，就這層意義而言，「格」英
譯為 "ledger"（分類帳冊）十分恰當。《功過格》最顯著
的特色是道德的量化，每項行為，無論善惡，都配有若干點
數。透過每天記錄功過，以及每月、每年的盤點，一個人可
以隨時確定自己的「道德帳戶」狀況如何，如此一來，即可
衡量個人目前狀態和未來禍福之間的距離。

無論在理論或實踐上，這套功過制度都酷似現代上
座部佛教社會中做功德的儀式情結。例如，在斯里蘭卡和
緬甸，佛教僧俗二眾皆深信需要透過行善以增加功德（巴
pin；緬 *ku-thou*），也要止惡以減輕罪過（巴 *pav*；緬 *aku-*

thou）。❻一個人功過相抵後，結餘的功德或過失數量決定來生的狀態；在一般人的理解中，「業」（karma）是「個人功過的淨餘額（net balance），或代數和（algebraic sum）」。❻個人積功累過，而且一旦有了功德或過失，自然會有果報。善書的編纂者顯然也有這種做功德的意識型態，功德好比錢財。史派羅（Spiro）表示，緬甸人小心地記功德帳，以便「計算他們功德銀行的現狀」。❻

　　袁了凡是虔誠奉行功過格規定的人，他留下一篇文章，生動地描述他的信仰轉變，以及隨後由於行善而得償宿願的經過。他的見證極具價值，因為我們從中得知兩點：第一、一個人如何透過積功累德不僅能夠影響來世，也能操控自己今生的命運；第二、功過格這套方法實際上如何運作。袁了凡原本是宿命論者，之前有一位相士預言，說他命中與進士無緣，也沒有兒子，而且壽命只有五十三歲，他聽信相士所言，所以相當認命。❻但是他在 1569 年遇到雲谷禪師，獲贈《功過格》，於是決心嘗試這套新方法。

　　他許下第一個願望，希望鄉試登科，並且立誓做三千件善事，以達成此願。次年（1570）他如願考取，而且名列第一。不過，他花了十年的工夫才完成之前誓願達成的三千善行。為什麼花了這麼久的時間呢？他解釋如下：

　　　　行義未純，檢身多誤。或見善而行之不勇，或救人而心

常自疑：或身勉為善，而口有過言；或醒時操持，而醉後放逸。以過折功，日常虛度。❻

累積三千善行之後，他繼而求子，也同樣為此願發誓行三千善。1581 年他果真得到一子，而這次花費的時日較短，從立誓到完成三千善行只有四年的時間。根據他在文中對其子所言，他夫妻兩人皆行善事：「余行一事，隨以筆記。汝母不能書，每行一〔善〕事，輒用鵝毛管，印一硃圈於曆日之上。或施食貧人，或買放生命，一日有多至十餘圈者。」❻第二次完成三千善行之後，他許諾再行一萬件善事，以求達成最後一個願望：考中進士。他在 1586 年登第，接著被任命為寶坻知縣。撰寫這篇文章敘述這些人生際遇時，袁了凡已六十八歲，早就超過當年相士預言的壽命了。

看了袁了凡的文章，會讓人感到行善之後自動產生的結果。一個人為了達到某個目標，必須做到一定數量的善事；一旦許下這樣的承諾，就確保可達成目標。這都取決於當事人遵守諾言，完成自己發誓要做到的數額。袁了凡決定行善的理由似乎只有一個，也就是獲得某些酬報。在這套方法或制度中，道德實踐可能是為了個人利益，而不是為了道德本身。雖然袁了凡設法合理化，不過行善別有用心或帶有功利目的並沒有錯。

也難怪這種功利的考量震撼了純粹主義者的感受，至少對當時一位文人來說是如此；❻即使對於支持這套方法的人而言，僅依字面上的理解所造成的隱憂也是顯而易見的。像這樣一套拘泥於法規條文且精於計算的宗教制度，可以想見有人可能認為奉行這套制度者的動機中夾雜著虔誠與長生不老。前述十九世紀《功過格》的編纂者顯然預見這種可能性，因為序言中提到：

> 律設大法，據格所載，功過相酬，分數相次。亦言其大凡而已。若誤執刻舟之見，如格稱害人一命為三百過，而謂救極微畜十命為一功，又謂費財百錢〔為善〕一功，假有富翁者推刃一人，而救微畜幾多命，捐銅臭幾多錢，是遂足相當已乎？愚按是說，可云精矣。❼

關於這個難題，這位作者的解決之道是強調必須懺悔，從而重申意向的重要性。不過，有個問題依然存在：這種將道德量化與分類的方法起初如何蔚為風潮？

除了因果業報之外：善書的其他意識型態來源

首見於《太上感應篇》的這種道德類型，極有可能源於以下三種影響力：政府的監察機構、淨土信仰，以及刑法。酒井忠夫在《中国善書の研究》一書中簡要提及前兩

者，❻但是或許刑法的影響終究是最重要的。

自從秦朝統一天下以來，有效的帝國統治一向是件大事。漢朝爲了治理帝國而設立龐大的官僚制度，其意識型態汲取儒家和法家的立論。定期審核官員表現，並且根據功績施以獎懲的慣例，必然強調個人功過的核心角色。後來隨著佛教的傳入與普及，這種思想因爲業報說而得以強化，得到認可。然而，這種官僚控制的基本原理來自法家，尤其是源於韓非子強調的名實相符，以及他著名的口號——賞罰「二柄」。❻然而，在此我們關切的是問責思想成爲個人行爲的因素之一。問責制不僅是法家控管概念的核心，對於功過制度而言也極爲重要。兩者的差別在於前者要臣民對統治者負責，而後者要修行者對超自然的命運主宰或永恆不變的業報法則負責。但是兩者皆以賞罰做爲實行問責制的基本手段。

自漢代以降，有特定官員專責監督、審查下屬的表現，因此在《續漢書》中可以看到太尉負責管理武官，司徒負責文官，司空負責營造、水利事務的官員，每年年終三公都要向朝廷報告這些官員的等第，接著就會給予獎懲。❼根據酒井忠夫所言，漢代以後各朝代繼續沿用這種作法，而且唐代有關政績考核的一項規定明確界定「四善十七最」。❼允許官吏將功折過的作法也已在漢代確立。❼除了這些特殊的例子之外，有人可能也會把中國整個監察制度稱爲關切自省與制度性控制的證據；監察機構派遣監察官至各地巡按，

全國官吏時時都在監察機構的監視之中。❼

　　官吏發明用以區分平民等級的某些方法，或許也對庶民道德產生若干影響，拔舉人才的「九品中正」制度即是一例。據說這個制度由三國時代陳群（卒於 237 年）創立，❼「中正」意指督察，每一郡邑設「小中正」，審查當地人士，將官職候選人分爲九等第：先大分爲上、中、下三等，每一等再細分爲三，上等細分爲上上、上中、上下，中等和下等也是如此，合計有九個等第。小中正審查結果上報州設的「大中正」，大中正核實之後，再上報司徒，經過最後一關審查之後，舉薦的候選人名單交付尚書，行使人才選用的最終決定權。在實際施行上，這套依照功績拔舉人才的制度很少真正做到「中正」，既然選拔者本身來自「上品」，通常只會推舉有類似背景的人士，結果自然造成「上品無寒士，下品無士族」。❼此制度有助於創造門第之別，並且讓這種階級差別延續數百年之久，直到隋代初年才廢止。

　　道德量化第二個可能的起源來自另一全然不同的領域：淨土信仰。淨土三經中的《觀無量壽經》中，確定往生淨土者分爲九品。既然此經在劉宋元嘉時期（424 － 453）譯出，❼自然晚於陳群所處的年代，所以不可能對上述九品中正制度造成任何影響。不過，兩者皆以分級的選拔方法爲基礎，無論是官吏體制或心性修持。根據《觀經》，往生淨土者依本身的心性成熟度和宗教修持，劃歸九品之一，也就

是先大分為上、中、下三品,各品再細分為三,於是有上品上生、上品中生、上品下生,中品和下品依此類推。

往生淨土者根據所屬品位,獲得不同程度的精神獎賞。例如上品上生者第一要件是發願往生西方淨土,第二是具有「至誠心」、「深心」,以及「發願迴向心」。一般而言,有三種人屬於此類:

> 一者、慈心不殺,具諸戒行。二者、讀誦大乘方等經典。三者、修行六念〔亦即念佛、法、僧三寶、念戒、念諸佛菩薩慈心布施、念天〕。❼

這類人是宗教大師,是心性修持的佼佼者,被接引到西方淨土的情況極為殊勝,恰如其分,親眼目睹的奇景包括以下所述:「見佛色身眾相具足,見諸菩薩色相具足,光明寶林,演說妙法。」❽相較之下,下品下生者受到的待遇全然不同。這一類往生者是造作諸多惡業的大罪人,但在臨命終時,如遇善知識教念阿彌陀佛名號,並能持續念佛十聲不間斷,單憑此功德力,即可往生西方淨土。不過,必須先在蓮花苞中等待十二大劫,才能花開見佛與諸菩薩,聽聞妙法。❾如果上述第一種情況描述的是宗教大師,這第二種情況就是宗教的門外漢,是心性修持方面的底層階級,而介於這兩種極端情況的是其他七種品類。

　　淨土信仰在強調持名念佛的重要時，有時有量化心性修持的傾向。淨土行者眞信切願的指標往往偏重於持誦佛名的數量，更勝於其內在生命的品質。這種量化的虔信有個非常著名的範例，爲唐代僧人道綽所創，他勸導人們用小豆計數念佛，每念一聲「南無阿彌陀佛」，就放一小豆在旁，據說有人最終累積數百萬斛小豆。道綽弘化於山西境內，尤其在晉陽、太原、汶水一帶，他甚至教七歲以上孩童念佛。此外，他將信眾分爲三等，分類標準是他們計數念佛累積的小豆數量，因此，上精進者累積八十至九十石小豆，中精進者有五十石，下精進者只得二十石。❽

　　同樣的態度和作法一直延續到明代，袾宏對此抱著矛盾的感受，有一次曾經反對這些作法，但是從以下這段引文看來，我們無法確定他反對的理由是這些作法的內在本質，也就是刻板地強調數量，還是純粹因爲操作過程的不便：

　　　僧有募化施主黃荳，每念佛一聲，過荳一粒。一人作之，餘人效之，號爲荳兒佛師父。夫世尊教人念佛，制爲數珠，❽何乃不遵佛制？省力事不作，而作此喫力事也。且百八之珠，週則復始，乃至百千萬億而無盡。❽

接下來這段引文中，袾宏再次表達反對機械化的虔信。他做了個實驗，而後下結論：只在意數量的持名念佛不僅不切實

際，而且對心性的成長有害：

> 世傳永明大師晝夜念彌陀十萬，予嘗試之，自今初日
> 分，至明初日分，足十二時百刻，正得十萬。而所念止是
> 四字名號〔阿彌陀佛〕，若六字〔南無阿彌陀佛〕則不及
> 滿數矣；飲食抽解，皆無間斷，少間則不及滿數矣；睡眠
> 語言，皆悉斷絕，少縱則不及滿數矣；而忙急迫促，如趕
> 路人，無暇細心切念，細念則不及滿數矣。故知十萬云
> 者，大概極言須臾不離之意，而不必定限十萬之數也。❸

　　人們普遍認為傳統中國宗教信仰和刑法之間關係密
切，❷但是關注的焦點通常是宗教信仰對刑法制定的影響，
而非後者對前者的影響。宗教信仰對法律最顯著的影響，
是禁止在具有重大宗教意義的節日處決或執行其他法律行
動。此一慣例起源甚早：「有大量證據顯示，到了漢代，處
決和重大法律訴訟限於秋冬不只是一個概念，而且是公認的
作法……除了普遍禁止春夏處決之外，漢代也似乎很可能和
後來的時代一樣，將類似禁令明確地涵蓋夏至，尤其還有冬
至。」❺這類禁令設立的目的是避免人類擾亂天地的變化。
在唐律中，視為處決禁忌的時期大為增加，「許多新禁忌是
由於當時反對殺生的佛教極端強大的影響力促成的。」❻扣
除所有禁忌之日後，估計一年之中容許行刑的時間只剩不到

兩個月。❻❼據說唐律的這些禁忌幾乎原封不動地保留在其後
各朝代律法中，直至明代。❻❽違反這些禁忌會受法律制裁，
例如唐律規定，從立春到秋分這段期間不得處決，若有任何
官吏沒有遵守這項規定，則被判徒刑一年；根據明律，違犯
這條規定的官員遭杖刑八十下。❻❾

　　宗教信仰影響法律的另一實例從一些法官判決的方式
可以一目瞭然。瞿同祖指出一些實例，說明法官對於個人功
德的關切凌駕於對司法制度應盡的職責：

　　佛教傳入中國之後，不殺生和積陰德的觀念對中國人
　產生的影響力更勝以往。由於相信「不殺」是一種陰德，
　以及濫殺無辜有罪，會遭到報應，所以很多官吏試圖網開
　一面，避免殺人。北魏官員高允〔390 － 487〕自認應該
　可以活到一百歲，因為他救了不少人命，積有陰德〔《魏
　書》卷 48〕。有些官員甚至走極端，認為不殺即是陰德，
　因此即使罪本當誅之人也設法饒命不死。

　　朱熹曾說，他當代的多數法家人士昧於罪福報應等思
　想，樂於為他人減輕刑罰以求自身福報。在依法應判處
　死刑的案例中，他們總是盡量為罪犯開脫，將案情上奏皇
　帝，以期減刑。於是理應斬首者改判流放，理應流放者改
　為監禁，而應受杖刑者減少杖責次數，或完全免責〔《朱
　文公政訓》〕。

　　袁濱（十八世紀）和方大湜（十九世紀）皆控訴：雖然
強姦罪論法當死，但是許多相信陰德的官吏卻設法保護強
姦罪犯免於死罪。❾

　　宗教的顧忌顯然在司法行政上發揮作用，但是有一個
重點同樣值得注意：法典也強化了宗教信仰，影響民間的道
德觀。雖然宗教行為和法律之間的這層關係很少有人探討，
然而只要粗略地研究善書即可證明其重要性。在此，我們將
探討法典可能對善書造成的直接影響，包括袾宏的《自知
錄》在內。這樣的影響展現於三個特定領域。
　　首先，對於刑法威懾功能的重視可以解釋為何《感應
篇》和《自知錄》中的惡行類或過門占據更多篇幅。這些善
書的編纂者和法家人士有共通的信念，皆深信「嚴刑峻法
可嚇阻一切罪行。」❾不可否認，法典以確實執法來維持威
嚇，至少在理論上是如此，而善書卻沒有這種力量。然而，
如同一般宗教，善書透過心理上的鼓勵和威懾，促使法典中
包含的世俗道德價值觀得以普及與維持。研究善書的內容和
編纂者鼓勵或譴責的具體道德行為時，更可輕易發現刑法的
影響力，因為無論是《感應篇》或《自知錄》，只有一小部
分與宗教價值觀有關（《感應篇》的宗教禁忌，以及《自知
錄》的「三寶功德類」和「三寶罪業類」），其餘大多數行
為皆反映世俗價值觀。

　　這種對社會倫理道德的關注，以及普遍缺乏特定宗教價值觀的現象，說明了楊慶堃所謂的中國宗教的「普化（diffused）」特質。❷普化的宗教，也就是融合的宗教，維護了世俗道德規範，方法是賦予這些規範超自然的制裁力，讓它們變得「神聖而令人敬畏」，同時也「有助於彌補道德價值觀實際運作時容易出錯的特性。」❸因此，偷錢（過門，第 172 條）和掠奪墳墓（過門，第 99 條）都是應受法律制裁的罪行，也是《自知錄》譴責的對象。即使違法犯罪者僥倖逃脫法律制裁，也難逃良心譴責。或許更重要的是，受害者和罪犯都知道，在法律上受害者也許無法為自己遭受的冤屈或惡行討回公道，但是當受害者想到罪犯終將難逃鬼神的制裁（如《感應篇》所述）或因果法則確保的公平正義（如《自知錄》所述），可以因此而得到安慰，於是法律制度有任何不公平或缺憾都變得可以忍受。

　　第二、法典中各種懲罰等級分明，條列有序，可做為善書分配功過的範本。有些研究中國法律的學生將這種排列稱之為「中國刑法階梯」，因為最輕的刑罰是用小竹杖鞭打十下，接著各種刑罰由輕而重逐條列出，直到「凌遲處死」。「我們也許可以將這種制度視為一種複雜的道德衡量工具，具有定量的精確度，或是將它理解為一個漸進連續體，依此體制從最輕微到最重大的罪行一一高度精準量刑究責。」❹試圖以精確的定量來衡量道德，以及塑造自給自足

的模式，使得每件善行或惡行，無論輕重，皆可得到適切的評估——這兩個特色也同樣適用於《自知錄》，其中功德或過失的最高點數是一百，最低是一，介於其間由低到高依次為兩點、五點、十點、二十點、三十點、四十點、五十點、以及八十點。舉例來說，陰謀入罪判人死刑得逞（過門，第41條），或故意謀殺一人命（過門，第55條）之類的極重罪行，造成最高過失點數一百，但是輕微的罪行僅得一過，例如把鳥類關在籠中或用細繩綑綁動物一天（過門，第79條）。正如五刑涵蓋的範圍，功過點數從一到一百的範圍相當大，不過，除了最明顯的情況之外，介於兩個端點之間的各種行為的點數分配，並沒有立即可辨的嚴格邏輯依據。

第三、法典對於罪刑之間的微細區別可能啟發《自知錄》採取類似方式來處理道德行為。我們得知：「法典總是竭盡全力預見任何一種罪行的所有可能變體，並且針對每一個變體給予特定的懲罰。」❺這也許可以解釋為何會有依據些微不同的動機、對象、結果和情境，洋洋灑灑且時而冗長乏味的列舉種種行為的現象。《自知錄》有許多合適的例子，以下援引善行類的一些規定：

> 開陳善道，利益一人為一善。〔善門，第 9 條〕
> 利益一方為十善。〔善門，第 10 條〕
> 利益天下為五十善。〔善門，第 11 條〕

利益天下後世為百善。〔善門，第 12 條〕

以上數例是根據行為結果而區分，以下的區分標準則是行為
的承受者：

救有力報人之畜，一命為二十善。〔善門，第 42 條〕
救無力報人之畜，一命為十善。〔善門，第 43 條〕
救微畜，一命為一善。救極微畜，十命為一善。〔善
門，第 44 條〕

仿效大明律而制定的大清律中，殺人這項罪行分為二十多種
類型。這些詳盡的區別源於以下三種區辨原則其中之一：
一、殺人動機（預謀殺人、故意但非預謀殺人、公開鬥毆殺
人、過失殺人、在打鬧時殺人，或勸誘受害者自殺）；二、
與受害者相較之下，殺人者的社會或家庭地位；三、犯罪方
法或情況（用毒藥、藥物管理不當、將有害物引入受害者
耳、鼻或身體其他孔竅等等）。❾❺

　　《自知錄》的區分顯然也受到這三個原則的左右。強
調行為者的動機和道德內化是《感應篇》和《功過格》、
《自知錄》等晚近善書之間最顯著的差別，《功過格》和
《自知錄》明確區別蓄意行為和無心的行為，並且給予不同
處置。例如，誤判一人死刑，計八十過，但是故意犯此罪刑

則有一百過（過門，第 30－31 條）。其次，下列條款充分
說明根據罪犯與受害者相對地位而區分行為的原則：

> 居上官輕壞卑職前程，一人為三十過。〔過門，第 106
> 條〕
> 幽繫婢妾，一人為一過。〔過門，第 109 條〕
> 主事明知冤枉，或拘忌權勢，或執守舊案，不與伸雪
> 者，死刑成為八十過，軍刑徒刑為三十過，杖刑為八過，
> 笞刑成為四過。若受賄者，死刑為百過，以下俱同前論。
> 諸枉法斷事，隨輕重，亦同前論。〔過門，第 49-53 條〕

最後，根據行為手法或發生情況而區分行為的原則，在《自
知錄》中有類似的規定：出於受賄或在別無其他選擇的情況
下行善，沒有任何功德。因此，如果只是因為官府不受理清
償債務的投訴，不得已而勾銷他人欠債，則無任何善行點數
可得（善門，第 71 條）。還有一個更明確的例子：以特異
方式烹煮生物，使其受極大苦者，計二十過（過門，第 74
條）。當我們看到故意殺一微小動物只得一過時（過門，
第 60 條），處罰的輕重差別一目瞭然。雖然傷害生物是惡
行，但如果在造橋、鋪路、建寺等行善過程中誤傷生物，不
會因此累積任何過失（過門，第 78 條）。如此一來，原本
機械呆板的制度納入了某種程度的彈性和許多常識。

《自知錄》的特色

　　《自知錄》眞正創新之處，唯有和以前《功過格》的內容相比對才能領略。袾宏在《功過格》原有條目中新增了許多規定，❼可分爲三類：一、忠孝類和不忠孝類；二、佛教修持類；三、社會道德類。

　　如前文所述，《功過格》的作者可能是淨明忠孝道的道人。不過，《功過格》偶爾才提到忠孝，但《自知錄》忠孝類卻是完整的章節（忠孝類和不忠孝類各十八條）。對袾宏來說，其重要性是無可否認的，也完全符合他在《自知錄》其他類別中普遍強調儒家價值觀的作法。社會道德類新增的規定也多數是以儒家價值觀爲取向。《自知錄》對社會道德的興趣不亞於《感應篇》，而且同樣挑出若干階層人士，特別關注。除了適用於所有人的善、惡行規範之外，另有針對官吏、士紳、商賈、農民的具體告誡。給予官吏的詳細指導原則具有司法和行政性質；爲官者不可接受賄賂或屈從於社會壓力，最重要的是判刑時不可過分嚴苛。仕紳階級的家主則被告誡不可侵占他人財產或強迫他人賣地，而要樂善好施，造橋鋪路，以造福大眾，要憐孤恤貧，非但不虐待奴僕，還應盡力爲他們贖身，得以回歸本家，也不可脅迫窮苦之人還債。由於明代中後期貪官汙吏、司法不公、仕紳欺壓平民之事不勝枚舉，袾宏如此關注這些問題不無道理。

　　佛教修持在《自知錄》占有重要地位，這使得《自知

錄》明顯有別於《感應篇》和《功過格》，也讓我們更加了
解袾宏對於道教的態度。《感應篇》和《功過格》皆是儒、
道價值觀的混合體，而《自知錄》無疑混合了儒家與佛教的
價值觀。「三寶功德類」是袾宏新增的部分，特別處理佛教
修持的主題，但即使是《自知錄》其他部分也經常提及居士
佛教價值觀，例如茹素、不殺生、放生等。這些新創的規定
成為《自知錄》最重要的一環，透過這樣的條款讓佛教價值
觀首次正式併入民間善書的常見內容。因此，《自知錄》也
有助於強化第四章探討的居士佛教的宗旨。

　　然而，袾宏對於道教即使不是極端敵對，也可說是採
取高度批判的態度。舉例而言，他規定如果有人拒絕接受道
教煉丹術的傳授，計三十善（善門，第 200 條）。他也同樣
阻止人們使用煉丹過程中產生的偽銀，若人拒絕使用相當於
百錢價值的這種丹銀，即得三十善（善門，第 201 條）。❾
據袾宏所見，此種丹銀煉製術尤為道教專長。

　　袾宏也的確鼓勵流通衛生保健與養生書籍，還有藥
方，這些原本都是道教人士提倡和發展的作法，不過儒家和
佛教同樣視之為善行，到了明代已完全融入一般大眾的意識
中。撿拾遺落在道路上的字紙，並且在家火化（善門，第
197 條），這也屬於同類善行。袾宏只把《功過格》中有關
於道教修持的規定刪除或大幅修改，這是值得注意的一點。
《自知錄》刪除《功過格》的「教典門」和「焚修門」，以

「三寶類」取而代之。在新增的章節中，袾宏沒有收錄關於傳授道教符咒法籙的條目，❾而是勸導大眾以密教「施食」儀軌（善門，第 118 條）和「保禳道場」（善門，第 121 條），取代道教的焚香修德儀式，以及道教章醮。⓾

　　袾宏對三教的態度以另一種有趣的方式展現於《自知錄》中。他給予利益佛教之行的點數，是利益道教或儒家之行的兩倍。例如，造佛像每花費百錢計一善，而造其他宗教神像，每費兩百錢僅得一善（善門，第 90、91 條）。同樣地，建造佛教寺院，每花費百錢計一善，但建造其他廟宇，每兩百錢僅計一善（善門，第 96、99 條）。註釋大乘經律論，一卷爲五十善，而撰寫道德善書，一卷僅有一善（善門，第 106、107 條）。這再次顯示袾宏對儒家採取調和但仍有等級之別的態度，換句話說，儒家價值觀得以採納，但從屬於佛教之下。⓫

　　總之，《自知錄》展現的道德量化或許難免受到批評，其作法很可能在處理道德問題時流於純粹功利主義且機械呆板的方式。但是我們也不應該忽略這種制度的歷史、社會背景。在此展現的這種具體規定，在當時的確使得公正、正直、仁慈等一般道德觀念切合日常行爲，而且可能到現在依然發揮這樣的功能。社會流動（social mobility）爲下層階級創造新機會，卻也同時導致不確定感與焦慮感。新近金榜題名而晉陞官僚階級的貧農之子需要實用的指導，才能在現

實世界中實踐繁重的經典道德價值觀。這種指導的資料來源有很多，善書即是其中之一。善書的用途很廣，對每位滿懷希望、有志成功的人來說，善書是行為舉止的指南，告訴他們若要達到目標什麼該做，什麼不該做。善書也是無所適從的焦慮者的指南，不管一個人身處何種新環境，皆可憑藉善書確定什麼才是適切的道德行為。《自知錄》將佛教價值觀引進傳統善書的一般道德模式中，這是此書的特殊貢獻。

■ 註釋

❶ Helmer Ringgren，"The Problems of Syncretism"，收錄於 *Syncretism*，Sven S. Hartman 編，頁 7。

❷ 關於靈智派（gnosticism）、裴洛（Philo），以及希臘化時代融合主義（Hellenistic syncretism）的個別研究，還有 George Widgren 對敘利亞基督宗教和古代近東宗教的研究，當然都涉及融合的主題，但是至今尚未出現將融合視爲面對文化和宗教接觸時人類普遍或甚至是長期的回應，並且從理論上加以探討的研究。不過，近年來西方學者已有興趣探索這個領域，至今已經舉辦數次以融合爲主題的學術研討會與座談會：1966 和 1967 年九月在芬蘭的奧伯瑞典大學，1971 年七月在史特拉斯堡大學，同年十月在德國哥廷根學院，1972 年四月在加州大學聖塔芭芭拉分校。其中第一次學術研討會論文匯集成刊，即是 *Syncretism*，最後一次研討會論文則收錄於 Birger A. Pearson 編輯的 *Religious Syncretism in Antiquity*。

❸ 在 *Religious Syncretism in Antiquity* 中，Raimundo Panikkar 和 Stanislav Segert 皆詳細探討「融合」（syncretism）的詞源，說明這個詞可能自古以來就帶有貶義的原因：「*synkretismos* 一詞的傳統詞源說明──同時也是它眞正的詞源──由普魯塔克（Plutarch）提出（*De fraterno amore*, 2, 490b），將這個詞解釋爲克里特島人（Cretans）團結一致抵禦外敵。」參見 "Some Remarks Concerning Syncretism"，收錄於 *Religious Syncretism in Antiquity*，頁 63。Raimundo Panikkar 進一步分析這個詞源說明，發現有下列四個特徵：一、武力和利益的結合；二、結盟的人原本既不團結，彼此也無友好關係；三、於是，他們放下內部競爭，成爲臨時盟友；四、目的是對抗共同的敵人或威脅。因此，根據 syncretism 最初的詞源說明，諸多要素的結合是臨時或短暫的，僅延續到外來

威脅消失爲止,所以是貌合神離。Panikkar 接著說:「難怪自古以來這個詞的使用實際上幾乎總是帶有貶義,除了當它開始被用來表示整體或全面性視野時,例如兒童的『整體混合』感知(the "syncretistic"perception),或是除了在人類思想不同時期各個『融合』學說的捍衛者使用這個詞的時候。」參見 "Some Notes on Syncretism and Eclecticism Related to the Growth of Human Consciousness",收錄於 *Religious Syncretism in Antiquity*,頁 49。

❹ Panikkar 運用「成長」的意象來描述融合過程的特徵,這和我在此提出的觀點不謀而合:「成長既不是靜止不動,也不是只有改變;它既不是全然中斷,也不完全是連續⋯⋯成長必然包含藉由內在力量造成諸多要素的同化⋯⋯成長是內生的,源於自體內部,並且有一個只有在成長過程中才顯露的內在模式。但是成長也需要外生要素,也就是外在物質,是要被同化的養料⋯⋯成長是一個整體性的現象,具有完形(Gestalt)的典範;我們或許知道成長過程所需的各種要素,但是成長不能被化約爲形成獨立結構的基本粒子的增加。」參見 "Some Notes on Syncretism and Eclecticism Related to the Growth of Human Consciousness",收錄於 *Religious Syncretism in Antiquity*,頁 57。

❺ 關於這部作品的作者和年代有若干不確定性。根據《太上感應篇圖說》(刊印於 1893 年)序文,《感應篇》出於《道藏》,宋代以前鮮爲人知。高雄義堅認爲作者是唐末宋初的道士,原因有二:最初提到《感應篇》的是《宋史・藝文志》,此外,第一位提倡《感應篇》勸導的修行方法者是李昌齡(1008 年在世)。見〈明代に大成された功過格思想〉,頁 18。酒井忠夫認爲《感應篇》的作者是李知幾。參見《中国善書の研究》,頁 431。

❻ 《高子遺書》,卷 9,〈同善會序〉、〈重刻感應篇序〉,轉引自酒井忠夫,頁 286。

❼ 《鴻苞集》,卷 42,〈太上感應篇序〉,轉引自酒井忠夫,頁 261。除了屠隆之外,並稱「二陶」的陶氏兄弟也熱衷於弘揚善

書，陶望齡撰文探討《感應篇》，陶奭齡著有《功過格論》。參見
酒井忠夫，頁 257。

❽ 橘樸，《支那思想研究》，頁 37。

❾ 和鈴木大拙聯手英譯《感應篇》的 Paul Carus 在引言中陳述：「如
果衡量一本書普及程度的標準是該書的刊行數量或是讀者的忠誠
度，那麼在全球所有刊物中，《太上感應篇》可能名列第一。西方
世界出版的所有書籍中，《聖經》和莎士比亞著作的版本數量最
多，但仍不及《感應篇》，而且數以百萬計的中國人相信流傳此書
可獲得大功德。」鈴木大拙、Paul Carus 合譯，《太上感應篇》英
譯本，頁 3。善書風行的現象不只限於中國帝制時期，在某種程度
上也延續到現代中國，有兩位日本作者的親身見聞可為明證。橘樸
1924 年在滿州記述：即使在大連、旅順最破舊不堪的書店中，他
也見到很多本《感應篇》，本章探討的另一種重要善書《功過格》
亦為數不少。《支那思想研究》，頁 37。根據另一位日本旅人於
1942 年在河北一座小村莊的紀實，當地農民家中將明末善書《覺
世經》奉為傳家寶典。

❿ 「大傳統」和「小傳統」這兩個用語，最初是 Robert Redfield 在
The Little Community, Peasant Society, and Culture 一 書 提 出 的。
自此以後，這個概念典範為其他文化人類學者運用，或是透過
修正使它更臻完善，或是質疑其基本假設，並且提出評定文化
接觸和社會改變的替代方法。Milton Singer 提出「文本與脈絡
（text and context）」（"Text and Context in the Study of Religion
and Social Change in India"，重 印 收 錄 於 *When a Great Tradition
Modernizes*）。M. N. Srinivas 研究印度教滲入遍布印度當地社會各
階層的過程，提出「梵化（Sanskritization）」。另一方面，將古典
文學大傳統視為大一統整體的看法，有些學者質疑其正確性，而認
為是各種大傳統並存，梵文、婆羅門教或印度教只是其中之一。在
這種情況下，不是去追溯大、小傳統之間的二分法，而是試圖探查
不同地區在不同時期的主流傳統：「我主張印度文化的結構是由多

種傳統組合而成,其中每個傳統都運用了存在於整個印度的構成要素(群組、中心、項目、關係)。但是我想強調每個傳統在全印度的範圍內具有**同等**地位,我們必須去注意在任何時間、區域或特定地區居於主導地位的體系,以評定當時何者為『大傳統』。……像印度這樣複雜的文化中,……共有的構成要素**不是**參與**單**一體系或傳統的指標;體現一個『傳統』的是構成要素之間的感知關係,是這些關係和構成要素的意義的排列、組織。」參見 Robert Miller,"Button, Button… Great Tradition, Little Tradition, Whose Tradition? ",頁 40-41。就近世傳統中國而言,與其談論三個各自獨立的「大傳統」,不如論及儒、釋、道等構成要素組成的一個大傳統來得恰當。

⓫ 善書代表中國大傳統的神話與價值觀,正如故事、歌曲和格言之於印度的大傳統。Susan Snow Wadley 在 *Shakti: Power in the Conceptual Structure of Karimpur Religion* 一書中蒐集、分析一個北印度村莊 Karimpur 的故事和歌曲。善書和故事、歌曲等都讓我們知道平民百姓的信仰和價值體系,無論是明代的中國人,或是當代的印度村民。不過,也有不同之處:善書的作者是精英分子,但是 Karimpur 的文本通常只是出自不知名的村里說書人或神職人員。

⓬ 例如尉遲酣(Holmes H. Welch),*The Parting of the Way*,頁 139。尉遲酣使用「庶民宗教」(religion of the masses)一詞,詞意等同於陳榮捷在 *Religious Trends in Modern China*,頁 139-185,使用的同一語詞。陳榮捷將宗教區分為「智者宗教」(religion of the enlightened)和「庶民宗教」兩個層次。

⓭ 酒井忠夫,"Confucianism and Popular Educational Works",收錄於 *Self and Society in Ming Thought*,頁 341。

⓮ 《續焚書》,卷 1,〈答馬歷山〉,轉引自酒井忠夫,頁 242。

⓯ 《焦氏筆乘續集》,卷 2,〈支談上〉,轉引自酒井忠夫,頁 246。

⓰ 酒井忠夫,頁 255-256。

❼ 在《自知錄》中，袾宏計算金錢的基本單位是「百文」，也就是一百枚銅幣。明代有三種貨幣：紙幣、銅錢和白銀。太祖依循元代舊制，試圖以紙幣做為唯一法定的交易工具。「紙幣以六種面額發行，也就是一百文、二百文、三百文、四百文、五百文、一貫。紙幣一貫相當於銅錢一千文，或白銀一兩，或黃金四分之一兩。交易不准使用黃金或白銀。」（楊聯陞，*Money and Credit in China: A Short History*，頁 67）。然而，紙幣從未達到預期的重要性，到了十五世紀中葉反而是白銀成為通貨首選。蓋杰民（James Geiss）的博士論文 "Peking under the Ming: (1368－1644)" 探討造成這種發展的原因：「既然王朝統治初期政府發行的紙幣已經開始通貨膨脹，而銅錢的重量、成色和品質有相當大的差異，於是人們轉而使用白銀。白銀是貴重金屬，價值穩定，歷經明代政權最初兩百年間的經濟變化，相對而言其價值依然不受影響。然而，十六世紀末白銀從墨西哥和日本大量輸入大明帝國時，白銀的幣值開始下跌，發生通貨膨脹，因為這種金屬數量大增，其購買力也隨之下降。」（頁144）。如一般人所料，銅錢和白銀的兌換率有很大的波動。Geiss 用以下的例子闡明這些巨幅震盪：「洪武（1368－1399）初年，銅錢一千文換購白銀一兩，成化年間（1465－1487）銅錢八百文換購白銀一兩，而弘治（1488－1506）初年跌至銅錢七百文，雖然根據嘉靖年間（1522－1566）的官定價格，這個兌換率不變，但是市場價格顯示的情況大不相同。在交易市場中，一兩純銀可兌換品相精良的銅錢三百文。換句話說，經過兩百年銅錢對白銀的價值上漲了三倍。隆慶年間（1567－1572）白銀成為整個大明帝國的首選貨幣，一兩白銀可兌換優質銅錢八百文，或劣質銅錢一千文。萬曆年間（1573－1619）銅錢價值再度略微回升，一兩白銀可兌換銅錢數量在五百文到八百文之間。」（頁153-154）。因此，1604 年袾宏撰寫《自知錄》時，銅錢百文的價值大約相當於白銀零點二到零點一二五兩之間。這筆錢的購買力如何呢？Geiss 表示，在 1590 年代白銀零點七兩可購得一石米，或一條鮮魚，或超過九百公克的牛

肉、羊肉或豬肉，或兩隻雞，或相當大量的椰棗、蔬菜和麵粉（頁164）。北京城內的貧民一天工作所得為銅錢三十文（頁175），挑夫、挑水工，以及其他按日計酬的臨時工，一日工資略多於零點零一兩白銀（頁177），但是衙門差役一日所得可高於零點零三兩白銀（頁179）。Geiss 的結論是「零點一兩白銀可以購得好幾種物品，足以備辦菜色豐富的一餐，讓很多人大快朵頤。」（頁190）。另一筆參考資料是 1595 至 1615 年間的一本帳簿，其中顯示白銀零點二兩可以買到兩疋白布，或支付一個勞工一間簡單住房的年租金。參見方豪，〈明萬曆年間之各種價格〉。所以，在袾宏那個年代，也許銅錢百文相當於今天美金六到十元。

❽ 看到街道上有書寫文字的紙張，應該撿起焚化，以免被踐踏腳下或當作廢紙來使用。這種態度源於中國人對學問的敬重，書寫文字是學問的具體象徵，也同樣受到敬重。如同 Stephen Feuchtwang 所見，大多數文昌廟（供奉發明寫作、主掌讀書、學習的神祇）都有焚化爐，用以燒毀這種書有文字的紙張，理論上，字紙只能在此焚化。"School-Temple and City God"，收錄於 *The City in Late Imperial China*，G. William Skinner 編，頁 607。

❾ 《自知錄》全文見附錄一。

❿ 確切字數是一二七七，但後人持續為《感應篇》增補解說、註釋和個案史，到了清末《太上感應篇圖說》問世時，這部彙整《感應篇》所有相關資料的全集篇幅長達八卷。

㉑ 鈴木大拙、Paul Carus，頁 51。

㉒ 《史記》與《風俗通》已提及。參見高雄義堅，頁 18。

㉓ 《史記・天官書》。三台北斗神君分別被確認為司命、司中、司祿，是北斗七星的第四、五、六星。參見橘樸，頁 46-47。Carus 誤以為這是指三尸神，見鈴木大拙、Carus，頁 71-72。

㉔ 三尸最初載於《抱朴子》：「身中有三尸，三尸之為物，雖無形而實魂靈鬼神之屬也。欲使人早死，此尸當得作鬼，自放縱遊行，享人祭酹。是以每到庚申之日，輒上天白司命，道人所為過失。」

Alchemy, Medicine, Religion in the China of A.D. 320: The Nei P'ien of Ko Hung，James R. Ware 譯，頁 115。

㉕ 根據高雄義堅，灶神最初載於《風俗通》，頁 18。但是劉向（公元前 80－前 9）重新整理校訂的周朝戰國時代歷史事件合集《戰國策》中已出現這個名稱，司馬遷也曾在《史記》提及。這兩份參考文獻的年代都早於東漢時期的《風俗通》。諸橋轍次，《大漢和辭典》，冊 8，頁 692b。
灶神是道教重要神祇之一，很早就與司命之神相提並論：「司命灶君紀錄人們的善行惡行，人們壽命的長短也取決於此神對天庭的建言。到了公元第三世紀，家宅之內已設有灶君神龕，即使到了今天，中國人幾乎家家戶戶都供奉灶君為廚房之神，每逢過年期間灶神升天向玉皇大帝稟報之際，他們以牲禮和美食祭拜。」尉遲酣，*The Parting of the Way*，頁 100。尉遲酣接著說：「司命這個名稱起初可能指另一尊由來已久的神祇，至少早在公元前八世紀《尚書》即記載：『惟天監下民，典厥義，降年，有永、有不永。』有一件公元前六世紀的青銅器，其銘文記錄以兩玉壺、八鼎為祭品，祭禱大司命。這件青銅器出自齊地——巫師與魔法師之鄉。公元前第四或第三世紀，司命是楚地巫師信奉的一尊神，對他們而言此神已成為人壽命長短的掌控者。」
Rolf A. Stein 在最近一篇文章中探討灶神、司命和三尸的關係：「灶神被認為是司命星官，這兩種型態道教徒一併採納，並且認為司命是重要神祇，灶神則居次要地位（過去經常稱之為「鬼神」）。這兩者同時發揮不同的功能：司命接收三尸和灶神的稟報。但是當灶神監察善惡、看管家宅時，又跟土地公有關聯。」參見氏著 "Religious Taoism and Popular Religion from the Second to Seventh Centuries"，收錄於 *Facets of Taoism, Essays in Chinese Religion*，尉遲酣、石秀娜（Anna K. Seidel）合編，頁 76-77。

㉖ 這點是根據《抱朴子》：「行惡事大者，司命奪紀，小過奪算，隨所犯輕重，故所奪有多少也。凡人之受命得壽，自有本數。數本多

者，則紀算難盡而遲死；若所稟本少，而所犯者多，則紀算速盡而早死。」*Alchemy, Medicine, Religion*，頁 66。

㉗ 鈴木大拙、Paul Carus，頁 64-65。

㉘ 此處採用橘樸的列舉計數。橘樸，頁 49，58-60。

㉙ 仙有五等，除了天仙、地仙之外，尚有空仙、人仙和鬼仙。參見 E. J. Eitel，*Handbook of Buddhism*，頁 130。「《玉鈐經》云：『人欲地仙，當立三百善；欲天仙，立千二百善。若有千一百九十九善，而忽復中行一惡，則盡失前善，乃當復更起善數耳。』故善不在大，惡不在小也。雖不作惡事，而口及所行之事，及責求布施之報，便復失此一事之善，但不盡失耳。又云：『積善事未滿，雖服仙藥，亦無益也。』若不服仙藥，並行好事，雖未便得仙，亦可無卒死之禍矣。」*Alchemy, Medicine, Religion*，頁 66-67。《抱朴子》這段引文和《感應篇》的主要差異在於後者要求行一千三百善，而非一千二百善。

㉚ 尉遲酣，*Taoism: The Parting of the Way*，頁 127。《抱朴子》包含兩部分，即《內篇》和《外篇》。《內篇》已由 James R. Ware 英譯（*Alchemy, Medicine, Religion in the China of A.D. 320: The Nei P'ien of Ko Hung*），《外篇》現在也被 Jay Sailey 譯為英文，書名是 *The Master Who Embraces Simplicity: A Study of the Philosopher Ko Hung, A.D. 283-343*。

㉛ 鈴木大拙、Paul Carus，頁 65-66。

㉜ 同上。英譯略有出入，可能因為佛教身語意，將「視善」譯為 thinks what is good（「思善」）。

㉝ 《太平經》，卷 110，轉引自湯用彤，《漢魏南北朝佛教史》，冊 2，頁 283。

㉞ 例如《佛說決罪福經》和《妙法蓮華經馬明菩薩品》，兩者皆發現於敦煌遺書中。參見湯用彤，冊 2，頁 283-284。

㉟ 湯用彤，冊 2，頁 284。此經收錄於漢文《大藏經》中，參見《大正藏》，冊 15，第 590 號。

㊱　爲什麼每年正月、五月、九月，以及每月有六日應持齋（三齋、六齋）？智顗在《梵網菩薩戒經義疏》註解第三十條戒時，說明理由：「三齋六齋，盡是鬼神得力之日。此日宜修善，福過餘日。」袾宏在《戒疏發隱》中補充道：「年三月者，正五九也，毗沙門天王分鎮南贍部洲之月也。月六日者，初八、二十三天王使者，十四、二十九天王太子，月望、月晦天王自身，遞相巡狩之日也。考較善惡，良在於斯。故云鬼神得力也。」《雲棲法彙》4，頁 76a。

㊲　湯用彤，冊 2，頁 284。《大智度論》卷 13 有同樣經文，卻沒有「增壽益算」一語，因此湯用彤認爲現存的《四天王經》並非智嚴（602－668）根據印度原典的譯經，而是信仰道教的中國僧人的作品。

㊳　例如「受寵若驚」、「怨天尤人」、「得新忘故」、「口是心非」、「貪婪無厭」。

㊴　例如在動物生育繁殖期間予以保護。橘樸，頁 63。

㊵　清水泰次，〈明代に於ける宗教融合と功過格〉，頁 29-55。

㊶　有關惠棟對於「射飛逐走」等禁令的解釋，參見《太上感應篇圖說》。橘樸於文中引用，頁 63。

㊷　《雲棲法彙》15，頁 3a。

㊸　《彙纂功過格》（1858 年，金華淨信會刊印），〈俞淨意遇灶神記〉，卷 13，頁 9a-11a。

㊹　同上，頁 9a。

㊺　參照狄培理（de Bary），"Neo-Confucian Cultivation and the Seventeenth-Century 'Enlightenment' "，收錄於 *The Unfolding of Neo-Confucianism*，頁 141-216，尤其是頁 153-188。

㊻　《雲棲法彙》15，頁 1b。

㊼　以下這段軼事出於《彙纂功過格》，〈因果三世說〉，卷 13，頁 16b，進一步闡明同樣的論點：「昔有人問於某和尚曰：有天堂否？曰：有。有地獄否？曰：有。曰：徑山和尚道無，和尚何以道有？曰：徑山有妻食肉否？曰：否。曰：徑山和尚道無始得。要之

報應因果之說，大善之人不妨直視爲無，大惡之人斷然不信爲有。天下唯中人最多，則報應之說，爲教甚神，爲功甚溥。」

48　《彙纂功過格》，〈姚龍懷因果三世說〉，卷 13，頁 17a。

49　《道藏》，〈洞眞部，戒律類〉。

50　酒井忠夫，頁 372。吉岡義豐，〈初期の功過格について〉，頁 119-125。

51　吉岡義豐，頁 119-120。

52　同上，頁 120-123。

53　同上，頁 123。

54　《雲棲法彙》15，《自知錄·序》，頁 2b。

55　同上，頁 1a。

56　《彙纂功過格》，〈立命篇〉，卷 13，頁 5a。

57　轉引自吉岡義豐，頁 116。

58　《雲棲法彙》15，《自知錄·序》，頁 1a。

59　酒井忠夫，頁 358。

60　有關做功德在斯里蘭卡的情況，見 Michael Ames，*Religious Syncretism in Buddhist Ceylon*，第六、七章。關於緬甸做功德的實踐探討，見 Melford E. Spiro，*Buddhism and Society: Its Burmese Vicissitudes*，第三、四、五章。

61　Spiro，頁 119。

62　同上，頁 111。這些「功德帳簿」內含許多關於緬甸佛教金融財政的有用資料。「功德帳簿所在之處，每筆布施（*dāna*）的登錄皆包含以下細節：日期、時機、涉及人數，以及花費總額。」同上，頁 112。然而，這種功德帳簿並沒有按照浮動計算法（sliding scale）來量化各種布施行爲。這是上座部佛教和漢傳佛教的一項重大差異，也就是說，在緬甸和斯里蘭卡並未針對個別行爲賦予確切數額的功德或過失。Michael Ames 也說，某些「功德的單位行動」（"unit acts" of merit）總是會出現在錫蘭的做功德儀式中，每個單位行動都相當於若干數額的功德，**「但是數額本身從來沒有具體言**

明，**因為那會是貪心的表露**〔引文強調為筆者所加〕。」頁 111。
我認為這個差別意義重大，這證明雖然《自知錄》也有民間佛教的
「業／功德」意識型態，但是《自知錄》對道德採取量化和墨守法
規條文的方法也必定受到其他來源的影響。這一點本章稍後將繼續
深入探討。

㊹　《彙纂功過格》，〈立命篇〉，卷 13，頁 5a。

㊽　同上，頁 7b。

㊾　同上。

㊻　朱國楨，《湧幢小品》，卷 10，頁 22b。「今人行善事都要望報，
甚至有千善報千，萬善報萬之說。顯為村婆野老而設。讀書人要曉
得，只去做自家事，行善乃本等，非以責報。救蟻還帶，此兩人直
是陡見，突發此心。如孟子所云赤子入井之云。兩人若起報心，神
明不報之矣。」

㊿　《彙纂功過格》，〈立命篇〉，卷 13，頁 21b。

㊽　酒井忠夫，頁 359-361。

㊾　關於名、實之間的關聯，《韓非子》說：「人主將欲禁姦，則審合
刑名者，言與事也。為人臣者陳而言，君以其言授之事，專以其事
責其功。功當其事，事當其言，則賞；功不當其事，事不當其言，
則罰。」《韓非子》，卷 7，轉引自馮友蘭，*A History of Chinese
Philosophy*，頁 324。關於「二柄」：「明主之所導制其臣者，二
柄而已矣。二柄者，刑德也。何謂刑德？曰：殺戮之謂刑，慶賞之
謂德。為人臣者畏誅罰而利慶賞，故人主自用其刑德，則群臣畏其
威而歸其利矣。」卷 7，轉引自馮友蘭，頁 326。

㊻　《續漢書》，卷 24，〈百官志〉（北宋景祐監本影印），頁 3a，
5a，6a，轉引自酒井忠夫，頁 360。

㊻　酒井忠夫，頁 360。

㊼　「鄭康成〔127－200〕云：士有百行，可以功過相除（見詩氓
箋）。《正義》云：士有大功，則掩小過。故云可以功過相除。」
《十駕齋養新錄》，卷 18，轉引自酒井忠夫，頁 401。

73 Charles O. Hucker，*The Censorial System of Ming China*，頁 4-29，尤其是頁 12-13。

74 《三國志》，卷 22，頁 3a-9a。

75 趙翼，《廿二史箚記》，卷 8，〈九品中正〉，頁 148。Etienne Balazs 也指出這套制度的缺點，見 *Chinese Civilization and Bureaucracy*，頁 231-232。

76 雖然以往認為這是 424 年畺良耶舍（Kālayaśas）譯自梵文的一部漢譯經典，但是一直沒有發現此經的梵文原典。事實上，此經的經題 *Amitāyurdhyāna Sutra* 是高楠順次郎根據漢譯經題《觀無量壽經》而還原成梵文的。認為佛經譯自印度或中亞原典的情況屢見不鮮，而此經的撰述地點很有可能是中亞，或甚至是中國。關於這個問題的詳細探討，見藤田宏達，《原始淨土思想の研究》。

感謝永富正俊教授透過私人通訊提供這筆資料。如果這部經的確是中土偽經，九品往生就可能受到世俗官僚習俗的影響。不過，既然此經被虔誠的佛教徒奉為圭臬，這種分級方法也許有助於鞏固本土傳統，並且給予它精神層面的認可。

77 《大正藏》，冊 12，第 365 號。*The Amitāyurdhyāna Sutra*，高楠順次郎譯，收錄於 *Buddhist Mahāyāna Texts*, F. Max Müller 編，*The Sacred Books of the East*, Vol. XLIX，頁 188。

78 *Amitāyurdhyāna Sutra*，頁 189。

79 同上，頁 198。就物理科技而言，一劫的長度是人間四十二億年，相當於梵天的一天。根據印度宇宙論，宇宙永遠經歷周而復始、大大小小的週期，一劫即是一基本週期的時間。佛教的看法基本上與此一致。

80 《續高僧傳》，卷 20。另見迦才《淨土論》中的道綽傳（《大正藏》，冊 47，頁 98b）。

81 事實上，數珠據說是道綽發明的。參見望月信亨，《中国淨土教理史》，頁 137-138。

82 《雲棲法彙》26，頁 60b-61a，〈念荳佛〉。

㊸　《雲棲法彙》26，頁 5b-6a，〈晝夜彌陀十萬聲〉。

㊹　瞿同祖，*Law and Society in Traditional China*（中譯本：瞿同祖著，《中國法律與中國社會》，上海：商務印書館，2010 年），尤其是探討巫術、宗教與法律的章節。Derk Bodde and Clarence Morris 合著，*Law in Imperial China*，第一章 "Basic Concepts"，尤其是頁 43-48。

㊺　Bodde and Morris，頁 45-46。

㊻　同上，頁 46。文中接著列出禁止處決的特定時日如下：一、從立春（大約在西曆二月四日）一直到秋分（大約是九月二十三日）；二、佛教斷屠月，即正月、五月、九月；三、一年二十四節氣；四、其他一年一度的祭祀日與假日；五、佛教禁殺日，即每月一日、八日、十四／十五日、二十三／二十四日、二十八／三十日，與若干禁殺日相關但是單獨列出的是農曆每月朔、望與上、下弦等四日；六、雨天和夜間。參見瞿同祖，頁 219。

㊼　同上，頁 47。

㊽　Bodde and Morris，頁 47。

㊾　瞿同祖，頁 219。

㊿　同上，頁 217-218。

㉛　Bodde and Morris，頁 99。

㉜　關於中國普化宗教的本質和功能，楊慶堃說：「普化宗教……本身沒有任何獨立的道德立場，因為它的主要功能在於為世俗制度基本觀念中的道德價值，提供超自然力的支持。普化宗教本身不是世俗制度運作的道德價值的源頭……。」楊慶堃（C. K. Yang），*Religion in Chinese Society : A Study of Contemporary Social Functions of Religion and Some of Their Historical Factors*，頁 285（中譯本：范麗珠譯，《中國社會中的宗教：宗教的現代社會功能與其歷史因素之研究》〔修訂版〕，成都：四川人民出版社，2016 年）。

㉝　同上，頁 291。

㉞　Bodde and Morris，頁 100。

⑨⑤　同上，頁 30。

⑨⑥　同上，頁 30-31。

⑨⑦　《自知錄》的「善門」，新增條文有 1-18，21，36，38-40，41，
　　45-51，54，58-61，65-68，70-71，81-89，91，96-105，112，127-
　　135，138-148，157-159，164-177，180-202；「惡門」的新增條文
　　是 1-18，30-40，45-54，62-64，70-84，86-111，113-114，120，
　　127-138，151-165，167，170，171，174-244，258-279。此一比對
　　根據的《功過格》，是吉岡義豐〈初期の功過格について〉一文中
　　翻印的版本，參見該文頁 130-160。根據作者所言，這個版本和收
　　錄於《道藏》的《功過格》一模一樣。酒井忠夫也比對《功過格》
　　和《自知錄》的條文，他列舉的條文沒有那麼詳細，也和吉岡義
　　豐有所差別，但兩人結論類似。見〈袾宏の自知錄について〉，頁
　　471-478。

⑨⑧　酒井忠夫，〈袾宏の自知錄について〉，頁 480。這兩條規定很有
　　意思，因為反映出當時的社會問題。酒井忠夫引用《天工開物》中
　　的一段說明，說有些人用水銀和鉛化合，將產生的物質「鉛汞」，
　　或稱「鉛丹」，用來提煉銀的含量，雖然如此提煉的銀外形類似真
　　銀，但其實是假冒品，一文不值。這種偽銀稱為「硃砂銀」。

⑨⑨　《功過格》條文 107-110，見吉岡義豐，頁 135。

⑩⑩　《功過格》條文 148-160，見吉岡義豐，頁 137。

⑩①　對於釋、儒、道三者關係的看法，袾宏自己在一篇短文中有最佳總
　　結：「人有恆言曰：三教一家。遂至漫無分別，此訛也。三教則誠
　　一家矣，一家之中，寧無長幼尊卑親疏耶？佛明空劫以前，最長
　　也；而儒道言其近。佛者天中天，聖中聖，最尊；而儒道位在凡。
　　佛證一切眾生本來自己，最親也；而儒道事乎外。是知理無二致，
　　而深淺歷然；深淺雖殊，而同歸一理。此所以為三教一家也，非漫
　　無分別之謂也。」收錄於《雲棲法彙》27，《正訛集》，頁 15b，
　　〈三教一家〉。

第六章
明末僧團的情況

　　當我們從袾宏時代的居士佛教轉向僧團佛教時，眼前展現的全貌確實令人沮喪。由於三教合一的趨勢，當時的儒家文人學士的確對佛教義理和禪修訓練展現極大的寬容與欣賞，而齋戒茹素、放生念佛等佛教修持也的確非常普遍，以致一般人幾乎都會視之為民間道德無所不在的顯現。但是如果依此推斷社會對僧團抱持高度尊重的態度，那就大錯特錯了。事實正好與此相反，整體而言僧人的聲望極低，儘管真可、袾宏、德清等人備受尊崇，但在當時一般人的印象中他們是少數例外。袾宏是深具責任感的宗教領袖，也難怪他會感到絕望與羞愧。

　　袾宏著作中反覆出現的主題之一，即是當時佛教出家人戒律廢弛。這些文章，加上大約同期的小說和筆記文學所載，極為生動地刻畫出僧團的負面形象。

僧團衰微的原因

　　僧團衰微與佛教末世論不可阻擋的邏輯思維有關。上座部佛教和大乘佛教都相信無量劫的週期性毀滅與再生，❶也相信在佛陀入滅一段時間之後，佛教本身亦將衰微而終至消失。這兩個佛教傳承也一致認為未來彌勒下生人間成佛時，佛教將隨之復興。佛教終將復興的信念在中、日宗教改革和民間千禧年運動中發揮極重要的作用。漢傳佛教徒與上座部佛教末世論傳統略有不同，❷認為從佛陀般涅槃到佛教完全消失，其間世界會經歷三個長短不同的階段：首先是正法時期，此時人們研讀佛經，精持戒律，體證佛法；其次是像法時期，此時人們遵守宗教的外在形式（經典和戒律），但已無法自證佛法；最後是末法時期，此時人們不敬佛教，也不修學佛法，由於大眾漠不關心和內在衰頹，佛法終於全然消失。

　　佛法住世三期的思想出現於各種大乘經典中，例如《法華經》和《大悲經》，三期時間長短也有四種不同計算法。❸一般而言，普遍的看法是正法是佛般涅槃後五百年期間，此後像法時期延續一千年，然後進入歷時一萬年的末法時期。以佛入滅於公元前 480 年來計算，末法時期應始於其後的一千五百年，但是早在南北朝已有許多人談到末法時期的來臨，這是因為六世紀的佛教徒普遍認為佛陀入滅於公元前 949 年，其後一千五百年應為 550 年。關於此信仰的普及

與影響力，最著名的例子或許是信行（540－594）❹所創、頻遭惡運的三階教。但此後數百年，這個思想持續發揮影響力。對於袾宏以及其他同時代的佛教徒而言，末法是生死攸關的現實，在他看來，這就是爲什麼明末佛教如此聲名狼藉的原因。尤其是一般普遍認爲末法時期沒有可與前朝媲美的高僧，因此袾宏說：

> 本朝尊宿，自洪武至今，殆不多見。無論唐宋，只如元之中峰、❺天如❻諸老，今代唯琦楚石❼一人可與馳騁上下，況古之又古耶。得非世愈降障愈深耶？❽

鑒於袾宏編纂《皇明名僧輯略》（《雲棲法彙》17），在此書中收錄十八位明代僧人的傳記和精選語錄，因此解讀袾宏對於同時代前輩的貶抑之詞時，應該小心謹愼。此外，在彙整心目中最有助益的禪修開示而完成另一部重要著作《禪關策進》時，他也認爲理應納入五位明代僧人的教示。然而，儘管他尊崇明代個別僧人，對於同時代的大多數出家人卻頗不以爲然，也難以認同出家人永遠比在家居士虔誠的說法。如他所言：「末法中，頗有出家比丘信心不如在家居士者，在家居士信心不如在家女人者。何惑乎學佛者多，而成佛者少也。」❾

袾宏對僧團的差評也得到當代其他觀點的證實。小說

和筆記文學是相當有用的參考資料，提供了當時整個社會對出家人的共同印象。成書於萬曆年間的小說《金瓶梅》，❿呈現對於佛教的兩個看似矛盾的印象。這部小說一方面將佛教信仰和習俗刻畫爲根深柢固且普遍存在的社會現實，例如人過世之後總是會舉行佛教儀式（第八、六十二回）；設齋供養個別僧人、捐款修葺當地寺院，以及出資印經流通也都是書中主要角色樂於承擔之事（第五十七、八十八回）。西門慶眾妻妾最常從事的消遣之一，便是聽佛曲，也就是邀請尼僧至女眷住處宣卷，以及講述佛教故事（第三十九、五十一、五十九、七十四回）。尼僧受婦女歡迎的程度，或許與歌妓在男性聽眾的人氣不相上下。在這部小說中，西門慶的正室吳月娘代表虔誠的信徒，作者透過這個角色闡述佛教業報、輪迴、解脫等觀念，尤其在最終回（第一百回）當吳氏從業報的角度看清世間一切，同意獨子出家，此時作者很明確地處理上述佛教概念。

另一方面，這部小說極盡醜化個別僧尼的形象，作者毫不容情地指控他們犯了貪淫這兩條重罪：「看官聽說：原來世上，惟有和尚、道士并唱的人家，這三行人，不見錢眼不開，嫌貧取富，不說謊調詖也成不了的。」⓫《金瓶梅》作者諷刺的對象，多半是所謂的僧人敗德辱行。

表面上看來，這兩種態度互相矛盾，令人不解，但其實是東西方制度性宗教生活的典型特徵。在歐洲，對教會和

神職人員的不滿，造成一般信徒在異議人士和異教徒中尋求精神領袖，從十字軍東征初期到宗教改革，一直有各種救世主、叛教僧侶、神祕主義者和先知領導的宗教運動的傳統。❷這些運動受到基督教千禧年末世論的啓發，並且進而助長強化其傳統。在中國，對於末法時代與彌勒佛降生人間的信仰，導致祕密宗教會社的成立。自宋代以降，或可能始於更早以前，多數農民起事的意識型態來自於這些祕密會社，尤其是白蓮教和彌勒教。❸政治和宗教利益糾葛交纏，這些會社也都遭到朝廷迫害，以及正統佛教徒的譴責。在這方面，它們和中世紀歐洲的千禧運動有共通之處。

對大多數人而言，對僧團佛教的不滿促成兩個現象：居士佛教興起，以及儒家傳統吸收或借鑑若干佛教思想。在居士佛教這方面，爲順應儒家宗旨而有相當大的調整，❹但在家佛教徒至少必須皈依三寶，誓願受持五根本戒，因此即使他們被期待或甚至鼓勵要設法迎合儒家社會的要求，主要的擁護對象依然是佛教。至於第二個現象，當儒家借鑑佛教思想時，個人可以抱持源於佛教的見解或修持佛教儀式，但可能根本不承認自己在意識型態上忠於佛教。

也許我們可以再次以《金瓶梅》爲例來說明。在這本小說中，可能除了吳氏之外再也找不出其他可謂公開表明的佛教居士。潘金蓮和西門慶當然不是，但他們仍然請僧人爲家屬辦喪葬儀式、水陸，❺以及祭祀法會。書中另一角色李

瓶兒對佛教也沒有多大興趣，但她在幼子病重之際捐錢印經
（第五十八回）。印經免費流通是佛教極力倡導的善行，然
而李瓶兒這些舉動顯然是爲了讓兒子盡速痊癒，是本著安撫
神明的贖罪精神而做的，因此並不表示行善之人有意弘揚佛
法或從而啓發不信教者。

　　延請佛教神職人員主持喪葬儀式，如潘金蓮和西門慶
所爲，正是挪用的一個好例子。喪葬儀式，以及對亡者的哀
悼與獻祭，形成中國家族宗教的核心，通常稱爲「愼終追遠
的信仰和習俗」（the cult of ancestor worship）。佛教傳入
中國之前，這種家族宗教的基本原理和作法早已存在，這些
儀式的規則在《禮記》有明文規範。佛教傳到中國之後，業
報和輪迴等教義被納入靈魂不朽的傳統信仰中，尤其輪迴之
說融入中國「人死而其『魄』化爲鬼」的思想（「魄」是靈
魂中陰氣形成的粗重部分，與之相對的是由陽氣形成的細微
部分「魂」）。這種思想融合導致人們相信煉獄的存在，也
相信必須舉行可以讓受苦的遊魂早日解脫的宗教儀式。當
然，諷刺的是佛教教理並不認同靈魂存在的理論。因此，將
佛教的水陸法會納入中國傳統喪葬儀式有助於強化家族凝
聚力的儒家價值觀，卻破壞了佛教教義的完整性。由於這
個緣故，包括袾宏在內的許多佛教大師皆勸阻弟子參與喪葬
佛事。

　　如果僧尼如當時若干資料所述，早已道德淪喪、行爲

卑劣，那麼促使僧團進一步衰敗的原因是什麼？明代之前僧團腐化的過程早已開始。探討漢傳佛教史時，通常認為唐代是巔峰，宋代以後則為逐漸衰落時期。由於佛教同等重視佛、法、僧三寶，佛教的衰落必然意指教義僵化，以及僧綱不振。

　　唐代之後雖然新撰的經疏和論典持續問世，但是沒有任何僧人可媲美智顗、法藏或宗密，創作出集義理之大成的著作。然而，更重要的是僧團逐漸衰微。傳統上，僧團的生計與隆盛一向仰賴王室護持和一般民眾捐獻。確保這種護持的首要單一因素，就是僧眾維持一定標準的清淨行。而且，一個原本應該算是「寄生」的團體要獲得在家信眾護持，這是最有力的理由，因為理論上僧眾可以將致力於持戒、禪修的出家生活中累積的功德，迴向在家施主解脫苦難。另外有一點值得注意：引發社會大眾怒火的是僧人不守戒律，而教理缺乏創見或聰明才智不足顯然是並不值得注意的事。

　　要解釋僧團的沒落，或許可舉出兩大類原因。第一類是外因，也就是政府的干涉，有以下幾種形式：一、限制僧院、寺廟的數量；二、政治操縱度牒；三、建立僧官制度以便官僚控制。第二類是內因，也就是僧團理想的崩潰，這又來自三個因素：一、禪風墮落；二、輕忽戒律；三、世俗化。這種僧團內部的崩潰似乎對僧人素質造成更持久的影響，同時說明佛僧何以喪失社會大眾的尊敬。此一內在崩潰

也是袾宏鉅細靡遺探討的主題。可以想見袾宏出於畏懼，閉口不談朝廷政策，但他更有可能認爲僧團沒落背後的關鍵因素在於僧團內部。

寺院數量的限制

　　有關佛教僧團和道教教團的一切主要政策皆制定於明太祖在位時期。這些法律的設立兼具政治與經濟動機，就這方面而言，明代強制實行宗教管控的嘗試，無異於過去各朝代的類似作法。不過，除了這些實際原因之外，太祖的法令也對寺院惡劣不堪的景況表露一絲眞心難過之情，以及有意改革佛教組織的願望。1391 年頒布的詔令是典型的例子，其中表達太祖對佛教的看法：

　　　今佛法自漢入中國，歷曆數者一千三百三十年，非一姓爲君而有者也。所以不磨滅者爲何？以其務生不殺也。其本面家風端在苦空寂寞，今天下之僧多與俗混淆，尤不如俗者甚多。是等其教而敗其行，理當清其事而成其宗。❿

　　明太祖與其他帝王不同，他可以聲稱曾經親身經歷佛教出家生活。身爲貧苦之家的么兒，他十七歲時❿在一座可能是典型的農村小廟出家，成爲沙彌，在那裡度過幾年遊方僧生活。❿那座寺廟名爲皇覺寺，主事者爲高彬長老，不僅

娶妻而且生子。❿我們有充分理由認定，像高彬這種住持掌管的這種寺廟絕非特例。而且，在元朝末年的亂世中出家爲僧，通常涉及宗教之外的動機。研究明代的歷史學者吳晗在以下引文中簡要陳述這一點：

　　原來那時候出家當和尚也是一門行業，有的人很迷信，以爲當了和尚真的可以成佛作祖，這類人很少；有的人作了壞事，躲進佛門修來生；有的人殺人放火，怕受官府刑法，剃了頭穿了袈裟，王法就治不到了；更多的呢，是窮苦人家養不活孩子送來的。和尚吃十方，善男信女的佈施吃不完。❷

　　太祖出家生活的親身經歷顯然發揮一定作用，促使他制定新措施，強化舊法規，以規範佛教。先研讀這些措施和法規，再確定實際執行的程度——這將有助於本節的研究。❹

　　寺院數量的限制早在 1373 年就強制實行，《明實錄》洪武六年十二月有如下記載：

　　上以釋老二教近代崇尚太過，徒眾日盛，安坐而食，蠹財耗民莫甚於此，乃令府州縣止存大寺觀一所，並其徒而處之，擇有戒行者領其事。❷

這道法令有雙重目的：一是各縣集眾僧於一寺以便控管，二是禁止建立新寺院或改建毀於戰火的舊寺，以節省人力、物力等資源。然而，根據龍池清所見，❷這條法規並非全國適用，在適用地區也執行不了幾年。就地理而言，此法令實施地區僅限於近畿六個行政區域：應天府、太平府、鎮江府、寧國府、徽州府、廣德州。在這些地區執行這道詔令與經濟因素有關，龍池清指出，太祖幾乎在同時下令免除這些州府四年田賦。❷在太祖早年建國大業中，這六個地區曾經為了戰事捐助大量糧食和錢財，為表謝忱而有賦稅減免，並且訂定法規限制寺廟數量，藉此減輕當地人士稅負與護持該地寺廟造成的財務負擔。但是即使在這幾個有限的地區，這道命令也沒有執行很久，龍池清抽查《太平府志》有關寺廟的章節，發現 1373 年廢止的寺院最早在次年就重建了。❷

　　洪武二十四年（1391）頒布的詔敕進一步證明早前發布的命令效果不彰。這道詔令先對當時僧團的狀況表示痛惜，接著又說由於戰禍連年，僧人戒德淪喪，所以從此以後各府州縣官員必須審查轄區內的僧侶，找出離開本寺、混跡民間的出家人，集合眾僧，共同安置於所謂「叢林」的公有寺院，屬行出家戒律。❷這項命令後來成為法令，納入法律制度之中，《明實錄》洪武二十四年七月有如下記載：「詔天下僧道有私立菴堂寺觀非舊額者，悉皆毀之。」既然此處重申「舊額」（一縣一寺），可見 1373 年法令的執行情況

不理想，《大明會典》有一則記錄也證實這一點：「洪武二十四年令：凡各府州縣寺觀，俱存寬大可容眾者一所，並居之。」❷這條法令的用意和 1373 年類似，皆是將僧侶或道士集中一處以便監督。

　　准許留存的大型寺院是所謂的公有僧院，稱為「叢林」（或稱「十方叢林」）。傳統上這個佛教用語與「私廟」（「甲乙院」）成對比，主要差別在於推選住持的方式。十方叢林的住持由大眾推薦來決定。根據《敕修百丈清規》，「凡十方寺院住持虛席，必聞於所司，伺公命下。」❷再者，寺院住眾和在家護持者的看法也會納入考慮，對於任命新任住持，他們的意見所占的分量不亞於上級機關的命令。私廟的作法與此大不相同，住持繼承純粹是私人事務。這種寺廟為個別僧人所有，所以是私產，這個僧人過世之後，由他剃度的弟子之一接任住持。這種私廟稱為「甲乙院」，有人認為這是源於其住持繼任的規則：受度弟子某甲在前，受度弟子某乙繼之。❷太祖詔令廢除的寺院主要是針對這種私廟。

　　太祖將十方叢林分為三類，也就是他在 1391 年詔令中明示佛教必須「成其宗」之意。宋、元二代有三種寺院，分別專精禪（禪修）、教（經教）、律（戒律），各地的地方志也一直遵循這種分類，❸但明太祖取消律寺這個類別，而以專精宗教儀式的一類寺院取代。1382 年禮部正式昭告這

項變革，❸此時修訂後的分類是禪（禪修）、講（經教）、教（實際教導）。由以下的解釋可以明瞭這些用語的確切意義：

其禪不立文字，必見性者，方是本宗；講者務明諸經旨義；教者演佛利濟之法，消一切現造之業，滌死者宿作之愆，以訓世人。❸

從這段引文可知此處所謂「講」，即是宋、元時代的「教」，意指強調深入經教的寺院。雖然明代佛寺分類保留「教」這個用語，但用以指稱最後一類寺院，也就是著重法會儀式的寺院。這是新增類別，有時也稱「瑜伽寺」，❸專精密教儀軌，簡而言之就是「經懺」，亦即誦經拜懺；喪葬儀式和水陸法會，還有祈求長生、早脫病苦等儀式也隸屬這一大類別。由於這類寺院的僧人離寺前往在家信徒家中辦法會，所以稱爲「應赴僧」。❸從長遠來看，太祖重新畫分佛寺的作法結果影響深遠，也因此比其他管控措施產生更重大的效應。因爲此時強調戒律的寺院被專精宗教儀式的寺院取代，戒律逐漸廢弛，而僧人愈來愈商業化。在太祖採取行動之前，這兩個變化很可能已經發生，但我們可以確定他的措施增強了這個變化過程。

1391 年的詔書明訂主辦法會僧人的報酬：參與法會的

僧侶每人每天五百文，而主磬、寫疏、召請等三執事僧每人
每天各一千文。❸很難確知這項規定是否切實遵行，但是經
過一段時間，辦法會的收入的確變成出家人主要生計來源。
這項詔令頒布五百多年後，有一位佛教高僧法舫（1904－
1951）於 1934 年撰文痛陳中國寺院偏重經懺佛事的情況：

> 走偏全中國的寺廟，好像三門上都還是掛著一塊某某禪
> 寺的匾額，裡面的禪堂，卻都變成經懺堂水陸內壇，所住
> 的禪和子，都變成經懺師。❸

公告佛寺重新分類的同時，各種寺院僧服的顏色也有
規範。在《明實錄》洪武十五年（1382）十二月有如下記
載：「禪僧茶褐常服，青條，玉色袈裟；講僧玉色常服，深
紅條，淺紅袈裟；教僧皂常服，黑條，淺紅袈裟。」❸
根據龍池清的明初寺院研究，如各地的地方志所示，
三種佛寺中，第三類瑜伽寺占多數，❸他認為此一情勢發
展直接肇因於皇權給予教寺的優遇，在 1394 年頒布的詔令
中，這種對瑜伽教僧的偏袒特別引人注目：

> 除遊方問道外，禪、講二宗止守常住，篤遵本教，不許
> 有二，亦不許散居及入市村。其瑜伽，各有故舊檀越所請
> 作善事，其僧如科儀教，為孝子順孫以報劬勞之恩在上，

而追下者得舒慈愛之意。此民之所自願，非僧窘於衣食而
干求者也。一切官民敢有侮慢是僧者，治之以罪。❸

　　從這道詔令可以很清楚地看出太祖重新畫分佛教派別
的用意。鑽研經教與禪修是通往智慧的雙軌，兩者一向是佛
教強調的重點，但太祖對這些宗派的僧人設立種種限制，阻
礙其行動自由，卻賜予專事經懺佛事（尤其是喪葬薦亡法
會）的僧侶特殊待遇。雖然沒有確鑿證據顯示太祖有此動
機，但他可能認為，正因為瑜伽教僧在信仰和所受訓練上比
較沒有「佛教色彩」，也因此不可能對位居主流的儒家正統
構成威脅，所以應該給予更大的自由。事實上，瑜伽教僧在
喪葬薦亡相關儀式的專才，使得他們成為中國家族宗教的理
想專職人員。他們的貢獻可輕易併入儒家宗族主義：孝道得
以鞏固，也絕不會遭受佛教喪葬薦亡儀式的挑戰。而且，這
些儀式的梵唄、唱誦，以及全套相關法器，為葬禮或追思法
會增色，也增添莊嚴肅穆的氛圍。

　　其他宗派則造成全然不同的問題。萬一平民百姓和這
些宗派的僧人密切接觸，要是如此往來的時間夠久，這些百
姓若非改信佛教，至少也可能轉而支持佛教的生活方式。雖
然我們無法確認太祖禁令背後是否真的有這種理由，但他確
實有好幾次執意嚴格隔離僧人和普通百姓，甚至讓人們憂懼
會被檢舉，以便防止僧俗雜處。有趣的是，太祖表示提出這

個政策是為了維護佛教清淨。以下列舉有關這個問題的一些
規定：

> 僧合避者〔亦即禪、講僧〕，不許奔走市村，以化緣為
> 繇，致令無藉凌辱，有傷佛教。若有此等，擒獲到官，治
> 以敗壞祖風之罪。……凡住持并一切散僧，敢有交結官府
> 悅俗為朋者，治以重罪。❹

> 若有官及軍民之家，縱令妻女於寺觀神廟燒香者，笞四
> 十，罪坐夫男；無夫男者，罪坐本婦。其寺觀神廟住持及
> 守門之人不為禁止者，與同罪。❹

> 今後秀才并諸色人等，無故入寺院，坐食僧人粥飯者，
> 以罪罪之。❹

　　這種禁令由來已久，《全唐文》即載有唐玄宗在位時
頒布的類似詔令。❹這或許由於政治因素，因為寺院可能做
為叛亂或不法之徒的聚會處，這種情況也的確發生過。既然
白蓮教和彌勒教等會社曾經參與元末內亂，太祖可能以高度
懷疑的眼光看待僧俗結交，也可能因此採取法律制裁的手
段，極力加以限制。
　　然而，對於這項禁令，太祖的辯解完全沒有政治色

彩,他把大眾不敬佛僧歸咎於僧人本身道德水準低落。他在
禁止僧俗自由來往時,再次聲稱此舉能讓僧人變得「稀有難
得」,藉此維護僧團名聲。1394 年頒布的詔令巧妙地呈現
這個論辯:

> 僧寺庵院,一切高明之人本欲與僧扳話,顯揚佛教。奈
> 何僧多不才,其人方與和狎,其僧便起求布施之心,為此
> 人遠不近。……僧若依朕條例,或居山澤,或守常住,或
> 游諸方,不干於民,不妄入市村,官民欲求僧以聽經,豈
> 不難哉?如此則善者慕之,詣所在焚香禮請,豈不高明者
> 也?行之歲久,佛道大昌。❹

寺院建造的限制

　　太祖之後的幾位皇帝一再頒布命令,禁止新建寺院,
例如 1402、1417、1441、1445 年發布同樣的禁令。❺這些
詔令遵行到什麼程度難以確認,但是沒有理由相信它們會比
太祖在位時頒布的詔令更成功。其實,限制佛寺數量的政策
不過只是宣示宗旨,如果審視明末的情況,即可發現甚至這
個政策也不再得到官方的支持。袾宏重建雲棲寺毫無阻礙,
該寺位於一座北宋古寺舊址,想必不在禁令範圍之內。但是
其他僧人,尤其是德清,新建許多寺院,也未曾遭到主管機
關干涉。事實上,帶頭藐視這道禁令者,正是明代幾位皇

帝。英宗（就在重新頒布禁止重建廢寺的詔令次年）展開大
規模重建計畫，❻南京大報恩寺和北京大興隆寺分別於 1446
年與 1448 年重建。宦官王振是這些計畫的重要推手，因為
英宗年紀輕，且與王振關係密切，所以對王振的建議言聽計
從。順帶一提，這種聯盟是日後僧侶與宦官聯手的前兆；有
人指出，到了憲宗在位期間（1465－1487），佛僧與宦官
攜手合作已成為常態。關於大興隆寺的重建，《明實錄》記
載如下：

> 太監王振言其朽敝，上命役軍民萬人重修，費物料鉅
> 萬。既成，壯麗甲於京都內外數百寺……號第一叢林。命
> 僧作佛事，上躬行臨幸。❼

幾年後，景帝興建大隆福寺，耗費的人力和開支暴增
數倍。根據記載，大約九個月後，該寺於 1453 年竣工，役
使成千上萬士兵，花費白銀數十萬兩。❽這項工程進行時，
正值國家危急存亡之秋，距離前一任君王英宗因為土木堡之
變被敵軍俘虜不過數年。想到這一點，這項建寺工程的豪奢
就更具重大意義了。佛寺建造不准超過既定限額，但這項禁
令太祖之後的幾位君主光說不練，結果完全形同虛設。
　在袾宏有生之年，皇室資助的建寺計畫以前所未有的
規模進行。首先，佛教大護法慈聖皇太后於 1576 年自行出

資捐助，以興建慈壽寺。由於皇太后特別關注此事，皇親國戚和其他貴族也慷慨解囊，贊助這項工程。慈壽寺歷時兩年完工，據說「所費甚多」。❹次年，神宗也在北京開始建造另一座寺院：萬壽寺，據說建築比慈壽寺更壯麗。

我們已經探討新建佛寺的禁令，也看到朝廷本身有時對這道法令視若無睹的實例。由這種顯而易見的矛盾現象可見，就佛教的情況而言，帝王對佛教的好惡比中央政府採取的政治、法律或制度上的措施更具重大影響力。當我們檢視明代各個君主的宗教偏好時，也會發現彼此有明顯的矛盾，而且反覆無常。❺

明成祖，或稱永樂帝（1403－1424 在位），拜喇嘛僧哈立麻（De-bshin-gśegs-pa，德新謝巴）為帝師，並且尊稱為「西天佛子」。此後明代帝王持續護持佛教，直到憲宗朝道教突然占上風為止，憲宗寵信方士李孜省、鄧常恩，但是孝宗繼位（1488－1505 在位），作風丕變，漠視道教中人，佛教再度受到朝廷大力護持。孝宗崩逝，武宗繼位（1506－1521 在位），對佛教更為熱衷，他研究梵唄，與喇嘛共同吟誦，參加宮中舉辦的法會，自封佛教稱號「大慶法王」。然而，隨著繼任者世宗登基（1522－1566 在位），道教也再度得勢。世宗對佛教毫無興趣，卻熱衷參與道教齋醮儀式，他在位初期採納工部侍郎趙璜之言，刮除武宗在位時所鑄佛像表面的鍍金，因此取得黃金一千三百兩，

收歸國庫。世宗晚年寵信道士陶仲文，由於聽從其建議而下令焚毀佛骨萬二千斤。佛教遭受嚴重打擊，是整個明代佛教最黑暗的時期。不過，佛教並未就此告終，因為隨著神宗即位（1573－1619在位）而得到最後翻身的機會，袾宏一生弘化志業幾乎與此同時。

前文已指出，萬曆年間佛寺興建規模最為豪奢。佛教印經也在此時鄭重其事地展開，佛教《大藏經》得以刊印，並且分送全國各寺院。此外，剃度幼童以替代帝王、皇太子、親王出家的奇特作法也重新流行。關於這種習俗，似乎有兩種看法，根據《萬曆野獲編》作者沈德符，這是沿襲元代舊俗。沈德符陳述如下：

> 主上新登極，輒度一人為僧，名曰代替出家。其奉養居處，幾同王公。聞初選僧時，卜其年命最貴，始許披剃。❺

但他在另一篇文章似乎提出不同的觀點：「本朝主上及東宮與諸王降生，俱剃度童幼替身出家。」❺從這段話看來，這種習俗似乎只存在於神宗朝。吳晗提出另一種貌似更為可信的說法，他在有關《金瓶梅》與其社會背景的論文中寫道：「明列帝俱有替身僧，不過到萬曆時代替身僧的聲勢，則為前所未有。」❺

佛骨遭焚、佛像被毀的年代距離佛教達到如此巔峰之

時不過二十幾年,這實在令人難以置信。然而,縱使這種天差地別的待遇在明代比其他時期更引人注目,在漢傳佛教歷史上卻不是特例。佛教的命運總是和帝王個人一時的興致和不斷變化的愛好息息相關。

朝廷控制度牒

　　中、印兩地僧團最顯著的差別,在於前者屈從於官方管控的程度遠大於後者。佛僧正式屈服於世俗權威的具體實例是度牒制度,在中國,如果有人打算出家,必須先取得禮部祠部司核發的度牒,然後才能落髮入寺。朝廷透過限制度牒核發的數量,可以控制僧尼人口。由於僧團總是享有免除賦稅、傜役等優遇,國家自然不希望擴大這種特權,以免增加財政負擔。歷代朝廷皆試圖對申請度牒者施予種種限制,但在某些情況下,當政府急需用錢時,無論是因為飢荒或軍需,皇室也開始利用度牒,做為獲利豐厚的歲入來源。站在僧侶個人的立場,度牒的作用等同於身分憑證,有了這份文件才能證明持有者是出家人。不過,擁有度牒往往有利有弊,因為它雖然可以確保僧人在任何寺院掛單,享有免費食宿,也可以終身免除賦稅、傜役,但佛教戒律賦予僧侶的自主權也因此受到限制。

　　朝廷控制度牒的制度始於唐代,但其後各朝代對於度牒的要求和限額等規定卻不盡相同。在 747 年官方決定啟

動度牒制度之前，私度是普遍的作法。❹ 747 年頒布法令之後，表面上禁止私度，凡涉及私度者杖刑一百。❺平民（白衣）為了取得官度的資格，必須具備讀誦佛經五百頁的能力。❻這項要求在後周顯德二年（955）頒布的詔令中有更詳盡的規定，並且一直沿用到宋代。根據這道詔令，❼志願出家者必須得到父母與祖父母同意，若是孤兒，只要伯叔、兄長同意即可。男性必須十五歲以上，且能背誦經文一百頁，或讀經文五百頁；志願出家為尼的女性必須十三歲以上，且能背誦經文七十頁，或讀經文三百頁。地方行政官員測試求度者的能力之後，才能辦理求度出家事宜。私自剃度者一旦被發現，不僅遭勒令還俗，而且主持剃度儀式的僧人也將被發配服苦役三年，然後同樣勒令還俗。宋代每一州允許求度出家的名額，根據已載入該州僧籍的僧尼人數而制定，在籍僧尼總數每百人則可有一名新度僧尼，其尾數如果達到七十人，可再加一個新度名額。❺

　　正如大多數官僚體制的法規，以管控出家人為目標的法規並未徹底執行。早在唐代就有恩度（經過皇帝特別恩許而出家）和進納（透過購買度牒而出家）的措施，❺ 758 年肅宗在位時，允許人們以百緡購買度牒，據說安祿山之亂後，佛僧、道士買牒得度者超過一萬人。❻雖然賣牒的作法始於唐代，但是宋神宗在位時才成為國家政策。自 1067 年起，朝廷經常出售度牒以籌措國庫迫切需要的財源。❻

　　書面上限制出家，實則販賣度牒──這種相互矛盾的政策延續至明代，而明代君主讓這種矛盾達到前所未有、荒謬絕倫的地步，他們一方面嚴格限制僧侶人數，另一方面恣意鬻牒，規模遠勝於以往朝代。太祖在位初期，於洪武五年（1372）頒布以下命令：

　　　　給僧道度牒。時天下僧尼、道士女冠，凡五萬七千二百
　　　　餘人，皆給度牒，以防偽濫。禮部言前代度牒之給，皆計
　　　　名鬻錢，以資國用，號免丁錢。詔罷之，著為令。❷

如這道詔令所示，太祖有意廢除存在於宋、元兩朝的賣牒與課徵宗教稅的陋習，其主要目的如同限制寺院數量的決策，皆是為了讓國家能夠更牢固地管控僧團的數量與品質。1373年朝廷裁定求度出家者必須參加考試，以證明通曉佛典的能力，1395年重申此規定，明令所有佛、道出家人都必須赴京應試，未能通過考試者一律還俗。❸

　　同時在 1391 年，為了進一步限制宗教團體，禮部奉命「清理釋道」，自此以後，每三年才准舉辦一次剃度，而且佛、道僧侶人數也有限制，每府不得超過四十人，州三十人，縣二十人。若要出家，男性必須年過四十，女性則須年過五十。❹為了檢驗僧人的真實身分，1392 年僧錄司奉命造僧籍冊，編次京城內外寺院的僧人，登載內容包括每個僧人

的姓名、始爲僧年月，以及度牒字號。造冊完畢，即頒發給全國所有寺院，凡有僧人遊方行腳至寺院請求掛單，須核對籍冊驗明身分，如果籍冊中沒有登錄，此人冒名頂替之事即被揭穿，遭押解進京，治以重罪。凡是收留此人者，遭受同樣的懲罰。❻

雖然朝廷爲了確保僧人的品質與數量，採取這些預防措施，煞費苦心，但是從未成功地消除私度。據載 1407 年直隸和浙江大約有一千八百名軍民子弟（可能是逃避兵役者）私度出家，他們上京申請度牒時遭到逮捕，皇帝下令兵部將這些人的身分改爲士兵，發配遼東、甘肅戍守。❻毫無疑問，私度不只發生這一次，此處提到的事件只因被官方發現，所以留下歷史記錄，很可能有很多私度事件沒被發現。

不過，我們可以肯定地說，十五世紀中葉以前朝廷對於私度絕不寬貸，而是一貫地強化太祖的政策。成祖在 1418 年發布詔令，重申先前的限額，並且添加一些新規定。除了降低年齡限制的條款之外，其餘新規定皆無異於宋代：

今後願爲僧道者，府不過四十人，州不過三十人，縣不過二十人。限年十四以上，二十以下，父母皆允，方許陳告有司，隣里保勘無礙，然後得投寺觀，從師受業。五年後諸經習熟，然後赴僧錄道錄司考試，果諳經典，始立法

名,給與度牒。不通者,罷還為民。若童子與父母不願,
及有祖父母父母無他子孫侍養者,皆不許出家。有年三
十、四十以上,先曾出家而還俗,及亡命、黥刺者,亦不
許出家。❼

　　如同先前所見,對於有意剃度出家者,太祖設定的年
齡限制分別是男子四十歲以上,女子五十歲以上,成祖將這
項限制改為男子十四歲以上,二十歲以下(女子年齡限定沒
有明言),但這是取代還是補足前述太祖的規定,我們不得
而知。不過,雖然經過成祖的努力,私度依然是棘手的問
題。1435年頒布另一道詔令,禁止僧人私自簪剃,❽意指私
度。根據中國僧團的正規程序,出家為僧這條路的第一步是
獲得父母與官方許可,然後找到一座寺院,獲准成為寺內的
童行,必須在帶髮修學數年後熟悉佛經。下一步是申請度
牒,藉由展現具備所需知識,表明已做好準備採取第三步
驟,剃除鬚髮。若有人只是剃髮,立即現出家相,就打亂了
這個程序。隨著私度日益增多,更難以杜絕不良分子進入僧
團。1436年,十三道監察御史上奏皇帝,其中有如下觀察
所得與建言:

　　京師寺觀,有逃軍囚匠人等私自簪剃為僧道者,有因不
　　睦六親棄背父母夫男公然削髮為尼者。又且不守清規,每

遇令節朔望於寺觀傳經說法，誘引男婦，動以千計，夜聚
曉散，傷風敗俗。乞敕都察院禁約。❻

　　有兩個重要層面在景泰年間（1450－1456）出現關鍵
的轉捩點：在此之前，朝廷免費核發度牒，而且普遍遵守先
前詔令中設定的限額，但在此之後，這兩方面都產生變化。
如前文提及，自明代開國以來，每三年剃度一次，而且每一
府、州、縣皆設有定額。由於全國有一百四十七府，二百七
十七州，一千一百四十五縣，因此獲准剃度的僧人總數應該
是三萬七千零九十人。然而，景泰二年（1451）皇帝廢除每
三年剃度一次的限令，同時太監興安奉皇后旨意，令僧、道
五萬餘人得以剃度出家。這還只是開頭而已，憲宗在位期間
剃度人數再度攀升，1477 年有十萬名僧人得度，1487 年增
至二十萬人。❼
　　明代首次官賣度牒也發生在景泰年間，短短四年之內
朝廷（於 1451、1453、1454 年）三度販賣度牒。第一次賣
牒的直接原因是為了賑濟四川飢荒，刑部左侍郎羅綺上奏，
建議若人能捐米五石，運至貴州，即可獲得度牒。皇帝顯然
採納了他的建言。接下來兩次官賣度牒的起因也是經濟需
求。❼最初實施這個政策時，被認為是一種緊急措施，但是
此例一開，便為日後提供了方便之門。後來只要有飢荒，朝
廷一再訴諸賣牒的手段。不過，在此初始階段，表面上看來

朝廷依然有所管控，至少在理論上朝廷知道購買度牒者的姓名，因爲這項措施稱爲「記名度牒」。然而，自憲宗朝開始，情況日益失控。1484 年將空名度牒一萬份撥給山西、陝西的巡撫都御史，有意出家的人爲了換取一份度牒，必須捐粟十石至遭受飢荒的地區。同年次月賣六萬份度牒，買受者須納銀十二兩於十三布政司。佛教、道教受度出家者人數高達三十七萬，致使官員評論如下：「今之僧道，幾與軍民相半。」❷此時，朝廷甚至懶得記錄購買度牒者的姓名。

　　如龍池清的詳盡記載所示，自憲宗朝起，朝廷對於出家人生活的管控日漸廢弛，不僅不再作態要求申請度牒者提出適合出家的證明，而且恣意濫售度牒。經過數年之後，價格上揚，程序也簡化了。武宗在位期間，度牒買賣不是以米計價，而是以銀兩（此時一份度牒賣八到十兩銀子），後續幾位君主持續以銀兩取代米糧報價。雖然世宗對佛教懷有敵意，卻全然不反對販賣度牒。1540 年，就在袾宏出生後不久，新法令開始施行，此時若有人想出家，但住在京城之外的地區，可至布政司繳納十兩銀子，根本不必上京。❸

　　1555 年的詔令有如下規定，進一步闡釋這個程序：有意出家爲僧者，應至各府州縣繳納所需費用，各級主管機關於年終造冊，連同庫收繳送戶部，由戶部給與購買者號紙一張，咨送禮部填給度牒。❹根據這項條款，購買者似乎不需要親自赴京，可以委託他人代辦。這個想法在 1573 年的一

道裁決中得到證實，其內容如下：禮部可印發空頭度牒，通行各處召納。如有來京請給者，赴戶部納銀五兩，發號紙送禮部給牒。❼

　　最後這條規定一直施行到明代結束爲止。既然度牒販售如此制度化，任何人只要付得起所需價格，要出家爲僧並非難事。明初兩位君主苦心孤詣設立的資格條件和限額，全部被撤銷。若要維持任何標準規範，只能仰仗各寺院的住持。如本書第八章所示，袾宏爲有意依止雲棲寺爲童行或求度受戒者，設立明確規定，其中大部分類似明初朝廷的規範，但另有些規定甚至更加嚴格。當朝廷不再試圖管控僧人的品質與數量時，僧團就得擔起自省、自評之責。最後，僧團就這樣奇妙地重新取回其自治權。

僧官

　　僧官制度歷史悠久，傳統上將此制度的建立歸功於後秦（384－417）姚興。宋代佛教大師契嵩（卒於1072年）追溯僧官制度的演變如下：

　　　　僧置正……非古也，其姚秦之所始也。……宋〔420－479〕、齊〔479－501〕、梁〔502－557〕、陳〔557－587〕四代亦沿秦而置正。二魏〔西魏（535－554）、東魏（534－549）〕、高齊〔550－577〕、後周〔557－

581〕革秦之制而置統。隋〔581 － 618〕承乎周亦置之統，唐〔618 － 906〕革隋則罷統而置錄。國朝〔即宋代〕沿唐之制，二京則置錄，列郡則置正。❼⑥

契嵩在文中另一段落對於僧官設置的理由表達不滿，並且提出質疑，他還說這是佛教傳入中國大約五百年後才開始的新制度，此處所提的年代略晚於一般認定時間。❼⑦

> 籍僧者，非古也，其暴周〔北周武帝，561 － 577 在位〕之意耳。僧也者，遠塵離俗，其本處乎四民〔士農工商〕之外。籍僧乃民畜僧也。吾聖人之世，國有僧以僧法治，國有俗以俗法治，各以其法而治之也，未始聞以世法而檢僧也。❼⑧

對於僧官制度感到不滿是唐代以後佛教僧人的典型反應，這是因為唐代是此制度演變的轉捩點。唐代以前官僚化的程度比較低，佛教僧團仍享有一些自治權，除了謀殺等重大罪行之外，僧人僅受僧官審判，而僧官量刑的依據不是國法，而是僧團的律法。根據資料可知北齊有僧官稱為「斷事沙門」，執掌犯戒僧人的審判。❼⑨自唐代開始，僧官僅有名義上的司法權，除了寺院住持有權懲處違反僧團戒律的輕罪之外，僧人的犯罪對象如果是平民百姓，很可能遭到民事起

訴。面對中央政權，僧團不再享有先前的治外法權。㉚

　　唐代也果斷地將僧官的其他層面制度化，中央與地方僧官的數目、職稱、職責最早正式確立於唐代。起初，姚興僅任命四位僧官，職位最高的是「僧正」，負責監督管理整個僧團，官職相當於侍中，位居文官等級制度中的第三品。協助僧正的僧官稱爲「悅眾」，其職責類似佛教事務的總經理，位階次於僧正。僧正、悅眾之下，有兩位「僧錄」，負責記錄與僧團相關的事務，並且關注翻譯計畫和其他重要活動。這四位僧官皆由僧人擔任，由朝廷賜予俸祿、車乘和僕役。㉛

　　各寺院職務的設置首創於魏朝，稱爲「三綱」，即「上座」（superior）、「寺主」（rector）和「維那」（precentor），這些職位一直持續至今，雖然確切職稱或有變動。㉜一般而言，上座爲三綱之首，必須由德學兼備著稱的戒長比丘擔任，是一寺的領導者，寺主負責整個寺院的日常事務，而維那只負責關於僧人的事務。

　　整個初唐時期的僧官只有三綱，朝廷並沒有新設其他任何官職，㉝這個時期的僧尼歸鴻臚寺（禮賓司）管轄。但是 694 年武后改變這項措施，改由祠部（祭祀司）掌管僧尼，這表示對僧團態度的轉變，因爲在此之前僧尼被視爲外國人，而此時在朝廷眼中則無異於中土其他百姓。不過，這並未徹底確立佛教徒在中國的身分地位，後來僧尼的管轄權

再度在這兩個部門間來回轉換。❷這方面的裁決反映出帝王大致上對佛教採取的態度，即使到了宋代依然發生類似的轉換和改變。❸

代宗在位期間（763－779）開始設置專門管理僧尼的官職，稱為「功德使」，掌管整個佛教僧團，一切與剃度出家規定有關的事務，諸如捨俗出家的許可、求度者通曉經典的能力測驗，核發度牒等，理論上都屬於功德使的管轄範圍。這個官職處於祠部與僧團之間。779 年代宗駕崩之後，此官職一分為三：首都長安左、右街功德使，以及東都洛陽功德使。❹然而，這些官職未必全由僧人擔任，根據宋代僧人贊寧（卒於 996 年）所著的《大宋僧史略》，這些職位經常授予太監或功在社稷的軍官，以示君主的恩寵。❺相較於此前唯有僧人才能出任僧官，此時這種作法顯然大不相同。

大約在九世紀初又新增左、右街僧錄這兩種僧官，由僧人擔任，負責所在地區的整個僧團。❻他們受到功德使名義上的監督；功德使通常只是榮譽頭銜，不具實權，沒有實質作用，但僧錄肩負實際督導佛教僧團的職責。❼

日本遣唐使圓仁（793－864）自 838 至 847 年入唐參訪，他在巡禮日記中於 839 年有一則記載，描述他當時所知的僧官品級如下：

　　凡此唐國，有僧錄、僧正、監寺三種色。僧錄統領天下

諸寺，整理佛法。僧正唯在一都督管內。監寺限在一寺。
自外方有三綱并庫司。❾

　　根據圓仁的記錄，到了中唐，中央和地方皆設置僧官，宋代
也遵行這套制度。❾然而，中央與地方僧官的劃分，理論上
的意義大過於實質的存在，因為這兩個層級僧官的職責與功
能大幅重疊，往往很難判斷兩者之間的確切關係。舉例而
言，雖然僧錄理應任命地方的僧正，但實際上，如圓仁記載
的一段軼事所示，任命者是文官（宰相）。❾到了宋代，中
央的僧錄對於僧團只有名義上的管控，實際上唯有京城內寺
院的相關事務他們才擁有發言權。❾

明代僧官

　　明太祖一登基就優先進行的行政措施之一，即是任命
僧官以控制宗教團體。洪武元年正月（1368）於南京天界寺
設立善世院，掌管一切有關佛教僧尼的事務。他也設立玄教
院，監督管理道教團體。❾從現存資料可知善世院四位僧官
的職稱，以天界寺住持慧曇為首。❾雖然不清楚他們工作內
容的細節，但主要職責在於任免名剎住持，以及懲處犯罪的
僧人。但是明代建立僧官制度的第一次嘗試猶如曇花一現，
慧曇次年退位之時，這個制度似乎再度崩潰。目前還不清楚
善世院何時廢止，❾中央僧錄司何時成立以取代善世院也不

得而知，不過，1382 年僧錄司已經存在，因為《明實錄》
該年有一項記載言及僧錄司的官員與職責。❾

　　根據 1382 年的法令，中央僧錄司掌管京城和其他各地
的僧尼。京城有僧官八員：左右善世，正六品；左右闡教，
從六品；左右講經，正八品；左右覺義，從八品。就地方而
言，府設僧綱司，內置都綱、副都綱各一員；州設僧正司，
內置僧正一員；縣設僧會司，內置僧會一員。都綱官階為從
九品，自副都綱以降，各僧官不授官階（未入流）。不過，
有些地方僧官有名無實，只有僧綱司於 1382 年下半年奉詔
令而成立，僧正司和僧會司則被視為多餘，從未設置。❾

　　中央僧錄司的僧官不僅獲得行政位階，而且自 1392 年
起也領俸祿。善世月領十石米，闡教、講經、覺義每月各領
八石、六石五斗、六石。就地方僧官而言，都綱月領米五
石，但是自副都綱以下的僧官皆無俸祿。❾

　　京城諸僧官的職責皆仔細界定。左善世負責監督管理
禪修、公案研究，以及一般宗教修持。右善世監督僧錄司其
他七名僧官的工作，並且主持求度出家者的考試。兩位闡教
協助監督禪修，兩位講經負責照顧施主，向他們開示佛法，
兩位覺義的職責是根據僧團戒律管理僧眾，懲處違法行為僅
涉及僧團內部（與其他僧人口角）的犯戒僧人。當僧人犯下
民事或刑事罪行，事涉整個社會，則必須送交正規民事主管
機關，因為這已超出僧官的管轄範圍。地方僧官的職掌沒有

像中央高級僧官那樣明確的界定。

明代國都位於南京時，僧錄司設於京城大刹天界寺內，僧官通常是寺內的執事僧，例如左善世是首座，闡教可能是知客，覺義則由監寺擔任。雖然僧官看似擔任獨立職務，實則由天界寺的執事僧兼任。遷都北京之後，僧錄司再度設立於大寺院內，極有可能是慶壽寺。⑩同樣的安排也適用於僧綱司，這種地方僧署往往設於府內最大或最著名的佛寺。

明代僧官的效能非常令人懷疑，如同太祖對佛教的其他措施，僧官制度的規畫華而不實。僧官原本應該做為朝廷與僧團之間的媒介，代表朝廷管理僧眾，因此應對朝廷負責。太祖為了落實問責制而試圖採取另一項措施，是奇特而為時短暫的砧基道人制度。⑩禮部奉命發布公告，全國大寺設砧基道人一員，掌管砧基簿（記載土地、建物的簿冊），為寺院繳交地稅，通常也擔任寺院的代理人。這是唯一獲准與朝廷有業務往來的僧人，若寺院僧人有任何問題或困難，應該向砧基道人反映，任何人都不准越過砧基道人，直接找地方當局。⑩但是這項政策不久即中止，因為有擔任砧基道人者濫用權力，虐待同寺僧人。⑩

僧官制度和砧基道人一樣，主要設置目的皆是為了便於官僚掌控。僧人與全體人民隔離開來，而且特別嚴禁與朝廷官員有任何接觸。如果這套制度運作得宜，僧官即擔任管

理全國僧尼的行政官員，朝廷只需問責僧官，便可藉此嚴密監視所有出家人。同時，秉持正統儒家觀念的政府官員可以受到保護，以免與一般僧人頻繁接觸而可能遭到不良影響。

　　雖然僧官制度存在的時間比砧基道人久，但是其成績同樣不理想。無論明代早期僧官可能發揮何等功能，十五世紀中葉英宗朝之後僧官不再具有任何實質效用。隨著鬻牒愈演愈烈，僧官的販賣也變成一門有利可圖的生意。根據《明實錄》，1482 年一個僧官官職的現行價格是一百二十兩銀，或一百石米。僧官的數量也急遽上升，成化年間（1465－1487）的增長率極為驚人，1486 年僧錄司有僧官九十八人，而非最初規定的八員。後繼君主在朝時，數量增至一百二十人，最後到了嘉靖（1522－1566）初年高達一百八十二人。⑩朝廷偶爾試圖降低僧官數量，但直到萬曆年間（1573－1619）才終於降至四人（左覺義一員、右覺義三員）。

　　隨著僧官人數增加，此官職的性質也產生巨變。僧官對於佛寺和僧尼沒有實質行政權，反而逐漸變成僅代表不甚光彩的官銜。實際上，名剎住持的權力與威望通常遠勝於僧官。從以下兩個例子可以看出這種變化。明初 1388 年弘道法師出任左善世，奉旨於京師名剎如靈谷、天界、能仁、雞鳴等大寺住持出缺時，行使選補住持之權。擔任住持的資格條件包括嚴持戒律、通諳經典。左善世有權考核全國各地候

選僧人，如果沒有適當人選，也可裁定讓住持一職從缺。**⑩**

到了明末，這種情況不復存在。

根據沈德符（1578－1642）在《萬曆野獲編》關於南京住持的描述，情況已大為改觀。誠然住持依然必須由禮部考選，而不再由左善世負責，但是讓他印象最深刻的是住持的權力、榮耀與世俗風雅，從他的敘述中完全看不出僧官的重要性。另外值得注意的是，此時佛教精英對於文學素養的重視勝過宗教修持。據沈德符所述：

> 兩京〔北京、南京〕僧人，俱屬祠部。每缺住持，則祠部郎中考其高下，以居首者填補。往游多陵見三大寺，首僧儀從甚部。蓋靈谷、天界、報恩三大剎為最，所領僧幾千人，而棲霞等五寺次之。靈谷寺住持，年甫弱冠，姿貌清粹。出考卷見示，則皆四股八比，與儒家無異，亦有新詞綺句，其題則出《金剛》、《楞嚴》諸經。其入選者，亦稱祠部郎為座師，呼其同輩為敝寅，堪為破顏。**⑯**

■ 註釋

❶ 劫，梵文 *kalpa*，巴利文 *kappa*，意指世界的一個循環週期，這是近乎無限長的時間單位，分為數目不固定的「無央數」（阿僧祇，梵 *asaṃkhyeya*，巴 *asaṅkheyya*）。公元五世紀活躍於斯里蘭卡的學問僧覺音（Buddhaghosa）談到一劫之中有壞、壞住、成、成住四期，也探討每個週期結束時的三種壞滅，分別由火、水、風災造成。《清淨道論》第十三章，收錄於 Warren，*Buddhism in Translations*，頁 315-330。然而，如覺音所述的世間惡化過程與最終毀滅並非唯一的傳統說法，《長部》第二十六經有略微不同的版本。在此經中，地球的惡化並未造成完全毀滅，只是敗壞至極，然後情況開始好轉：「世間惡化至極之際，人壽只有十歲，女子五歲即嫁。是時世間糧食稀少且粗糙，傳統善良風俗蕩然無存，淫亂敗行充斥，包括種間雜交。然而，人類自見其惡而心生懺悔，改過修善。由於眾人再度開始行善，人的壽命、健康、財富也隨之增加。人壽從十歲增至二十歲，又從二十歲延長至四十歲，如此輾轉增長乃至八萬歲，此時女子年五百歲才出嫁。爾時彌勒如來出現於世，隨之出現有智慧的轉輪聖王，令天下太平富足。」Winston L. King，*A Thousand Lives Away*，頁 105-106。

❷ 根據 King 和 Gombrich（*Precept and Practice*，頁 287-293）各自從緬甸和斯里蘭卡當地得到的資料，佛教逐漸衰落將歷時五千年左右。King 進一步記述，根據上座部佛教徒的說法，佛教的影響力消失有五個階段：「佛教的消失有五階段，每階段大約為期一千年，接連發生。首先消失的是須陀洹（入流）以上的果位（二果斯陀含、三果阿那含、四果阿羅漢皆不再出現），接著從世間消失的是佛教的善行，然後佛法本身也消失，從阿毘達磨開始，接下來增支部、相應部、中部、長部、小部漸次消失，最後連本生故事和律

藏皆不復存在。到了第四期，佛教沒有任何出家人。最後一階段，佛教僅存最大的寶藏，亦即佛與聖賢的遺骨，聚合而成一佛像，但唯有天人看得見，最後也全然消失。於是，世間在五千年內喪失佛的教化，也因此任何眾生都不可能在涅槃道上有所進展，即使器世間本身或許不會立即崩解。目前的觀點認為，釋迦牟尼佛的教法正好處於佛教最終消失前的中點（二千五百年），所以此時佛教徒必須各自努力，以逃脫佛法全然消失於世的災難，求生善趣。」King，*A Thousand Lives Away*，頁 106。

❸ 一、正法時期五百年，像法時期五百年；二、正法五百年，像法一千年；三、正法一千年，相法五百年；四、正法一千年，像法一千年。參見陳觀勝，*Buddhism in China*，頁 298。

❹ 同上，頁 298-300；矢吹慶輝，《三階教の研究》。

❺ 中峯明本（1262－1323），錢塘人（今浙江），在天目山高峰原妙禪師座下修學，達到很高的悟境，元仁宗賜號「佛慈圓照廣慧禪師」，其著作包括《中峰廣錄》和《中峰雜錄》。明本和以下兩位法師對於禪與淨土的見解，詳見第三章。

❻ 天如惟則（活躍於 1341 年），吉安永新人（今江西），中峰明本的弟子，住在姑蘇的師子林。著有《淨土或問》，主張禪淨雙修。另外還有《天如惟則禪師語錄》九卷傳世。

❼ 楚石梵琦（1296－1370），明州象山人（今浙江），其語錄共二十卷，收錄於《續藏》。他的生平、語錄，以及其《淨土詩》的十則摘錄，收錄於袾宏的《雲棲法彙》17，《皇明名僧輯略》，頁 2a-12a。

❽ 《雲棲法彙》24，頁 30a，〈古今人不相及〉。

❾ 同上，頁 26a，〈僧俗信心〉。

❿ 根據吳晗的看法，這部小說成書年代約在萬曆十年至三十年間（1582－1602），最早也不會早於隆慶二年（1568），最晚則不過萬曆三十四年（1606）。《金瓶梅與王世貞：其著作時代及其社會背景》，頁 72-73。鄭振鐸沒有提出確切年代，但認為此書顯然是

萬曆年間的作品，而不是嘉靖時期之作。吳晗否認此書作者為王世貞，鄭振鐸並未討論作者的問題。參見鄭振鐸，《插圖本中國文學史》，頁 921。

⑪ 有關這部小說的探討，根據的版本是《金瓶梅詞話》萬曆本（序於萬曆四十五年，1617 年），五卷，東京：大安株式會社重印，1963 年。參見《金瓶梅詞話》，卷 1，第 20 回，頁 487。

⑫ 參 見 Norman Cohn，*The Pursuit of the Millennium: Revolutionary Millenarians and Mystical Anarchists of the Middle Ages*。

⑬ 施友忠（Vincent Y. C. Shih），"Some Chinese Rebel Ideologies"；重松俊章，〈唐宋時代の弥勒教匪〉；陶希聖，〈元代彌勒白蓮教會的暴動〉；小笠原宣秀，〈元代白蓮宗教団の消長〉；李守孔，〈明代白蓮教考略〉；歐大年（Daniel L. Overmyer），*Folk Buddhist Religion: Dissenting Sects in Late Traditional China*。

⑭ 參見本書第四章。

⑮ 嚴格說來，水陸法會不同於葬禮，在葬禮之後舉辦。例如武大郎死後三天下葬，而死後百日舉行的宗教儀式稱為「水陸」，目的應該是要超度亡靈脫離地獄。水陸法會歷時一日，結束後將死者的牌位燒化，至此與死亡有關的所有儀式才算圓滿完成。所謂「水陸會」的完整儀式本來是密教儀軌，傳統上認為最早始於梁武帝，是為了「普度」而舉辦。「水陸」一詞意指死於水中或陸上的孤魂，無人供奉。因此，水陸法會也和「放焰口」（施食餓鬼）有關，在歷時七日的水陸法會中，也會放焰口。袾宏修訂水陸法會的儀文，這個修訂本稱為《水陸儀軌》（《雲棲法彙》18、19），自此以後在中國成為權威版本。關於水陸法會歷史與演變的詳盡研究，參見牧田諦亮，《中國近世佛教史研究》，頁 169-193。尉遲酣（Holmes H. Welch）在他的著作 *The Practice of Chinese Buddhism 1900-1950* 中，將「水陸法會」英譯為 plenary mass，並且於頁 190-191、198-199、231-233、296-297 描述民國時期水陸法會的舉辦情形。根據《金瓶梅》第八回的描述，水陸法會歷時一天，但法事中包含禮拜

梁皇懺、請降十方諸神，以及召亡施食等儀軌。作者描述的水陸可能是當時通行的形式，當然，也可能是袾宏修訂本勾勒的水陸儀軌標準程序當時未被採用。

⓰　《釋鑑稽古略續集》，卷2，《大正藏》，冊49，頁936a-b，「申明佛教榜冊」。

⓱　《皇朝本紀》，轉引自吳晗，《朱元璋傳》，頁8-18。

⓲　吳晗，〈朱元璋年表〉，同上，頁236。他記錄當時朱元璋的年齡為十七歲（1344年）。

⓳　《皇朝本紀》記載：「時師且有家室，所用弗濟。」轉引自吳晗，《朱元璋傳》，頁18。

⓴　吳晗，《朱元璋傳》，頁10。

㉑　此一概要的原始資料來源有《明實錄》、《大明律》、《大明會典》、《明會要》，以及《釋鑑稽古略續集》，幾位日本佛教史學者的傑出研究結果也是筆者借鑑的對象。

㉒　《明實錄》，洪武六年十二月，卷86，冊4，頁1537；《明會要》，卷39；《大明會典》，卷226，頁2979。

㉓　龍池清，〈明初の寺院〉。

㉔　同上，頁15。

㉕　同上，頁15-16。參見龍池清提供的九座寺院重建年代列表。

㉖　有些僧人看來似乎不僅離寺而居，而且有妻室。洪武二十七年有一道詔敕：「一僧有妻者，許諸人捶辱之，更索取鈔錢，如無鈔者，打死勿論。」《釋鑑稽古略續集》，《大正藏》，冊49，頁938b。

㉗　《大明會典》，頁2979。

㉘　《敕修百丈清規》，卷3，《大正藏》，冊48，頁1123c。

㉙　見「度弟院」條，道忠，《禪林象器箋》，頁8。

㉚　龍池清，頁10。有關現代的分類方式，見尉遲酣，*The Practice of Chinese Buddhism 1900-1950*，頁395-408。

㉛　《明實錄》，洪武十五年十二月，卷150，冊6，頁2368。

㉜　《釋鑑稽古略續集》，《大正藏》，冊 49，頁 932a。

㉝　例如洪武二十四年的詔令中。

㉞　在 *Practice of Chinese Buddhism*，頁 492，尉遲酣提到，「應赴僧」一詞最早出現於 1735 年乾隆發布的一道諭旨，詔書中命令有妻室的僧人還俗或住在循規蹈矩的寺院清修。但是這個詞早已出現於明代郎瑛所撰的筆記體著作《七修類稿》。見「僧衣」條，文中「瑜伽僧」一詞之下，有小註解釋：「今赴應僧也。」郎瑛，《七修類稿》，冊 1，頁 360。

㉟　《釋鑑稽古略續集》，《大正藏》，冊 49，頁 936c。這份文件是洪武二十四年六月一日頒布的〈申明佛教榜冊〉。

㊱　法舫，〈今日中國佛教的現狀〉，《海潮音》，1934 年 10 月。轉引自牧田諦亮，《中國近世佛教史研究》，頁 169。

㊲　《明實錄》，洪武十五年十二月，卷 150，冊 6，頁 2368。不過，《七類修稿》關於僧衣顏色的描述略有不同：「今制禪僧衣褐，講僧衣紅，瑜伽僧〔即應赴僧〕衣蔥白。」（冊 1，頁 360，「僧衣」）。

㊳　龍池清，〈明初の寺院〉，頁 28。

㊴　《欽錄集》，洪武二十七年詔書，轉引自龍池清，頁 27。

㊵　《釋鑑稽古略續集》，《大正藏》，冊 49，頁 938b-c。這道聖旨頒布於洪武二十七年（1394）正月八日。認為僧侶化緣會「敗壞祖風」的論點自然令人啼笑皆非，也暴露出立法者對佛教傳統的無知。佛陀每日化緣乞食，上座部佛教國家至今依然奉行這個傳統──雖然作風有點形式化。一直以來，化緣乞食不僅被視為佛教出家人的正命（亦即正確的謀生方式），也是鍛鍊謙遜與不執著等心性的一種方式。

㊶　《大明律》，卷 11，〈禮律〉，頁 33b。

㊷　《杭州上天竺講寺志》，卷 11，轉引自龍池清，頁 27。

㊸　玄宗，〈禁百官與僧道往還制〉，以及〈禁僧俗往還詔〉，於《全唐文》，卷 21、卷 30。

㊹ 《釋鑑稽古略續集》，《大正藏》，冊 49，頁 938c。這道聖旨頒布於洪武二十七年，相當於 1394 年。

㊺ 間野潛龍，〈明代中期の仏教對策——英宗朝を中心として〉。

㊻ 同上，頁 23。

㊼ 《明實錄》，正統十三年二月，卷 163，冊 29，頁 3157。

㊽ 《明實錄》，景泰四年十月，卷 227，冊 33，頁 4970。

㊾ 沈德符，《萬曆野獲編》，收錄於《元明史料筆記叢刊》（上海，年代不詳），第二冊，頁 686。

㊿ 這段簡要概述主要是根據《萬曆野獲編》，頁 679，〈釋教盛衰〉；頁 684，〈僧道異恩〉；頁 683-684，〈主上崇異教〉。

(51) 同上，頁 683。

(52) 同上，頁 686。

(53) 吳晗，《金瓶梅與王世貞：其著作時代及其社會背景》，頁 58-59。

(54) 陳觀勝，*Buddhism in China*，頁 242-243。

(55) 此事載於《故唐律疏議》，卷 12，轉引自小川貫弌，〈宋元明清に於ける教団の構造〉（以下簡稱〈教団〉），頁 290。

(56) 肅宗乾元元年（758）頒布的詔令。見《釋氏稽古略》，《大正藏》，冊 49，頁 827c。然而，核發度牒前測試童行（行者）解經能力的制度，先前即爲中宗創制，於神龍二年（706）八月下詔，規定童行必須通達經義，才能剃度爲僧。見《大正藏》，冊 49，頁 827c。

(57) 全文引用於塚本善隆，〈宋時代の童行試経得度の制度〉，頁 52。

(58) 這項規定載於《慶元條法事類》，轉引自塚本善隆，頁 61。

(59) 陳觀勝，*Buddhism in China*，頁 247-248。另見〈教団〉，頁 295；塚本善隆，頁 57。

(60) 《釋氏稽古略》，《大正藏》，冊 49，頁 827c。

(61) 陳觀勝，*Buddhism in China*，頁 391-393。另見塚本善隆，頁 59-

63。

㉒ 《明實錄》，洪武五年十二月，卷 77，冊 4，頁 1415-16。免丁
錢，爲南宋高宗於 1146 年開始創制，稱爲「清閑錢」，徵收對象
遍及所有佛僧、道士，金額自十千至一千三百，分爲九等，只有年
過六十或殘疾者得以豁免。參見《佛祖統紀》，卷 47。

㉓ 《大明會典》，卷 226，頁 2979。

㉔ 《明會要》，卷 39，頁 696。提高年齡限制的目的，無疑是爲了防
止年輕人勞動力的流失。

㉕ 《大明會典》，頁 2979。

㉖ 《明會要》，卷 39，頁 695。

㉗ 《明實錄》，永樂十六年十月，卷 205，冊 14，頁 2109。

㉘ 《明實錄》，宣德十年十一月，卷 11，冊 22，頁 210。

㉙ 《明實錄》，正統元年，卷 17，冊 22，頁 340。

㉚ 《明會要》，卷 39，頁 696。

㉛ 《明實錄》，景泰二年七月，卷 206，冊 32，頁 4422。1453 年賣
牒是爲了供應糧餉給赴四川剿滅匪徒的官軍，代價是五石米。1454
年賣牒的目的是要供應口外萬全等處的軍事糧倉，代價飆升至二十
石米。參見龍池清，〈明代に於ける賣牒〉，頁 282。

㉜ 《明實錄》，成化二十年。官員評論載於《明實錄》，弘治九年
五月。轉引自龍池清，頁 285。這項評論顯然言過其實，根據何炳
棣所言：「接近十四世紀末，中國實際人口數可能超過六千五百
萬……然而，後來的明代人口報表顯示，十五世紀前半葉人口數略
爲下降，而後人口大約維持在六千萬左右的水平。」參見 Studies
on the Population of China, 1368–1953，頁 9（中譯本：葛劍雄譯，
《明初以降人口及其相關問題（1368-1953）》，中華書局，2017
年）；尉遲酣，Practice，附錄一。

㉝ 《大明會典》，轉引自龍池清，頁 288。

㉞ 同上。

㉟ 同上。

❼ 契嵩，《鐔津文集》，〈輔教編〉，《大正藏》，冊 52，頁 658c。

❼ 服部俊崖，〈支那僧官の沿革〉，頁 399-400，提到僧官首次被提及的年代是 398 年，而正式任命為 405 年。陳觀勝指出，「就目前已知，為了行使這項管控而最早設置的政府機構是北魏統治者所設的『監福曹』，成立年代很可能是 396 年。」陳觀勝也採用《釋老志》的記載，確認第一位僧官是法果，其職稱為「沙門統」。參見陳觀勝，*Buddhism in China*，頁 253。

❼ 契嵩，《大正藏》，冊 52，頁 658b。

❼ 服部俊崖，頁 404。

❽ 高雄義堅，〈宋代僧官制度の研究〉，頁 14。明代僧官特別受命裁決的是僧人不守戒律的案件，而非民事犯罪。「凡內外僧道二司，專一檢束天下僧道恪守戒律清規，違者從本司理之，有司不得與焉。若犯與軍民相干者，方許有司懲治。」《明實錄》，洪武十五年四月，卷 144，冊 5，頁 2263。

❽ 服部俊崖，頁 400。贊寧，《大宋僧史略》，《大正藏》，冊 54，頁 245b。

❽ 服部俊崖，頁 403。尉遲酣對這些職位的英譯與本書不同，他將「上座」譯為 "rector"，「寺主」譯為 "prior"。參見 *Practice of Chinese Buddhism*，頁 35。

❽ 贊寧，《大宋僧史略》，《大正藏》，冊 54，頁 243c。

❽ 同上，頁 245b-c。例如 727 年玄宗採納中書、門下的奏議，將僧團劃歸鴻臚寺管轄，但這項措施卻在次年撤銷，改由祠部檢校。846 年武宗滅佛期間，佛教僧團再度由鴻臚寺接管。

❽ 高雄義堅，〈宋代僧官制度の研究〉，頁 2-3，5-7。

❽ 贊寧，《大宋僧史略》，《大正藏》，冊 54，頁 245c。

❽ 同上，頁 246a。根據陳觀勝的陳述，功德使「通常不是僧人，而是有權勢的太監，他們趁此職務之便，大肆中飽私囊。」見 *Buddhism in China*，頁 256。

(88) 《大宋僧史略》，《大正藏》，冊 54，頁 243c。

(89) 關於這點，高雄義堅對於宋代僧官的描述可以為證。根據他的陳述，僧眾自 960 年至 1078 年隸屬功德使管轄，但這個官職往往由京城所在地的開封府尹兼任。功德使原先的職責是監督中央僧錄司，處理戒牒、任命各級僧官、授紫衣與賜號予高僧等事務。然而，在宋代此官職名存實亡，頂多管理開封府的僧尼而已。另一方面，同樣位於開封的左右街僧錄司，處理寺院平日的實際問題。〈宋代僧官制度の研究〉，頁 3。

(90) *Ennin's Diary: The Record of a Pilgrimage to China in Search of the Law*（《入唐求法巡禮行記》，以下簡稱「圓仁」），Edwin O. Reischauer 英譯，頁 75。

(91) 位於開封的中央僧錄司有如下官職：左右僧錄、副僧錄、講經論首座、鑒義。地方則有僧正司，以僧正為首長，下有副僧正與僧判一名，以為輔佐。參見高雄義堅，頁 8-9；贊寧，《大宋僧史略》，《大正藏》，冊 54，頁 242c。

(92) 圓仁，頁 74-75。「相公近者屈來洞州鶴林寺律大德光義，暫置惠照寺。相公擬以此僧為當州僧正，便令住此開元寺。」圓仁指出，此相公，是宰相李德裕（787－849）。

(93) 高雄義堅，頁 3。

(94) 《明實錄》，洪武元年正月，卷 29，冊 2，頁 500。

(95) 善世院僧官職稱，依照品階高低排列如下：統領、副統領，贊教、紀化。龍池清，〈明代の僧官〉，頁 35。

(96) 清水泰次引用《大正纂要》的一則記載，斷言善世院於 1371 年廢止。〈明代に於ける仏道の取締〉，頁 263。龍池清主張善世院可能在該年遭到閒置，但是在 1381 年之前並未被正式廢除。他引用《明實錄》1388 年的記載以為佐證。〈明代の僧官〉，頁 37。

(97) 左覺義是中央僧錄司僧官之一，1379 年已有任命。《釋鑑稽古略續集》，《大正藏》，冊 49，頁 930a。因此，1382 年之前僧錄司必定已經成立。

❾⓼　龍池清，〈明代の僧官〉，頁 42。

❾⓽　同上，頁 43，引用《欽錄集》中的一道詔令。

⓵⓪⓪　同上，頁 44。

⓵⓪⓵　這個制度設立的年代有兩種說法：根據《釋鑑稽古略續集》，《大正藏》，冊 49，頁 934c，設立於 1386 年；根據《明實錄》，洪武二十七年正月，卷 231，冊 8，頁 3372，設立於 1394 年。

⓵⓪⓶　《釋鑑稽古略續集》，《大正藏》，冊 49，頁 938b。

⓵⓪⓷　龍池清，〈明初の寺院〉，頁 15。

⓵⓪⓸　龍池清，〈明代の僧官〉，頁 45。

⓵⓪⓹　《釋鑑稽古略續集》，《大正藏》，冊 49，頁 935b。

⓵⓪⓺　《萬曆野獲編》，頁 687-688，〈僧家考課〉。

第七章
明代僧團衰微的內因

　　前一章根據僧團佛教歷史學者的主張，探討造成僧團衰微的一些因素。不過，採納他們的解釋之際，必須抱持高度謹慎的態度。首先，大多數政府措施並非起源於明代，而是重申前朝的政策。如果朝廷管控是僧團衰微的唯一成因，早在明代立國之前就應該出現衰落的跡象，僧團的惡名也應該在宋代就引起如明代一樣的關注。但是，雖然對僧團的抱怨曾出現於宋代，出現頻率和聲量皆不如明代。而且宋代一向被視為禪宗的成熟期，許多儒家學者對於禪僧的高風亮節感到欽佩。再者，誠然販賣度牒確實持續造成僧團的成分變質，但是除此之外，限制寺院數量和藉由僧官控制僧尼的嘗試，終究未能達到原先預設的目的。即使就販賣度牒而言，如果當時僧團更為健全，理應能夠感化不良分子，讓他們成為人所贊同的出家人，要不然也應該有能力驅逐害群之馬。如果僧團有公認的戒律標準，也有嚴格執行之力，僧團之外的種種因素或許不至於造成如此致命的墮落情況。

如同袾宏與其他僧人的精確見解所示，僧團衰敗的根源，內在因素的影響力不亞於外在因素。要抑制僧團內部腐敗尤為困難，而資格不符、不受約束的出家人湧入僧團更是雪上加霜。為了扭轉這股頹勢，袾宏提出內部改革的解救之道。他不請求朝廷停止鬻牒或提高度僧的要求，而是堅決要求僧團重新自省。他清楚而有力地描述明末同時代僧人在修行與道德方面的腐化，粗略而言，其批判可大分為三類：禪修弊病、戒律廢弛，以及世俗化。

禪修弊病

自從北宋時期禪宗成為主流以來，禪佛教幾乎等於佛教的代名詞。普遍受人景仰的是精通禪修並且開悟的僧人，研讀經典和禮拜供養雖然得到一些出家人鼓勵，也有些躬身實踐，但是在一般大眾和佛僧本身的評價中都比不上精通禪修。到了袾宏那個時代，問題已經不再是應該研究經教或是從事淨土信仰，以取代禪修；對袾宏而言，問題是如何將淨土信仰、經教研究和出家戒律與禪修合併。他從來沒有輕視或阻撓禪修，其革新在於看見持名念佛與傳統禪修兩者的相容性。

雖然明代禪宗風行，但是與唐宋時期不同。從古至今，禪的體驗基本上與智識無關，因此讓禪修無法發揮明心見性的致命傷莫過於世智聰辯。禪修經驗無法形諸語言文

字；出家人開悟之後所說的話，直接而不假造作地表露出自心覺醒的體驗，並非需要透過深思熟慮而產生的文學創作。遺憾的是，隨著時間流逝，禪師的悟語逐漸為人匯集、記誦，更糟的是被人模仿。各種公案彙集成冊刊行，比較著名的有《碧巖錄》和《無門關》。❶袾宏當代有興趣禪修的人行事恰與禪的根本精神背道而馳，無怪他對此感到反感：

> 宗門之壞，講宗者壞之也。或問講以明宗，曷言乎壞也？予曰經律論有義路，不講則不明；宗門無義路，講之則反晦。將使其參而自得之耳。❷

相較於賣弄學問、談論禪法者，喜歡編造奇巧言論以炫耀自己修行境界之人所犯的過錯更為嚴重：

> 先德開示學人，謂我今亦不論你禪定智慧、神通辯才，只要你下一轉語諦當。學人聞此，便晝夜學轉語。❸錯了也。既一轉語如是尊貴，……蓋從真實大徹大悟中自然流出者也。如其向經教中，向古人問答機緣中，以聰明小智模倣穿鑿，取辦於口，非不語句尖新，其實隔靴抓癢。❹

如同袾宏在以下引文中明白指出，有不少人是新創公案的老手，由於背後沒有真實體驗，這些人不過是講話誇大

不實的江湖郎中：

今人心未妙悟，而資性聰利，辭辯捷給者，窺看諸語
錄中問答機緣，便能模仿。只貴顛倒異常，可喜可愕，以
眩俗目。如當午三更，夜半日出；山頭起浪，海底生塵。
種種無義味語，信口亂發。諸無識者，莫能較勘，同聲讚
揚。……甚至一棒打殺與狗子喫；這裏有祖師麼？喚來與
我洗腳。此等處亦復無忌憚，往往效嚬。吁！妄談般若，
罪在不原。❺

創作奇巧難解、看似公案的語句一時蔚爲風尚，這自
然使得人們對於用功禪修產生懷疑。然而，眞正受害者是如
此行事虛榮的僧人本身，因爲如果沒有眞實而且往往是曲折
的修行過程，根本無法證得持久的悟境。儘管袾宏對這些僧
人自創的胡言亂語感到不快，但是更讓他反感的是，對於眞
正的修行這些人態度膚淺輕率。他們把精進禪修弄得滑稽可
笑，實際上他們等於是在說：禪修沒什麼，輕而易舉，只要
聰明，偶爾瀏覽過去禪師的語錄，即可達到預期目標。這絕
非事實，袾宏不厭其煩地努力說明：禪修是一條漫長而艱難
的道路，要達到眞正開悟沒有捷徑，必須尋訪明師，持續用
功，最重要的是深心切願，全心投入，以致身體無論如何勞
苦，都不會因此停下前進的腳步。

但是袾宏那個時代的出家人，在許多方面都沒有達到這個自古以來的理想。第一，他們不願努力尋求老師：

> 古人為毫釐碍膺，不肯自瞞，必求決擇痛快而後已，何復以途路為勞？……今俾尋師訪道，則跬步而攢眉；逐利趨名，則萬里而輕舉。❻

第二，很多僧人觀念錯誤，認為身體的勞苦不僅討厭，而且沒必要。他們裝腔作勢，自以為是菁英，有別於其他從事體力勞動的僧人。身為菁英的他們想要得到別人無微不至的侍候，而且大多數像儒家文人學士一樣鄙視需要體力勞動的粗活：

> 〔古人〕掌眾務而不碍商略古今，典炊爨而不妨入室參道。今沙門袖手受供，曰吾辦道者也。彼行務者也，是何其與古異也！❼

> 今少年十指不點水，百事不干懷。擎缽則曰臂酸，持篲則曰腰痛。蚤夜勤修，則曰吾體弱多病。或詰之，則又曰愚者用力，智者用心；愚修福，智修慧。噫！果若而言，非但迦葉以頭陀愚，六祖以碓磨愚。❽

　　由於傲慢和懶惰，袾宏同時代的僧人很少遵行參方、行腳等歷史悠久的禪宗傳統。禪僧初入道時，往往被勸導要參訪天下各大師，直至找到能夠幫助他的老師為止。在尋求理想指導者時，禪僧徒步遊歷全國，在不同的寺院掛單，並且在過程中培養身體的耐力，也讓心性成熟。雖然禪宗不強調學習經教，卻從一開始就承認老師的重要性。禪師或許不傳授有關禪法的理論知識，但的確會給予禪修方面的實踐指導，引領學生遵行適當的修行道路。禪師制定修行計畫，看顧學生的進展，並且在最終突破時予以印可。

　　再者，禪師與學生之間的關係微妙，若學生要從老師身上獲益，師生之間性情和心理的契合至關重要。如《景德傳燈錄》和其他禪宗文獻中許多軼事所示，尋訪適合的老師往往是邁向開悟之路上的第一步。第一次見面時，尋師問道者很有可能遭到老師施予難以忍受的屈辱、嘲弄和譏諷，這通常是測試學生性情、決心和耐力的一種手段，然後才決定是否收入門下。如果學生從師學習一段時間之後發現一直沒有進步，老師可能會推薦另一位禪師，或者學生自己請求離開，另覓明師。因此，尋求適當的老師是一種雙向過程，也是禪修訓練中關鍵的第一步。

　　袾宏一再提醒當代僧人應該精進不息，直至開悟，最好的作法是遵循傳統方法，也就是雲遊四方以自我考驗，自我鍛鍊。從袾宏文章可知過去僧人的作為：「古人心地

未通，不遠千里，參師訪道。出一叢林，入一保社。乃至窮遊遍歷，曾不休息。得意之後，方於水邊林下長養聖胎耳。」❾相較於此夙昔典範，袾宏當時的僧人情況如何呢？他環顧四周，看到天差地遠的作法：

> 今乍入緇門，便住見成菴院，事事如意。喻似富家兒，不諳民間疾苦。縱才智兼人，無賴參訪，而閉門自大，習成我慢，增長無明。❿

但是有人走入另一種極端，根據袾宏所言，他知道有些僧人雖然遠離出家生活的奢華與舒適，但是既然未能尋師問道，結果狀況同樣可悲。他以江蘇泗洲寺僧性空為例，此僧可能仿傚元代高峰禪師著名的範例，在堯封山結廬閉關，由於修行工夫不足，瘋癲發狂，最後身亡。如袾宏所見，發生如此憾事的原因是此人有信無慧：

> 何得纔離火宅〔俗家生活〕，便入死關？有過不知，有疑莫辨，求升而反墮。……頗有初心學人，結茅深山，孤子獨居。自謂高致，雖未必魔癲，而亦頓失利益不少。⓫

明初禪僧空谷景隆已經強烈反對閉關，認為那是禪修傳統的墮落：

唐宋之時，皆無坐關之說。元時生出計較，設箇關房，安坐待悟。至今倣倣也。汝既如是精進用心，切切求悟，聊為庶幾，豈可安坐關房，現成衣食，自在過時？而況張道伴、李道伴、張施主、李施主，常來相望，各入關房，閑話半日。豈是真正修行純淨工夫剋時求悟也？靈源居昭默堂，高峯坐死關，皆悟道之後養道者也。不似今人茫然而坐，古人不捨分寸光陰，不廢翦爪之工，捨身命而求妙悟也。⓬

戒律廢弛

雖然袾宏認為跟隨良師修學極其重要，但他也覺得很難找到許多具有禪師資格的出家人。因此，除了勸勉當時的僧人遊方參學之外，他也表明選擇正確師資的必要性：

為僧於正法之世，惟恐其分別人；為僧於末法之世，惟恐其不分別人也。何也？末世澆漓，薰蕕雜處。苟藻鑑不審，決擇失真，以是為非，認邪作正，宜親而反疏之，宜遠而反近之。陶染匪人，久而與之俱化，劫劫生生，常為魔侶。參方可弗具眼乎哉？⓭

造成此一憂慮的原因，和僧團普遍欠缺戒律規範有關。縱使現在這段引文探討的是禪修開悟的方法，在袾宏看來，對所

有正信佛教徒而言，求道不是全然孤立的一種探索，而是整個佛教修學不可或缺的一部分。根據傳統，這套修學由戒、定、慧三個相互關聯的領域構成。袾宏親眼目睹禪修腐化與戒律廢弛，雖然他對這兩點同樣猛烈抨擊，但事實上爲了恢復戒律精神投注的心力，遠勝於復興禪修傳統。他認爲強調戒律尤其重要，這是正確的，因爲戒律是出家人一生志業的基礎，禪定和智慧都必須以善護戒律爲根基。

　　爲了凸顯戒律的重要，袾宏撰寫《緇門崇行錄》（《雲棲法彙》15），用意是讓當代僧人閱讀與仿傚。他在序文中明言戒律對於佛弟子的根本重要性：

　　僧問沙門奚事？曰事道。事道孰為本？曰德行為本。僧云，甚矣！子之固也。利以慧入，鈍以福修。沙門者取慧焉足矣，德行奚為？予曰，先民有言，德行本也，又云士之致遠者先器識。況無上菩提之妙道，而可以受非其器乎哉？師子之乳，匪琉璃瓶貯之則裂：舉萬鈞之鼎，而荷以一葉之舟，不顛趾而溺者幾希矣。今沙門稍才敏，則攻訓詁業鉛槧如儒生。又上之，則殘摭古德之機緣，而逐聲響，捕影跡，為明眼者笑。聽其言也，超佛祖之先；稽其行也，落凡庸之後。蓋末法之弊極矣。❹

戒律式微原因甚多。一旦政府開始販售度牒給任何負擔得起

價格的人，僧團在德行、智識水準上的所有管控隨之蕩然無存。毫無疑問，這造成對戒律的普遍漠視。不過，更重要的原因很可能是薦亡法會和誦經日益商業化。自從宋代以來，佛寺分爲**禪**、**講**（經教研究）、**律**（戒律）三類。如前所述，明太祖以**教**（或稱**瑜伽**）取代律寺。這個作法是官方對戒律的貶損，讓它邊緣化。袾宏悲嘆當時所有寺院都變爲講堂，沒有人專精禪修和戒律。❺這或許不免誇大其詞，但事實上多數僧人的確只關注於舉辦超度法會或講經開示。❻然而，這只是明末僧團整個世俗化的冰山一角而已。

僧衆的世俗化

僧衆愈不在意戒律和禪修的眞正精神，也就變得愈樂於接受不正統的嗜好與物質享受。世俗化顯示靈性的缺乏，結果又使得宗教熱誠無法再次湧現。因此，難怪袾宏在著作中用許多篇幅揭發當時僧人的各種世俗怪癖。他強調僧人應該回歸嚴持戒律、研讀經教、禪修，以及淨土修持，也堅決要求僧人捨棄外道的興趣與嗜好。

關於上述最後一點，他展現的心態迥然不同於爭取在家居士時對儒家採取的調和態度：他要求當代僧衆嚴格遵守佛教正統。這個例子說明了融合問題的複雜本質。研究融合現象時，必須確認融合主義者涉入每個構成融合的意識型態的深淺程度。明末人人都是融合主義者的說法，其實沒有多

大幫助；研究者必須在完全排斥與完全接受這條直線中，大致估計最能代表研究對象從屬關係的落點，同時也必須確認一個人贊成此融合時所處的特定情況，以及背後的原因。因此，面對在家居士，袾宏對儒家展現開明的態度，對道家則略趨保守，他很清楚這麼做有助於其志業。明代中國是儒家社會，完全排斥儒家價值觀只會招來官方譴責，也會失去社會大眾的支持。儘管袾宏渴望勸化民眾普信佛教，他也明白此事無法一蹴可幾，必須讓大眾看到儒、釋兩者的宗旨基本上並無扞格之處。就居士佛教而言，主要問題是如何將佛教融入儒家社會。

　　然而，當袾宏試圖改革僧團佛教時，面臨不同的情況。此時，他的任務是讓僧眾脫離對世俗事務的關切，逐漸培養他們對佛教的奉獻精神。僧眾應該做為在家居士的榜樣──雖然袾宏常在氣惱中認為僧眾在靈性上不如在家居士。愛好儒學當然有別於沉溺物慾，但歸根結柢同樣讓出家人偏離真正應當努力的目標。

　　看到袾宏對於關注佛教以外事物這些南轅北轍的態度，我們很容易說他是前後矛盾，而且虛偽。但是至關重要的是研究他在這兩種情況背後的用意。鼓勵居士佛教運動時，他想讓佛教合併、融入整個社會；而在復興僧團佛教時，首要之務是讓僧團脫離俗世的消遣娛樂。他在前者強調佛教融入整體社會的重要，在後者強調抽離世俗大眾的重

圖七　法會（《明代版畫選初輯》，冊2，頁226-27）

燭影風飄香霧雲飄
貪看嬌娥燭燼香消
之璜

要。他在這兩種情況的用意相同,都是想復興佛教,而採用的方法不同只是一種策略。這或許可以說是他「善巧方便」的另一實例。

僧團世俗化顯現於三大方面:僧人追求佛教之外的興趣與愛好、貪圖信施、喜歡物質享受。

袾宏失望地指出,當時的出家人喜歡涉獵書法、詩詞與撰寫書信這三種士大夫的嗜好。❶他覺得僧眾真正的專業是佛法知見,而這種業餘興趣只會障礙他們的專業進展。不過,這並不代表袾宏以為儒學無用,相反地,他非常重視儒學。但他認為儒家經典對儒生有益,主要研讀者應該是儒生,同樣地,佛經也應該是佛弟子的主要關注對象。他贊同儒家學者專心致志於儒家經典,不涉獵其他典籍。對他來說,無論儒生或佛弟子,首要之務是在自己的傳統中扎穩根基。能夠做到這一點,方可以己之長為立足點,進而接觸其他傳統:

> 儒者之學,以六經論孟等書為準的,而老莊乃至佛經禁置不學者,業有專攻,其正理也,不足怪也。為僧亦然。乃不讀佛經而讀儒書,讀儒書猶未為不可,又至於讀莊老。稍明敏者,又從而註釋之,又從而學詩、學文、學字、學尺牘。種種皆法門之衰相也。❸

雖然有些僧人不假思索地模仿儒家文人，追求文學藝術的精
湛技藝，在袾宏看來，這些人並未學到儒生的專心致志，這
表現在僧眾對佛經研究的粗率態度：

> 經論繁多，一一而欲精之亦難矣。故古人業有專攻，如
> 恭法華善華嚴之類是也。今則無經不說，無論不宣。其果
> 超越於先哲乎？遂有師承無自，而臆見自用者；有好為新
> 說，而妄議前賢者；有略加銷釋，而全無發揮者。❶

在此，讓袾宏不悅的依然是欠缺紀律。他將這些僧人的輕鬆
態度和儒家學者的嚴肅認眞兩相對照，讓前者相形見絀：

> 古人為學，有三年不窺園者；有閉戶不踰檻外者；有得
> 家書，見平安二字，即投水不展視者。庶幾乎專精不二者
> 矣。而為僧者學出世法，反以世事亂其心乎。吾輩觀此，
> 當汗顏悚骨而惕于中矣。❷

擯棄傳統上對專攻經教的重視、不尊重公認的知見，以及放
言高論非正統觀點，這些都反映出普遍的個人主義精神。理
論上這種脫離過去而獨立的作法可導致創新，注入新生命
力。但是在袾宏眼中，這對佛教不利，因爲像漠視戒律和禪
修眞正精神等缺乏認眞爲學的態度，勢必造成放縱散漫與一

知半解。

　　袾宏不僅覺得當時僧人沒有致力於學習佛經或遵守戒律，也認為他們那種粗通的態度破壞了佛教儀軌的效力。如前一章所示，明代專門主持密教儀軌的僧人屬於瑜伽宗，他們想必不需要具備高深的經教或禪修專長。但是舉辦這些儀式的前提是主其事者高度的誠心與定力，而在袾宏看來，他那個時代的出家人缺乏這種特質。為了讓讀者明白辦法會草草了事的悲慘後果，袾宏毫不猶豫地敘述傳說中由於疏忽而遭苦報的僧人故事。以下引文中，袾宏首先談到舉辦施食餓鬼法會的正確方式，接著描述儀軌不如法的可怕後果，顯然不按正確方式辦法會的情形在當時經常發生：

　　　　燄口施食，啓教於阿難，蓋瑜伽部攝也。瑜伽大興於唐之金剛智〔卒於 741 年〕、廣大不空〔卒於 774 年〕二師，能役使鬼神，移易山海，威神之力不可思議。數傳之後，無能嗣之者。所存但施食一法而已。〔放燄口時，〕手結印，口誦咒，心作觀，三業相應之謂瑜伽〔yoga，原意為「軛」〕，其事非易易也。今印咒未必精，而況觀力乎？則不相應矣。不相應，則不惟不能利生，而亦或反至害己。

　　　　昨山中一方外僧病已篤，是晚外正施食，謂看病者言，有鬼挈我同出就食，辭不往。俄復來云，法師不誠，吾輩

空返，必有以報之。於是牽我臂偕行。眾持撓鉤套索云，
欲拽此法師下地。我大怖，失聲呼救，一時散去。越數日
僧死，蓋未死前，已與諸鬼為伍矣。向非驚叫，臺上師危
乎哉！不惟是耳，一僧不誠，被鬼舁至河中欲沈之。一僧
失鎖衣篋，心存匙鑰，諸鬼見飯上皆鐵片，遂不得食。一
僧曬氈衣未收，值天雨，心念此衣，諸鬼見飯上皆獸毛，
遂不得食。各受顯報。又一人入冥，見黑房中有僧數百，
肌體瘦削，顏色憔悴，似憂苦不堪之狀。問之，則皆施食
師也。施食非易易事也，信夫。㉑

　　在僧人世俗化顯現的種種形式中，對儒家文飾的偏好
當然是最不嚴重的。袾宏接下來譴責的是某些僧人從事的道
家活動。如第五章所述，他自始至終對道家採取批判的態
度。他不以為然地說：「僧又有作地理師者，作卜筮師者，
作風鑑師者，作醫藥師者，作女科醫藥師者，作符水爐火燒
煉師者。」㉒對於他心目中認為特別迷信的道教信仰，他極
為鄙視，扶乩即是其中之一。他如下勸告一位在家弟子，提
醒他注意這種作法的不良後果：「應乩者十無一真，皆託名
某仙，而實非也。久為之，則能竊人神氣。惟佛為三界大
師，一心念佛，則羣邪自息矣。」㉓這段引文中的「神」、
「氣」是道教偏好的兩個核心概念，或許諷刺的是，即使袾
宏在抨擊道教時，也不免運用道教術語。

　　袾宏另一個抨擊目標是對煉金術的普遍信仰：

　　或問燒煉之誆騙，莫不知之，而恆中之者何也？先聖
　〔孔子〕有言，智者不惑。中丹客者，智不足也。雖然，
　世人〔相信燒煉者〕不足責，出家僧亦有惑之者，為可歎
　也。夫世人以財為命，而丹砂可化為黃金，雖帝者亦惑於
　方士之說矣，故在俗家宜受其惑。而出家者不憶佛言乎？
　白毫相中八萬四千光明，以一分光明周給末法弟子尚不能
　盡，而奚事燒煉？
　　蘇城一老僧，為興殿故，日誦法華七卷，佛號萬聲，祈
　丹事早成者，屢被誆騙，而不退悔。……而卒無一成。夫
　為興佛殿故，雖屬好心，然此殿非一二萬金不可。望丹成
　以舉事，亦左矣。噫！以求丹之心求道，以養丹客之費供
　事天下善知識，……以七卷法華萬聲佛號之勤苦迴向西
　方，則不立一椽，建剎已竟。❷❹

　　這則軼事中的老僧，的確代表袾宏認為當代盛行的錯
誤信念。僧人為了推廣佛教，投入建寺和其他種種計畫，卻
不明白相較於出家人應該關心的大事——尋求智慧，這些都
是細枝末節。袾宏對比善行（他稱之為「修福」）與修道開
悟（他稱之為「修慧」），在一段值得關注的文句中表白自
己贊同哪一方，也再次表現他不因循守舊，卻又出奇保守的

一面：

　　古有偈：修慧不修福，羅漢應供薄；修福不修慧，象身
掛瓔珞。有專執前之二句者，終日營營，惟勤募化，曰：
吾造佛也，吾建殿也，吾齋僧也。此雖悉是萬行之門，而
有二說：一則因果不可不分明，二則己事不可不先辦。或
曰：果如子言，則佛像湮沒，誰其整之？塔寺崩頹，誰其
立之？僧餓於道路而不得食，誰其濟之？人人惟辦己事，
而三寶荒蕪矣。

　　曰：不然，但患一體三寶荒蕪耳。世間三寶，自佛法入
中國以來，造佛建殿齋僧者，時時不休，處處相望。何煩
子之私憂而過計也？吾獨慨夫僧之營事者，其瞞因昧果，
不懼罪福，剋減常住，藏匿信施者無論矣。

　　即守分僧，而未諳律學，但知我不私用入己則已，遂乃
移東就西，將甲補乙。……不知磚錢買瓦，僧糧作堂，枉
受辛勤，翻成惡報。……所謂無功而有禍者也。中峰大
師訓眾曰：一心為本，萬行可以次之。則所謂己事先辦者
也。己事辦而作福事，則所作自然當可矣。至哉言乎，為
僧者當銘之肺腑可也。㉕

　　重福輕慧的傾向導致其他弊病。為了修葺或新建寺
院、鑄造佛像、刊印佛經，必須請求在家居士布施。在四處

籌募款項的僧人之中，無疑有些是眞心誠意想要行善，但是
有更多人利用信施來提高個人身價。如上一段引文所示，袾
宏認爲前者雖然努力卻判斷錯誤，至於貪求布施的僧人，他
的批評更爲嚴厲。在以下引文中，袾宏記述他與一位嘲諷佛
僧貪圖信施的道士之間的對話，這個道士還說，汲汲營營於
化緣的佛僧遠超過道士。在此之前我們已知袾宏厭惡道教行
持，也對整個道教懷有敵意，但此時他卻無法反駁此道士之
言，因爲這些指控都是事實，無可否認：

> 有道者告予曰：我輩冠簪，公等剃削。夫剃削者，應離
> 世絕俗。奈何接踵於長途廣行募化者，罕遇道流而恆見緇
> 輩也？有手持緣簿，如土地神前之判官者；有魚擊相應，
> 高歌唱和，而談說因緣如瞽師者；有扛擡菩薩像神像，而
> 鼓樂喧填，贊勸捨施，如歌郎者；有持半片銅鏡，而鼓以
> 竹箸，如小兒戲者；有拖鐵索重數十百斤如罪人者；有舉
> 石自擊其身如飲恨訴冤者；有整衣執香，沿途禮拜，挨家
> 逐戶，如里甲抄排門冊者。清修法門或者有玷乎？予無以
> 應。㉖

　　事實上，相較於袾宏自己的描述，這個道士對於財迷
心竅的僧人的諷刺文還算含蓄。在以下引文中，袾宏描寫一
些僧人喜歡從事的苦行，其目的是爲了引人注目，贏得同

情，更重要的是爲了獲得容易受騙上當的過路人的捐助：

> 近時僧人道人，磚砌牆圍，僅容其身，植立於中，如刀在鞘，如笋在殼。或四面釘釘，如匣床者。有斬斷一手，灰布膠漆，示諸人者。有掘地作坑，倒埋其頭，雙腳向天者。有巨磚自捶其背至青腫者。有冬寒赤腳，不穿鞋襪者。有喫水爲齋，不餐五穀者。有雙足立橋欄上拜經，人見之無不驚者。有拖鐵索重百十觔者。如是種種不一。問其故，類多仗此募緣。惑世誣民，非貪即愚，真可憐憫。奉勸高明，遇見此輩，即爲開諭，速即捨離如是魔事，力行正道。則佛法中大幸也。❷

僧人世俗化最明顯的跡象是關心物質奢華與個人享受。袾宏看到屈服於這些誘惑的危險，認爲這對修行的進展來說是最大的致命傷。在一封寫給同輩僧人的信中，他有如下忠告：

> 飲食衣服房屋等，若必求周備，則佛法便不周備。今所買廳可將就住，餘屋緩緩爲之。古人住居多逐間接起，欲一時齊整，便十分喫力，有妨道業。❷

鄙視體力勞動通常被認爲是儒家文人的特點，但這個

時期的僧人也是如此。儘管禪宗極為重視勞動（百丈大師的
名言「一日不作，一日不食」充分體現這一點），袾宏時代
的出家人很少實踐這種美德，反而畜養僕役：「今出家為
僧，乃寵愛其弟子如富貴家兒，而另以錢買僮僕，供爨負薪
張傘執刺。」❷

袾宏很清楚，臣服於物質主義並非完全出自於僧人根
深柢固的貪婪與軟弱的性格。袾宏回想自己起初對擔任雲棲
寺住持一事猶豫不決，便經常反覆告誡僧人不要過於熱衷宗
教領袖擁有的權力和名望，因為名聲總是會導致墮落。他覺
得出家人必須出離世間兩次：一次是最初進入僧團，另一次
是必須捨離個人名聲的誘惑：

> 人初出家，雖志有大小，莫不具一段好心。久之，又為
> 因緣名利所染。遂復營宮室，飾衣服，置田產，畜徒眾，多
> 積金帛，勤作家緣，與俗無異。……曾見深山中苦行僧，一
> 出山來，被數十箇信心男女歸依供養，遂埋沒一生……。
> 古謂必須重離煩惱之家，再割塵勞之網，是出家以後之出
> 家也。出前之家易，出後之家難。予為此曉夜惶悚。❸

袾宏在其他地方講過類似的故事，內容是關於仰慕者
的好意如何讓一個認真的僧人墮落。袾宏自稱認識這位僧
人，原本在深山結茅清修十餘年，非常精進用功。後來敬仰

他的信眾為他建寺，請他入住。結果他開始沉溺於物質享
受，修行退墮到不可救藥的地步。❸

　　由於在家信眾盲目護持有時造成這種不良後果，袾宏雖
然竭盡全力爭取在家信眾支持，自己卻處於勸阻某些在家護
持方式的奇特處境。有一段文字值得一提，文中袾宏為有意
推廣佛教的在家護法制定準則，其要旨是宗教團體必須率先
自我改革——這點他在所有著作中以各種方式闡述。若非如
此，外在的保護不僅無法復興佛教，反而會加速它的墮落：

　　　人知佛法外護付與王臣，而未知僧之當其護者不可以
　　不慎也。護法有三：一曰興崇梵剎，二曰流通大教，三曰
　　獎掖緇流。曷言乎慎也？護剎者，梵剎果爾原屬寺產，豪
　　強占焉，奪而復之，理也。……若僧惟勸化有力大人，以
　　恢復舊剎為大功德主，而不思佛固等視眾生，……有過無
　　功。……護教者，其所著述，果爾遠合佛心，近得經旨，
　　贊歎而傳揚之，理也。有如外道迂談，胸臆偏見，過為稱
　　譽可乎？若僧惟乞諸名公作序作跋，而不思疑誤後學，有
　　過無功。……護僧者，其僧果爾真參真悟，具大知見者，
　　尊而禮之；實心實行，操持敦確者，信而近之，理也。有
　　如虛頭禪客，下劣庸流，亦尊之信之可乎？若僧惟親附貴
　　門，冀其覆庇，而綿纏錦繡以裹癰疽，祇益其毒，有過無
　　功。……是則王臣護法而僧壞法也。悲夫！❸

■ 註釋

❶ 《碧巖錄》依據雪竇禪師（980－1053）節選自《傳燈錄》的一百
則公案，以及他為這些公案撰寫的偈頌評註，由圜悟禪師（1063－
1135）加以註解，包括每則公案前的引言，以及為公案與雪竇詩頌
做註解評論。此書於 1125 年由關友無黨編輯出版。後來大慧禪師
（1088－1163）認為此書對於禪的真實領悟有害，於是予以焚毀。
大約兩百年後，張明遠於 1302 年在成都發現此書珍本，參校他在
南方覓得的其他藏本，如此校訂的版本流傳至今。見鈴木大拙，
Essays in Zen Buddhism，頁 239-240（中譯本：徐進夫譯，《開悟
第一（禪學論叢第二系列）》，臺北：志文出版社，1988 年）。
《無門關》篇幅比較短，總共收錄四十八則公案，宋代禪僧無門慧
開（1183－1260）編纂評註而成。見丁福保，《佛教大辭典》，
頁 2166a。《碧巖錄》英譯本為 *The Blue Cliff Records: the Hekigan
Roku*。《無門關》原文，連同京都南禪寺前禪宗大師柴山全慶的
註釋，已由 Sumiko Kudo 英譯為 *Zen Comments on the Mumonkan*
（New York: Harper & Row, 1974）。

❷ 《雲棲法彙》26，頁 10b，〈講宗〉。

❸ 禪師對出家弟子提問，弟子以一句話回應，但不是直接回答問題，
而是顯示自己的了悟程度。

❹ 《雲棲法彙》25，頁 9a，〈一轉語〉。

❺ 同上，頁 18b，〈宗門語不可亂擬〉。

❻ 《雲棲法彙》15，頁 53a，〈萬里決疑〉。

❼ 同上，頁 54b，〈行不辭勞〉。

❽ 同上，頁 55a，〈總論〉。

❾ 《雲棲法彙》24，頁 42a，〈僧性空〉。

❿ 同上，頁 42b，〈行腳〉。

⓫　同上，頁 42a，〈僧性空〉。

⓬　《雲棲法彙》17，頁 26a-b，〈示坐關〉。

⓭　《雲棲法彙》25，頁 15b，〈參方須具眼〉。

⓮　《雲棲法彙》15，《緇門崇行錄・序》，頁 1a。

⓯　《雲棲法彙》25，頁 33b，〈禪講律〉。

⓰　《雲棲法彙》31，《遺稿》，卷 3，頁 55b，〈示似空廣伸〉：
　　「末世無大法師匹休古人者，良緣好應期講經者多，好篤志看經者
　　少，故皆世諦法師而已。」

⓱　《雲棲法彙》24，頁 29b-30a，〈僧習〉。

⓲　《雲棲法彙》26，頁 16a-b，〈僧務外學〉。

⓳　同上，頁 39a-b，〈講法師〉。

⓴　同上，頁 36a-b，〈學貴專精〉。

㉑　同上，頁 38a-b，〈施食師〉。

㉒　同上，頁 16b，〈僧務雜術（一）〉。

㉓　《雲棲法彙》31，《遺稿》，卷 3，頁 58a-b，〈示四川彭君〉。

㉔　《雲棲法彙》26，頁 44b-45a，〈燒煉〉。

㉕　同上，頁 64b-65a，〈修福〉。

㉖　同上，頁 54a-b，〈道譏釋（一）〉。

㉗　《雲棲法彙》31，《遺稿》，卷 3，頁 47b，〈勸戒過爲苦行顯異
　　惑眾者〉。

㉘　同上，頁 55b，〈示似空廣伸〉。

㉙　《雲棲法彙》26，頁 22b，〈僧畜僮僕〉。

㉚　《雲棲法彙》25，頁 53b，〈出家（二）〉。

㉛　《雲棲法彙》24，頁 28b，〈來生（一）〉。

㉜　《雲棲法彙》26，頁 41b-42b，〈護法〉。

第八章

袾宏的僧團改革：雲棲寺

　　如上一章所述，袾宏認爲佛教衰微的主要原因在於僧團戒律廢弛。因此，他在漫長的弘化志業中，始終孜孜不倦地強調嚴持戒律的重要。在僧團改革方面的成就，雲棲寺即是一個成功的具體實例。自建寺直至八十一歲圓寂爲止，他努力不懈，讓雲棲寺成爲修行與恪遵毗尼的典範。雲棲寺的聲譽證明袾宏的行政管理天分。做爲一個具有感召力的領導者，他的個人魅力促使雲棲寺僧眾樂於和合共住，這點無庸置疑，但是他能夠在雲棲寺建立秩序和紀律，主要由於將理論付諸實踐的能力，對於根本要素的敏銳感，以及行政管理上的明察秋毫。

　　當袾宏著手建立雲棲寺做爲「淨住」的典範時，面臨一個重大問題。儘管朝廷採取種種措施，意圖管控，但因爲形同虛設，僧團大體上只得自律。實際上，對於僧眾的招募、訓練與監督管理，並沒有統一而有效的法規，全憑個別住持確保接引誠心向道的求度者，並且維持良好的行爲標

準。仔細研究《雲棲共住規約》（《雲棲法彙》32）的內容時，我們不得不讚歎袾宏對於經營管理寺院的種種問題具有深入與全面的洞察力。從有意加入雲棲寺的求度者應遵守的規定開始，袾宏針對出家生活各個層面制定明確具體的規則。下文將詳細探討特別重要的領域，例如正式出家、剃度、受戒等規定，還有雲棲寺生活規範的通則，以及寺內宗教修持與儀軌生活的架構。

根據傳統說法，第一位擬訂出家生活規範的禪師是唐代百丈懷海，過去一向認為他制定了「寺院建物安排的法規、僧團行政次序、一年中特別的苦修，以及破壞秩序與違反規約的罰則。」❶然而，近年來學術研究讓人們對於這種傳統說法產生懷疑。沒有證據顯示百丈確實寫下一套僧團法規，與他同時代的人和他弟子的著作中既沒有出現「百丈清規」一詞，也未曾提及他曾經編纂一套清規之事。如果他的確做過此事，如此緘默實在不可思議。《百丈清規》的現存版本是元朝皇帝下令修訂而成，融合了宋代編纂的各種清規，其中年代最早的是〈禪門規式〉（1004年）。❷袾宏遵從百丈首創禪門清規的傳統說法，但對於元代修訂的《清規》版本頗感不滿，懷疑其真實性：

　　清規一書後人增廣，非百丈所作也。……蓋建立叢林，使一眾有所約束，則自百丈始耳。至於制度之冗繁，節文

之細瑣，使人僕僕爾，碌碌爾，日不暇給，更何從得省緣
省事，而悉心窮究此道也？故曰後人好事者為之，非百丈
意也。❸

　　擬訂清規的目的是爲了規範出家生活，使得僧人能夠
井然有序地禪修與研教。但是如果這套法規變得太複雜，太
拘泥於條文，對於所有佛僧的首要之務——修行，非但無
益，反而有礙。因此，袾宏沒有採用《百丈清規》，而是爲
雲棲寺自訂一套規約，因爲他覺得前者過於繁瑣複雜，不實
用。雲棲的正式名稱是「雲棲禪寺」，這表示袾宏認爲雲棲
寺屬於禪宗傳統，不過，雲棲寺僧的修行結合淨土信仰與
禪修。

進入雲棲寺的規定

　　在家居士要進入僧團的第一步是成爲童行，童行期間
不必剃除鬚髮，但是必須遵守五戒，亦即戒殺、盜、淫、
妄、酒。由於這個緣故，童行在雲棲寺也稱爲「五戒班」。
　　想要成爲雲棲寺的一員，必須符合以下四項規定：❹

　　一、父母親送。如無父母，須係極親。
　　二、審是淨器有八：一非忤逆不孝，二非犯罪脫逃，三
非勢逼貧窮，四非心圖放逸，五非曾爲惡事，六非身屬大

圖八　雲棲寺全景（《雲棲法彙》33，頁 2a-b）

家〔世家望族〕，七非負債不還，八非家緣未了。

三、讀誦麤知。謂晨昏課經，如心經、彌陀經之類。

四、頗通書字。謂書不必博學，亦曾少分讀習；字不必工好，亦能隨分書寫。

強調父母許可和求度者品行這兩點立刻引起了我們的注意，在這方面，袾宏依循宋代的類似規定，其目的在於保護佛教免於拆散家庭與窩藏罪犯的指責。在袾宏的規定中，特別值得注意的是童行不得出身名門望族，不得有尚未解決的家庭事務。就我所知，這兩項條件唯雲樓寺獨有。對於官僚，袾宏少承庭訓、終身奉行的態度是否反映在這種有意迴避仕紳家庭與官宦人家的作法呢？對於這點，我們只能推測。

一個人一旦成為童行，就住進寺院，但還不算是僧團的正式成員。舉例來說，初入寺的童行沒有資格登入大堂禪修，不能承擔僧團執事，也無法免於賦稅徭役。接下來的步驟是成為沙彌，此階段最重要的是剃度儀式，這代表最終徹底脫離世俗世界，也因此在恰如其分的莊嚴肅穆中進行。童行在剃度儀式中也受持十戒，晉級「十戒班」。十戒包含前述五戒，再加上以下五條：不著香花鬘，不香油塗身；不歌舞倡伎，不故往觀聽；不坐臥高廣大床；不非時食；不捉持生像金銀寶物。有關十戒的註解，還有大約二十四條關於沙

彌威儀的規定，收錄於袾宏的《沙彌律儀要略》（《雲棲法彙》13）。身為沙彌應該遵守十戒，並且將這本書的內容讀得滾瓜爛熟，如果無法讓考核者確信自己熟知此書，就不能獲准受比丘具戒。

在雲棲寺接受剃髮的規定如下：❺

一、重先考出家四事無礙，次考晨昏課經❻俱已熟練，在眾無諸過失方允。

二、本山惟臘盡一行。外來剃訖即去者不論時，然必考審應否詳細，不可輕允。

三、女人求剃，必其父母翁姑夫主子孫親送，否則堅卻勿允。

加入僧團的關鍵步驟在於正式剃除鬚髮，自此以後，求度者成為沙彌，算是僧團的正式成員，可享有免賦稅徭役的特權。正因為這個緣故，自唐代以降，各朝中央政府皆保留核發度牒之權，藉此力圖控制沙彌和比丘的人數。理論上，明代的童行必須先設法取得度牒，然後才可請求剃度。然而，以上引述的規定隻字未提度牒，由此看來，袾宏那個時代已經不再遵行這種作法，而是以私度為慣例。

在中國僧團多數成員依然是沙彌，而比丘地位崇高。❼然而，雲棲寺鼓勵沙彌求受二百五十條比丘具戒，晉陞至比

丘階位，然後又鼓勵他們更進一步受五十八條菩薩戒。有意
受具足戒者必須備有《四分戒本》和《沙彌要略》，而且想
必已經熟讀這兩本書。至於有意求受菩薩戒者，還必須熟悉
另一部經的一個章節，亦即出自《梵網經‧心地品》的菩薩
戒條。❽

　　雲棲寺的沙彌需要接受定期考核戒律和其他佛經方面
的知識，這種考核的時機在於半月誦戒儀式，因為考試在
誦戒會的前一日舉行。（關於考核的細節，詳下文〈律堂
規約〉）

　　必須再次強調的是袾宏的組織能力。他制訂的每一條
規則皆有其他措施搭配輔助，可以加強貫徹規則的執行，
讓沙彌反覆熏習佛經知識的方法也有類似規畫。首先，規
定的指定閱讀書單是經過挑選的佛經和其他宗教文本，其
順序如下：早晚課中所有經咒，❾應學習的佛典還包括《四
十二章經》、《佛遺教經》、〈溈山大圓禪師警策文〉、❿
《沙彌要略》、《四分戒本》、《梵網經‧心地品》菩薩戒
本、《觀無量壽經》、《大彌陀經》、《起信論》、《金
剛經》、《圓覺經》、《維摩經》、《楞嚴經》、《楞伽
經》、《法華經》，以及《華嚴經》。⓫其次，任何人都不
准改變規定的學習次第，學完一經，才可以依照上述順序繼
續學下一部經。若有違反此規定者，罰銀一錢。⓬

半月誦戒儀式

　　此儀式的佛教專門用語是「布薩」，以誦波羅提木叉（*prātimokṣa*，比丘戒有二百五十條）爲核心。布薩起源於印度，年代至少和律藏一樣久遠。❸僧人於每月初一、十五集會，聆聽誦戒，凡有犯戒者都必須在誦戒時面對大眾發露懺悔，然後依犯戒性質與輕重得到寬恕，或是接受懲罰。根據袾宏之見，爲了維持戒律嚴明的出家生活，誦戒儀式至關重要。雖然有跡象顯示中國很早就實行誦戒儀式，但顯然明末已經廢止。袾宏在《緇門崇行錄》中記述北齊僧人僧雲的故事，以凸顯這個儀式的重要性：

> 〔北〕齊〔550－577〕僧雲，住寶明寺，以講演著名。四月十五日臨誦戒時白眾言：戒乃人人誦得，何勞數聞。可令一僧豎義，使後進開悟。眾無敢抗，遂廢誦戒。七月十五日眾集，忽失雲所在。四出追覓，乃於古塚中得之，流血被體。問其故，則云：有猛士執大刀，厲聲呵云：僧雲！爾何人斯，敢廢布薩，妄充豎義。即以刀劊我身，痛毒難忍。因扶掖還寺。竭誠懺悔，經於十年，至心盡敬，依式布薩。臨終之日，異香來迎，欣然而逝。時咸嘉其即世懲革云。❹

講完這段充滿戲劇性變化的軼事之後，袾宏總結評論如下：

今時尚經論而輕戒律，二千年來，半月誦戒無復有舉行者。予不揣，興廢墜於山中，人猶未之信也。果報炳然，於雲公有徵。願覽者思之。⓭

根據袾宏所言，他在雲棲寺恢復半月誦戒儀式之前，已有兩千年沒有舉辦過這個儀式。這顯然言過其實，因為他在僧雲的故事中已經提到北齊仍然遵循這項儀式的傳統，而北齊大約早於袾宏的時代一千年。話雖如此，袾宏確實讓這個長久以來被忽視的儀式恢復應有的地位。

由於布薩沒有既定儀軌，袾宏必須為這個儀式自行擬定文本。他編撰的這個文本稱為《半月誦戒儀式》（《雲棲法彙》13），值得簡要敘述。此文一開始是五戒和十戒，已受這兩種戒的人需要諦聽，逐條朗讀這些戒律之後，總結陳述如下：「是諸眾等，犯根本罪，首罪起單；如有小過，出眾懺悔。」⓮接下來一節是具足戒，儀軌更為詳盡：首先是對釋迦牟尼佛和四分戒本的讚偈，隨後負責誦戒者問寺內所有比丘是否已集合？此時與會眾人是否和合？大眾予以肯定回應之後，誦戒者確認在場大眾皆是已受具足戒的比丘，凡是未受具足戒者一律遣出。而後誦戒者簡要致詞如下：

諸大德，我今欲説波羅提木叉。諸比丘，共集在一處，當應諦聽，善思念之。若有犯者，應懺悔，無犯者默然。

默然故，知諸大德清淨。若有他問者，即應如實答。如是
諸比丘，在於眾中，乃至三問，憶念有罪，不發露者，得
故妄語罪。佛說故妄語是障道法。彼比丘，自憶知有罪，
欲求清淨者，當懺悔。懺悔則安樂。**⓱**

附帶一提，這段言詞和南傳《律藏・大品》的一段經文幾乎
完全一致。**⓲**

　　講完這段話之後，誦戒者接著誦讀二百五十條比丘
戒。首先逐條誦出四波羅夷（pārājika，無法饒恕的罪過）
的完整內容，然後說：「諸大德，我已說四波羅夷法。
若比丘犯一一法，不得與諸比丘共住。」接著重複三次詢
問：「今問諸大德，是中清淨否？」如果大眾保持沉默，則
誦戒者說：「諸大德，是中清淨默然故，是事如是持。」
在四波羅夷之後，《半月誦戒儀式》僅簡單列名十三僧伽
婆尸沙法（saṅghāvaśeṣa）、二不定法（aniyata）、三十
尼薩耆波逸提法（naiḥsargikapāyattika）、九十波逸提法
（prāyaścittika）、四悔過法（pratideśanīya）、百眾學法
（śikṣākaraṇīya），以及七滅諍法，沒有詳述每條戒律。誦
出每一組戒名之後，大眾再次被詢問三次是否持戒清淨？最
後一節是菩薩戒，儀軌類似具足戒，只不過一開始祈請盧舍
那佛，亦即《梵網經》中的開示說法者。五十八條菩薩戒
中，前五條誦出完整內容，其餘僅誦戒名。

從雲棲寺的規定看來，顯然是以至誠懇切之心舉辦誦戒會，而且參加此儀式的成員似乎不只雲棲寺的常住眾，也包括專為誦戒而來自其他地方的客僧。

雲棲生活通則

祩宏《雲棲共住規約》背後的原則，簡潔有力地闡明於〈僧約〉和〈修身十事〉兩份短篇文件中。兩者皆堅決要求嚴守戒律，具有信條的約束力。戒律必定是雲棲寺出家生活的起點與終點，這點無庸置疑。大體而言，這些規則旨在遏制不篤信宗教以及世俗化的傾向——上一章已指出這種傾向的典型表現形式。這兩份文件也清楚顯示祩宏對佛教戒律的理解，他顯然不主張盲從律藏內容的字面意義，而是改編戒律以因應時代需要。由於明代佛教與道教自始至終皆處於激烈競爭的狀態，祩宏對道教一向嚴詞批評，也禁止信徒修學道教。另一方面，如前所述，他對儒家往往抱著調和的態度。值得注意的是他第二份文件的標題採用儒家用語「修身」，而且他在內文闡述的一些德行共通於儒家與佛教。

僧約⑲

捨俗入山，單求何事？遠離塵闠，專為修行。如或不然，來此何益？今與眾約，能相體悉，乃可同居；不肯遵行，毋勞共住。

第一、敦尚戒德約：破根本大戒者出院。誦戒無故不隨眾者出院。不孝父母者出院。欺陵師長者出院。故違　朝廷公府禁令者出院。習近女人者出院。受戒經年，不知戒相者出院。親近邪師者出院。

第二、安貧樂道約：飲食不甘淡薄者出院。著豔麗衣服者出院。泛攬經事者出院。爭嘵錢者出院。田蠶牧養者出院。聚集男女做世法齋會者出院。

第三、省緣務本約：無故數遊人間，數還俗舍者出院。習學應赴詞章笙管等雜藝者出院。習學天文地理符水爐火等外事者出院。習學閉氣坐功五部六冊❷等邪道者出院。好興無益工作者出院。

第四、奉公守正約：非理募化者出院。侵剋信施者出院。擅用招提之物者出院。廢壞器用不陪償者出院。偏眾食者出院。不白眾動無主僧物者出院。臨財背眾苟得，臨難背眾苟免者出院。

第五、柔和忍辱約：破口相罵，交拳相打者出院。威力欺壓人者出院。侮慢耆宿者出院。

第六、威儀整肅約：戲笑無度者出院。褻瀆經像者出院。衣帽故不隨眾者出院。高聲爭論，三諫不止者出院。

第七、勤修行業約：無故屢不禮誦者出院。執事慢不行其事者出院。惡人警策昏沈者出院。試經久不通利者出院。不信淨土法門者出院。

第八、直心處眾約：挑唆彼此鬥爭者出院。樹立朋黨者出院。機詐不實者出院。謗訕清規，誣毀清眾者出院。情識私結不正之友者出院。

第九、安分小心約：大膽生事者出院。謬說經論者出院。妄拈古德機緣者出院。無知著述誤人者出院。招納非人者出院。自立徒眾者出院。擅留童幼沙彌者出院。己自不明，好為人師者出院。哄誘他人弟子背其本師者出院。無大故擅入公門者出院。妄議時政得失是非者出院。輕心謗斥先聖先賢者出院。以常住產業與人者出院。侵占人產業者出院。另為煙爨者出院。

第十、隨順規制約：令之不行，禁之不止者出院。有過，罰而不服者出院。住寺，名不入僧次者出院。梗法，不容知事人行事者出院。知事人更變成規者出院。凡事不白師友，恣意妄為者出院。故與有過擯出人交往者出院。

修身十事㉑

未論學佛，先學修身。今開十端，眾當諦聽。

一、不欺心：謂盜常住物，騙施主物，裝佛印經，齋僧起會，造寺鑄鐘，修橋砌路。如是財物，私己用度。乃至瞞人瞞官，瞞天瞞神，暗昧等事，皆名欺心。

二、不貪財：謂雖不盜騙如前所言，但好積財帛，慳吝不施，置產收息，放債取利，皆名貪財。

三、不使奸：謂當言之事，隱忍不言。當諫之過，坐視不諫。外示癡獃，內藏譏貶。皆名使奸。

四、不用謀：謂不安天命，惟運人謀。或謀住居，或謀徒眾，或謀經懺，或謀檀施，或謀作法主，或謀作戒師。乃至交結惡友，出入衙門，情識厚薄，私心好惡，策畫營為悖理等事，皆名用謀。

五、不惹禍：謂輕人笑人，叱人謗人。妒人之能，揚人之惡。收人走失，占人產業。好興詞訟，不肯讓人。皆名惹禍。

六、不侈費：謂廣造房屋，不知慚愧。豐富飲食，不知慚愧。華麗衣服，不知慚愧。多置產業，不知慚愧。精製器用，不知慚愧。輕賤五穀，不知慚愧。恣意佚遊，不知慚愧。畜養奴僕，不知慚愧。賄厚狂朋，不知慚愧。皆名侈費。

七、不近女：謂年少尼僧，結為道友。人間婦女，拜作乾娘。數往族家，探親望眷。乃至母未七十，子與同居，不避譏嫌。皆名近女。

八、不外騖：謂趨蹌富室，干謁貴門，或乞詩文，或求扁額，或假權勢，或索錢財。終日奔波，不思靜守。皆名外騖。

九、不避懶：謂晨昏禮誦，屢至愆違。行務勤勞，慢不隨眾。皆名避懶。

十、不失時：謂命存呼吸，時不待人，〔生死〕大事未明，寸陰可惜。漠然空過，是名失時。

如是前之九事，切宜戒之。最後一言，努力加勉。

行為典範

袾宏在〈法堂規約〉中說，所有僧眾都必須熟讀《緇門崇行錄》，除此之外，還要不時抽考內容。此書和《往生集》（《雲棲法彙》16）一樣，皆是為了提供值得仿傚的典範而編纂。書中載有大約一百四十二位僧人的簡傳，其中特別著墨於難能可貴的模範行為。為了進一步強調這樣的行為，袾宏通常在一則或一類生平故事之末附上評論。

《緇門崇行錄》分為十個章節，每一節記述一類模範行為，依前後編排順序為：清素之行、嚴正之行、尊師之行、孝親之行、忠君之行、慈物之行、高尚之行、遲重之行、艱苦之行、感應之行。為何以此十行為理想典範？為何以此順序編排？袾宏於序言中解釋如下：

離俗染之謂僧，故清素居其首。清而不嚴，狂士之清也，攝身口意是諸佛教，故受之以嚴正。嚴正緣師訓而成，師者人之模範也，故受之以尊師。親生而後師教，遺其親，是忘本也，戒雖萬行，以孝為宗，故受之以孝親。忠孝無二理，知有親，不知有君，私也；一人

有慶，而我得優游於林泉，君恩莫大焉，故受之以忠
君。忠盡於上交，而惠乏於下及，則兼濟之道虧，故受
之以慈物。慈近於愛，愛生著，出世之礙也，故受之以
高尚。高尚非潔身長往而捨眾生也，欲其積厚而流光，
故受之以遲重。遲重而端居無為，不可也，故受之以
艱苦。勞而無功，則苦難而退；因果不虛，故受之以感
應終焉。十行修而德備，則任法之器也。地良矣，而後
佳種投；心醇矣，而後至言入，無上菩提庶可希冀。不
然，一鄙夫耳。人道未全，焉知佛道？即使利根多慧，
而慧彌多，障彌重。將安用之？❷

　　以下將介紹每個類別的一、兩則生平事蹟，以便勾勒
出袾宏希望灌輸給雲棲寺僧眾的行為類型。既然這些生平事
蹟的敘述條理分明，言之成理，進一步分析或許不免畫蛇添
足。然而，有兩點特別引人注目。首先，十類模範行為中，
至少「尊師」、「孝親」和「忠君」這三類也同時是儒家基
本德目。我們甚至可以合理主張富上遺錢不顧的事蹟不僅代
表佛教的清淨觀念，也代表儒家的清廉觀念。頌揚這些中國
傳統美德是源於袾宏大體上對融合的態度，此一態度展現於
居士運動的籌畫，也是編纂《緇門崇行錄》背後的動力，他
有意彰顯儒、釋道德典範的基本相容性。
　　其次值得注意的一點是，全書就像本章節錄的十五則

故事一樣，主要由宋代以前的僧傳組成，這和袾宏對於當代出家人與近代前輩的負面評價頗爲一致。如同我們在其他不同章節所見，袾宏深信自己生於末法時期，但他並不感到遺憾，也不緬懷已逝的黃金時代，而是研究往昔的精華，然後納入當前時代，寄望藉此能重現昔日光華。袾宏務實，實事求是，不是悲觀主義者。

《緇門崇行錄》節選

一、清素之行

不作齋會

劉宋〔420－479〕，僧旻，七歲出家，以經義宗海內，號旻法師。脩繕寺宇，造設經像，放生布施，未嘗倦廢。或問：和尚所修功德多矣，不聞建大齋會，恐福事未圓。旻曰：大齋難得盡理。且米菜鹽醋，樵水湯炭，踐踏洗炙，傷害微蟲。故不爲也。如復求寄王宮官府有勢之家，彌難盡意。不如已之。

〔袾宏〕贊曰：今人作一福事，必起齋會，名曰圓滿。乃至掩關僧半期以後，即於關中營營焉晝夜經畫，預辦齋會，無復正念。嗟乎！旻師之言，眞萬世龜鑑也。〔《雲棲法彙》15，頁 8a-b〕

遺錢不顧

隋〔581－618〕，富上，依益州〔今四川〕淨德寺止宿。繫大笠道傍，坐其下讀經。人往來，不喚令施；有施者，亦不呪願。以路靜故，多載無所獲。人謂曰：城西北人稠施多，奚為在此？答曰：一錢兩錢，足支身命，復用多為？陵州〔今四川〕刺史趙仲舒者，三代酷吏也，甚無信敬，聞故往試。騎馬過之，佯墮貫錢。富讀經自若，目未曾覩。去遠，舒令人取錢，富亦不顧。舒乃問曰：爾終日所得一錢，貫錢在地，見人持去，何不止之？曰：非貧道物，何為妄認？舒下馬禮謝，歎服而去。〔9b-10a〕

〔袾宏〕總論：比丘，華言乞士也。清淨自活，名曰乞士。而多求，而多畜，而多事，不亦寔叛其名乎？旻師而下諸公，千載至今，流風未泯也。聞其風而不興起，尚得為比丘乎哉？〔13a-b〕

二、嚴正之行

不面女人

唐，道林，同州郃陽〔今陝西〕人，年三十五出家。入太白山深巖隱居，勅令住大興國寺，頃之，逃於梁山之陽。從生至終，儉約為務。以女人生染之本，一生不親面，不為說法，不從受食，不令入房。臨終之際，有來問疾者，隔障潛知，遙止之，不令面對焉。

贊曰：律中亦許為女人說法，但不得見齒，不得多語。而此老絕不說法，似矯枉過正。然末法澆漓，不憂其不為女人說法也，惟憂其說法而成染耳。如此老者，良足為後進程式。〔15a-b〕

闔門拒子

唐，從諫，南陽〔今河南〕人，壯歲出家，頓了玄理。會昌沙汰〔845〕，潛居皇甫氏別業。大中〔847 － 860〕初復教，因還洛邑舊居。其子自廣陵〔今江蘇〕來覲，與諫遇於院門，不復能識，乃問曰：從諫大德安在？諫指之東，子既去，闔門不出。其割愛如此。〔16b〕

總論：或謂六和❷名僧，又僧行忍辱，宜無取於嚴。不知吾所謂嚴，非嚴厲之嚴，蓋嚴正之嚴也。以嚴正攝心，則心地端；以嚴正持法，則法門立。若夫現奇特以要譽，逞兇暴以示威，與今之嚴正實霄壤焉。衲子不可不辨。〔18a-b〕

三、尊師之行
受杖自責

晉，法遇，事道安〔312 － 385〕為師。後止江陵〔今湖北〕長沙寺，講說眾經，受業者四百餘人。時一僧飲酒，遇罰而不遣。安遙聞之，以竹筒貯一荊杖，封緘寄

遇。遇開緘見杖，即曰：此由飲酒僧耳。我訓領不勤，遠
貽憂賜。遂鳴椎集眾，以筒置前，燒香致敬，伏地，命維
那行杖三下，垂淚自責。境內道俗無不歎息，因之勵業者
甚眾。〔19a〕

　　贊曰：噫！使今人發安老之緘，其不碎筒折杖而詬語者
寡矣。聖師賢弟子，千載而下，吾猶為二公多之。〔19b〕

離師自責

　　唐，清江，幼悟幻泡，禮曇一律師為親教師，諷誦經
法，觸目而通。識者曰：此緇門千里駒也。嘗與師稍忤，
捨而遊方，遍歷法筵，自責曰：天下行半，如我本師者鮮
矣。乃還師所，當僧集時，負荊唱言：某甲再投和尚，惟
願攝受。時一公詬罵，江雨淚懺謝曰：前念無知，後心有
悟。望和尚大慈，施與歡喜。求哀再四，一公憫之，遂為
師資如初。一公沒，謁忠國師，密傳心要焉。〔20b〕

　　總論：古之為弟子者，師沒而信愈堅；今之為弟子者，
師存而守已易。所以者何？良由最初出家，實非欲依止真
師，決擇生死，蓋一時偶合而已。是以其心見利則易，逢
惡友惑之則易，瞋其師之訓以正也則易。……嗟乎悲哉！
〔23a〕

四、孝親之行

禮塔救母

　　唐，子鄰，范氏子。母王氏，不信三寶。鄰逃東都，依廣受寺慶修律師出家。忽思親歸寧，父失明，母已故三載矣。因詣岳廟〔東嶽泰山帝君廟〕，敷坐具，誦法華，誓見岳帝求母生處。其夜岳帝召謂曰：汝母禁獄，見受諸苦。鄰悲泣請免。

　　帝曰：可往鄮山〔今浙江省鄞縣東〕禮育王塔，庶可救也。鄰即詣塔，哀泣禮拜，至於四萬。俄聞有呼鄰聲，望空中見母謝曰：承汝之力，得生忉利天矣〔忉利天，亦即三十三天，欲界天的第二層，帝釋天為忉利天之主〕。倏然不見。〔25a-b〕

　　總論：世人病釋氏無父，而釋氏之孝其親反過於世人，傳記所載，蓋歷有明徵矣。今猶有嫉僧如蛇蝎者，則僧之罪也，即可痛恨。其罪有三：安享十方之供，而不念其親者，一也；高坐舟車，而俾其親牽輓如工僕者，二也；割愛出家，而別禮他男女以為父母者，三也。願諸世人，毋以此三不才僧而病一切。〔27b-28a〕

五、忠君之行

說法悟主

　　〔北〕齊，僧稠，昌黎〔今熱河〕人。年二十八，投鉅

鹿實公出家。齊文宣〔550 － 559 在位〕徵之，不就。躬
造焉，扶接入內。稠為論三界〔欲界、色界、無色界〕本
空，國土亦爾，世相不常，及廣說四念處法。㉔帝聞，驚
悟流汗，因受菩薩戒，斷酒肉，放鷹鷂，去漁畋，禁天下
屠殺，月六年三，勅民齋戒。〔30b〕

　總論：士君子處江湖之遠，則憂其君。僧無官守也，僧
無言責也，而盡忠如是。孰謂山林之下無明良喜起之義
歟？人倫莫重於君父，吾故前列僧之孝，後列僧之忠，以
杜釋氏無父無君之謗。〔32b-33a〕

六、慈物之行

割耳救雉

　隋，智舜，趙州〔今河北〕人，北遊亭山，庵其中。有
獵者逐雉，雉入舜房，舜苦勸免，不聽，因割耳與之。獵
人驚悟，投弓放鷹，數村捨其獵業。每見貧餒，流淚盈
面，解衣減食，無所不至。〔34b-35a〕

穢疾不嫌

　唐，道積，蜀〔四川〕人，住益州〔今四川〕福感寺。
性慈仁，有癘疾者，洞爛，穢氣鬱勃，聞者掩鼻。積為之
供給，身心不二，或同器食，時與補浣。人問之，答曰：
清淨臭穢，心憎愛也。吾豈二其神慮耶？寄此陶鍊耳。

〔36b〕

七、高尚之行

詔至不起

　　唐，懶融，隱金陵牛首山〔今南京江寧附近〕。上聞其
名，遣中使召見。使至，融方坐地，燃牛糞火，拾煨芋而
食，寒涕交頤。使云：天子有詔，尊者且起。融熟視不
顧。使笑云：涕及頤矣。融曰：我豈有工夫為俗人拭涕
耶？上聞而嘆異，仍厚賜旌之。〔41a-b〕

袖納薦書

　　宋，雪竇顯禪師，得法於智門祚公。將遊兩浙，學士曾
公謂曰：靈隱天下勝處，珊禪師吾故人。附書薦顯。顯至
靈隱，陸沉眾中三年。俄曾公奉使浙西，訪顯靈隱，莫有
知者。時僧千餘，使吏檢牀籍，乃得顯。問向所附書，出
諸袖中，封縅如故。曰：公意勤，然行腳人於世無求，敢
希薦達哉？曾公大笑，珊以是奇之。

　　贊曰：今人得貴宦書，如獲拱璧，而曉夜求售。其亦不
聞雪竇之風歟？〔43b〕

八、遲重之行

混迹樵牧

唐，普願，鄭州新鄭〔今河南〕人，依大隈山大慧禪師受業，得法於江西馬大師。含景匿耀，似不能言。貞元十年〔794〕掛錫池陽南泉山〔今安徽〕，蓑笠飯牛，混於樵牧，斫山畬田，足不下南泉三十年。太和中〔827－835〕，池陽太守與宣使陸公、護軍劉公固請開法，道化大行，號南泉古佛云。〔46b〕

九、艱苦之行

蚤虱不除

唐，曇韻，高陽〔今河北〕人，止五臺山木瓜寺。單形弔影，處以瓦窰。衣服久而破敝，蚤虱積聚，任其味噉，寄以調伏。曾於坐夏，山饒土蚤，既不屏除，氈如凝血。但引各自責，願以相酬，情無恡結。如此行施四十餘年。

贊曰：蚤虱不除，不幾於苦行外道乎？是不然。若以苦行為成道之由，則誠邪見。今引各自責，願以相酬，則所謂馬麥金槍償宿債耳。安得等之外道！〔52a〕

十、感應之行

誦經延壽

梁〔502－557〕，智藏，吳郡〔今江蘇〕人，住鍾山開

善寺。遇相者謂曰：法師聰明益世，惜命不長，止三十一耳。時年二十有九，於是罷講，探經藏得金剛經，竭誠誦讀，禮佛懺悔，晝夜不輟。至期，忽聞空中聲曰：汝壽本盡，以般若功德力，得倍壽矣。後見前相者，驚異莫測。藏陳其故，始知經力不可思議。〔58b〕

　總論：予錄古行，以感應終篇。有笑於傍者曰：道無修無證。無修則感者空，無證則應者寂。憧憧於感應，無亦計功謀利之心歟？予曰：桴感鼓則應以聲，水感月則應以影。謀與計安在？是故忠臣誓而枯竹芽，孝子泣而堅冰解。理也，奚足異乎？使感應無由，則因果蕩然矣。豁達空，招殃禍。可勿戒諸？〔61a-b〕

雲棲寺的宗教生活

　雲棲寺建物和日常作息的安排反映出袾宏理想中的僧團。有兩座主要殿堂，做為主要活動的場所：大堂供僧眾修習淨土禪修，位於大堂後方的律堂是僧眾學戒、舉辦半月誦戒儀式，以及深入律藏的地方。律堂也做為法堂之用，讓僧眾在此誦經、聽講、學習教理。如此一來，經教、禪修、戒律這三個佛教修持的分科得到同等重視。不過，大堂是雲棲寺的神經中樞，正如淨土禪修是雲棲寺每個僧人的首要之務。大堂的作息決定了整座寺院的節律。

　准許住進大堂的僧眾人數，袾宏定為四十八人。准許

進入大堂者，必先證明四事：成爲沙彌至少已滿五年、戒律嚴明、通曉淨土教義、粗通其他宗派的教理。這四十八位僧眾二十四名自雲棲寺常住僧眾中選拔，另有二十四個名額保留給客僧。客僧安單於西堂，但同樣必須符合上述四項入堂條件，另外還要達到教理精明、志願眞切這兩項要求。㉕客僧的作息和大堂僧眾一樣，但是在西堂止靜用功，只有早課時才加入大堂僧眾課誦。

　　大堂是雲棲寺主要修行用功之處，即是全寺的象徵。袾宏明白唐代有些禪宗叢林的禪堂可容納數百位僧眾，相較之下，雲棲寺的設備僅能允許四十八人。但是這個人數限制是袾宏刻意設定的，他覺得品質比數量更重要，也認爲在他那個年代確保品質水準的不二法門是維持少量的招收名額：

　　　古尊宿開堂安眾，或三百五百，乃至黃梅七百，雪峰盈千，徑山千七百。予初慕之，自悲生晚，不得入彼龍象之聚。今老矣，始知正像末法，信非虛語。廣群稠會之中，見一二眞實辦道人尚不可得。故金企羅尊者，三人爲朋乞食；慈明圓禪師，六人結伴以參汾陽。而三人證羅漢，六人成大器。如其取數多，而證者希，成者寡，雖多奚爲？予作僧堂，僅容四十八單，較古人什不及一。茲猶覺其多，仍狹而小之。非無普心，在末法中理應如是。㉖

登記進入大堂的僧眾遵循固定的日常作息，包括止靜、禮誦、入觀。如袾宏大堂規約所示（下文第五條），此處奉行的正統法門是念佛三昧。本書第三章已探討袾宏的念佛觀，在大堂規約中可以見到他將理論付諸實踐。一日清修中，大堂僧眾必須修習四種念佛。止靜意指靜默念佛；默持佛號的同時，也繫心於阿彌陀佛妙相（觀像或觀想念佛），努力達到心念專一。另一方面，入觀代表更高層次的觀想與專注，目的是實現念佛三昧，達到能所合一，亦即阿彌陀佛與修行者本身無二無別。大堂作息的四個時段也都包括出聲念佛。

　　以下摘錄大堂、律堂和法堂的基本規約，這些規則相當清楚地描繪出雲棲寺的宗教生活。規約中出現僧團執事的名稱，也經常提及不守規約的懲處。關於各執事工作內容的細節，以及有關懲罰的規定，詳見附錄二、三。

大堂規約㉗

　　一、堂中四時㉘止靜，㉙三時禮誦，一時入觀。

　　1. 初五更〔大約清晨三點到五點〕為第一時。止靜香到，誦楞嚴咒，〔觀經〕上品上生章，念佛千聲，小淨土文㉚回向。㉛

　　2. 次晨後為第二時。止靜香到，午齋畢，誦四十八願文，念佛千聲，同前回向。

　　3. 次午後為第三時。止靜香到，晚課彌陀經，懺悔，㉜

出生❸畢，念佛千聲，大淨土文❸回向。

4.次入夜為第四時。止靜香到，念佛一百聲，歸單入觀，吉祥寢息。

如是止靜、禮誦、入觀，為一日淨業。不繁不簡，永持無斁。大暑月，其中時禮誦，可移趲午前。

二、進堂考四事合式，方可送入：1.滿足五夏，2.戒律嚴明，3.曉了淨土，4.龐通諸教。

三、巡香置小旛一首，旛長二寸，柄長一尺二寸。昏者以旛拄其膝，不得亂打。有坐久者，以旛試眼，非昏者即念佛一聲。凡警昏三徧不醒，放籤，敲淨板覺之。不肯下單者，罰錢二十文。多次不改者出堂。

四、今以四季分為四期。冬夏九旬，秋春稍減，大約七旬之數。期滿，客眾暫散，安期再來討單。本眾一期更班自有定式。期滿，堂中不肯出堂者，堂外強欲進堂者，俱不允。

五、眾中或有雖居淨業堂，而不修念佛三昧，作別行者。今本堂專一念佛，恐相耽誤，不敢強留。後儻發心念佛，可以再來無妨。

六、堂中各具淨土三經，一彌陀經疏鈔，二觀經疏鈔，三新刻古本大彌陀經。又新刻四十八願，西方願文，❸數珠。以上共六事，缺一不允進堂，借用亦不允。

七、新刻古無量壽經四十八願，中時誦之，每誦一十六

願，三日一週。夏期天暑免誦。

八、佛制冬夏坐禪，春秋頭陀，則宜行乞食法。但聖世乞食，無上座闍黎，尚有魔撓，況茲末法。今稍為圓便，易乞食以作行。不得已，方行乞食可也。

九、熟情相看，堂中不得敘話。香燈寮略敘，亦不得久。久者罰錢十文，太久罰錢三十文。

十、有事出堂，首座處討牌（牌寫「告出」二字）。無牌徑出，罰錢二十文。堂外直院以下一切人皆可查舉。

十一、告假出山，春夏秋過限一日，罰錢十文，三日作缺；冬期告假即作缺。給假，隨路遠近為限。

十二、挑米、挑柴、教經、看病、僧直等事俱免，惟警策、巡照二事隨眾。

十三、有疑即宜問明，不可隱忍。

律堂規約❸

一、各具本受戒經、沙彌律儀、四分戒本、戒疏發隱，缺一，罰錢三十文。各具衣鉢，缺一，罰錢三十文。

二、新剃每誦戒前一日，考沙彌律儀。解義差者罰錢五文，背文差者罰錢十文，全不記者，退寄五戒班中。比丘戒、菩薩戒考式倣此。

三、十戒者，五夏習律，未許出外聽講，不禁在山學經。輪出生，輪大堂，侍者輪行禮，無人看老輪看老。有

退戒者，誦戒夜，戒首唱云：十戒（某人）全不習學，退寄五戒班中。三月後，納五十善，❸復。

四、比丘戒者，輪祈禱，輪教課經，輪誦五戒、十戒、比丘戒，輪責問。有退戒者，誦戒日，如上式，退寄十戒班中。三月後，納七十善，復。

五、菩薩戒者，輪誦菩薩戒，輪說法，輪教大經，輪布施，輪責問，輪直院，輪領衣。有退戒者，誦戒日，如上式，退寄比丘戒班中。三月後，納九十善，復。

六、誦戒不與，不先說欲者，罰錢十文。

七、半月誦戒，有舉犯十種僧約，及餘重過者，讀約人隨聲接舉。被舉者若心無愧，出眾云：有辯。悅眾答云：明日辯。即嘿然退。更喧擾者，罰錢五十文。

八、來誦戒者，於誦戒日至。路遠，或隔宿至，誦訖旋歸。其來太早去太遲，非真來誦戒者矣。

九、欺官瞞眾，如匿稅隱糧，斗秤大小等，俱以盜論。上罰出院。

十、假傳師命，欺誑大眾及一切人者，罰錢五百文。事大，罰訖出院。

十一、年未六十，而受婦女歸依者，罰錢五百文〔大約相當於今天的美金五十元〕，出院。

法堂❸

一、堂中春夏秋列華嚴經六部，擇能誦者記名上牌，每日輪上誦經一卷，經完再起。冬三月止不誦。

二、學經依經次，不得跳越。跳越者，大經每部罰錢一百文，小部罰錢五十文。其錢請經，施客僧。

三、遺教、警策、崇行等，皆應熟記力行。半月抽考數人。

四、講主輪講淨土經：一彌陀經，二觀經，次及法華、楞嚴等諸經。週而復始。

五、習教分二：鈍者讀文，利者討義。討義又二：一者依教修行，二者明教作講。作講者不可泛濫，須擇根性大利持身不苟者，免致日後貽玷法門。

六、不白知私學餤口施食，及餤口白文者，罰錢五百文。

七、印房刻經造經，俱要帳目一一分明。如無誠信人專管，擇幾人輪管。

八、對經人，庫房給與小食。較出一字與五善，待他人較出一字，除五善。

九、常住經典，華嚴二十四部為則，法華經、梁皇懺四十八部為則，餘供多佛閣待施。其原送永遠供養本山者，不在此限。

■ 註釋

❶ Heinrich Dumoulin, S. J. *The Development of Chinese Zen after the Sixth Patriarch in the Light of Mumonkan*，頁 14。百丈的著作，或者應該說是公認由他編訂的清規，其書名爲《敕修百丈清規》，今收錄於《大正藏》，第 2025 號。

❷ 近藤良一，〈百丈清規の成立とその原型〉。

❸ 《雲棲法彙》26，頁 76b-77a，〈百丈清規〉。

❹ 《雲棲法彙》32，頁 39b-40a，〈求住式〉「出家」。

❺ 同上，頁 40a-40b，〈剃髮式〉。

❻ 早、晚課經典意指《心經》和《阿彌陀經》，皆收錄於《諸經日誦》（《雲棲法彙》12），此書由袾宏編輯，以供雲棲寺僧俗二眾所用。

❼ 陳觀勝，*Buddhism in China*，頁 247。

❽ 《雲棲法彙》32，頁 68b，〈受戒式〉。

❾ 早晚課誦的經、咒目次和全文收錄於《諸經日誦》（《雲棲法彙》12），頁 1b-2b，5a-39b。早晚課誦的佛經是《心經》和《阿彌陀經》，其餘內容包含各種咒和短篇讚偈。

❿ 此文一卷，作者是百丈懷海的弟子潙山靈祐（卒於 853 年）。潙山禪師是禪宗五家之一潙仰宗的創始者。

⓫ 《雲棲法彙》32，頁 66b，〈學經號次〉。

⓬ 同上，頁 67a。

⓭ Sukumar Dutt，*Early Buddhist Monachism, 600 B.C. –100 B.C.*，頁 99；Charles S. Prebish，*Buddhist Monastic Discipline*，頁 1-33。

⓮ 《雲棲法彙》15，頁 56b-57a。

⓯ 同上，頁 57a。

⓰ 《雲棲法彙》13，《半月誦戒儀式》，頁 1a。

⑰ 同上，頁 3b。

⑱ Henry Clarke Warren，*Buddhism in Translations*，頁 405。

⑲ 《雲棲法彙》32，頁 27a-29b。

⑳ 五部六冊作者羅清（活躍於 1509－1522），又稱羅祖，刊行於正德四年（1509），依撰寫順序排列如下：《苦功悟道卷》、《嘆世無爲卷》、《破邪顯正鑰匙卷》（兩冊）、《正信除疑無修證自在寶卷》、《巍巍不動泰山深根結果寶卷》。這套著作有五部書，總計六冊，故稱「五部六冊」。羅祖是邪教無爲教創始者，因此這些著作被官府斥爲異端邪說，遭到查抄，於萬曆四十六年（1618）焚毀。除了袾宏之外，德清也譴責此教。這些著作的內容大多取材於儒、釋、道三家，加以參雜融合，屬於民間宗教文學，稱爲「寶卷」。參見酒井忠夫，《中国善書の研究》，頁 440、469-480；歐大年（Daniel L. Overmyer），*Folk Buddhist Religion*，頁 113-129。

㉑ 《雲棲法彙》32，頁 29b-31b。

㉒ 《雲棲法彙》15，頁 1a-2a。

㉓ 六和，意指身和同住、口和無諍、意和同悅、戒和同修、見和同解、利和同均。參見 William Edward Soothill and Lewis Hodous，*A Dictionary of Chinese Buddhist Terms*，頁 133a-b。

㉔ *Smṛtyupasthāna*，修習正念的四個階段，包括觀身不淨、觀受是苦、觀心無常、觀法無我。參見 Soothill and Hodous，頁 175。

㉕ 《雲棲法彙》32，頁 3b，〈大堂〉；頁 40a，〈求住式〉「進堂」。

㉖ 《雲棲法彙》25，頁 21b-22a，〈僧堂〉。

㉗ 《雲棲法彙》32，頁 3a-6a。

㉘ 一時涵蓋一套完整的修行活動（止靜、出聲念佛、禮誦），以燃香計時。根據尉遲酣（Holmes H. Welch）的記述，在現代淨土宗道場靈巖寺，一時大約一個半小時。*The Practice of Chinese Buddhism 1900-1950*，頁 92-98。

㉙ 止靜、開靜也是禪宗的禪堂用語，表示一套禪修活動的開始和結束

（分別意指禪坐和跑香）。但我認為此處「止靜」的意思是靜默念佛（相對於出聲念佛）。

⑳ 此文作者是慈雲遵式（963－1032），收錄於袾宏的《諸經日誦》（《雲棲法彙》12），頁 23b。

㉛ 通常有一段簡短的回向文，將念佛、誦經的功德回向三處，尉遲酣列舉如下：「首先，回向利益他人，以期同生西方淨土（回自向他）。其次，回向自己在西方淨土的資糧，以期蓮品高升（回因向果）。第三、回向真如實際（回事向理）。」*The Practice of Chinese Buddhism 1900-1950*，頁 99。

㉜ 〈懺悔文〉收錄於《諸經日誦》（《雲棲法彙》12），頁 30a-35b。

㉝ 「出眾生食」的略稱。袾宏制定此一施食眾生的正確作法如下：「出生飯不過七粒，麵不過一寸，饅頭不過指甲許。多則為貪，少則為慳。其餘蔬菜荳腐不出。凡出生，安左手中，想念偈云：『汝等鬼神眾，我今施汝供。此食遍十方，一切鬼神共。』」（《雲棲法彙》13，頁 11a-b）尉遲酣描述二十世紀出眾生食的作法：「一名侍者從佛前供缽中取米飯七粒，至殿外院中，將米飯放在一矮柱上，然後彈指以告鬼眾，表示並未忘記他們。」*The Practice of Chinese Buddhism 1900-1950*，頁 59。

㉞ 《雲棲法彙》12，頁 22b-23a。

㉟ 〈西方願文〉為袾宏所撰，收錄於《諸經日誦》（《雲棲法彙》12），頁 24a-25b。

㊱ 《雲棲法彙》32，頁 7a-9a。

㊲ 在雲棲寺，僧人有各種行善以累積點數的機會。有關雲棲寺善行與處罰等條例，詳見附錄三。

㊳ 《雲棲法彙》32，頁 9a-10a。

第九章
結論

　　本書的研究重點是雲棲袾宏的志業，以及他對念佛、居士佛教與僧團改革的思想。探查其志業時，我也觸及明代佛教的一般情況。本章結論將概述所得到的發現，並且對袾宏與明代佛教提出一些看法和評價。

　　明代佛教最明顯的一項特色是以融合為本質。雖然臨濟、曹洞這兩個禪宗支派名義上是佛教主流，然而袾宏和其他佛教僧眾卻讓人覺得純粹禪修與勞動的禪宗傳統已不復存在。儘管這些宗派的法脈依然仔細維護，出家人也持續接受禪坐與參公案的訓練，不過他們和禪的關聯通常幾乎只是口頭說說而已，很少真正意味專攻禪修。實際情況更有可能是雖然他們肯定個人對禪宗輝煌傳統的認同，卻同時致力於淨土信仰、研究經教、辦法會，以及從事其他世俗與佛教之外的興趣和工作。既然一個人的宗派隸屬不再代表實際的專長或真正的願心，諸如真可、袾宏、德清等僧人也許認為自己不被列入禪宗法脈之事無關緊要。

　　當我們研究明末這三位高僧的思想和志業時，發現他們都提倡融合，無論是佛教宗派之間的融合或是佛教與儒家的融合。我們也發現，雖然他們三人都曾學禪，甚至有實際參禪經驗，但是在當時與後代的禪宗燈傳中皆被列爲「未詳法嗣」的部分。這很容易讓人主張：這三位高僧提倡融合，是因爲他們代表少數人的觀點，因爲他們被棄於臨濟、曹洞門牆之外。這種主張根據的理論是禪宗自始至終都有嚴謹純粹的傳承，排斥一切摻雜外來元素的混合。然而，這樣的詮釋與眞實情況不符。事實上，整個明代（尤其是明末）佛教僧人已親身實踐不同類型的佛教融合。袾宏和其他佛教領袖並非提出融合以替代大一統的正統信仰，相反地，他們關切的是賦予他們眼中的混亂狀態一種秩序感，並且建立某種價值標準。既然當時大多數人都採取某種融合，他們希望盡可能找出最佳的融合型態。

　　這種宗派融合當然並非明代佛教獨有，由天台、華嚴的教判可證，台、嚴二宗對於所有佛教經典採取全面體系化的處理方式，是自成一格的思想融合體系。它們也爲後代宗派融合提供了理論上的邏輯依據。舉例來說，延壽和德清運用天台的「一心」或「眞如」（*bhūtatathatā*）觀，證明同時採用不同開悟之道的正當性。另一方面，袾宏則轉向華嚴的法界思想，以證實自己「念佛不異參禪」的主張，尤其是他認爲持名念佛可以「理持」、「事持」兩種層次視之。

　　但是，承認天台、華嚴固有的涵容廣攝，並不是將這兩個思想體系等同於多數明代僧人觀點通常特有的鬆散與不穩定性。甚至可以說其間的差別判若天淵；台、嚴二教的融合來自堅強實力，明代融合則是迫於軟弱。如智顗、法藏之高僧能夠認可其他佛教法門，因為他們可以在自宗體系中安立這些法門，並且將所有知見與行持納入含容萬法的實相觀。明代早期僧人從事各種不同法門，是因為沒有一個核心觀可以做為一生統整、凝聚的力量。我們或許可以說袾宏盡心盡力，想要把普遍的積弱不振感轉化為一股堅強意識。透過念佛的理論與實踐，他努力建立一個核心，傳授一種洞察力。

　　評論袾宏身為居士佛教運動和僧團改革領導者所做的努力之前，簡要回顧明代佛教僧團的狀況應該有所助益。我們對任何朝代佛教僧團的整體結構幾乎一無所知，因此若要全面比較明代和其他朝代的僧團，比如說唐宋，應該會有問題。不過，我們仍有可能同意袾宏和其他見證者所言，認為僧團威望掃地，在學識、虔誠和戒律上似乎皆與以往的水準相去甚遠。是什麼原因造成如此衰頹？袾宏經常在解釋時提到末法，但在反省批判時提出：僧團世俗化與墮落主要肇因於戒律廢弛，以及禪修落入死氣沉沉的形式主義。

　　本書第六章研究明代朝廷頒布的一些管控佛教僧團的法令，結果顯示其中大多數法規律令很少切實執行，幾乎

沒有實效，唯一例外是佛寺分爲禪（禪修）、講（研究經教）、教（宗教儀式）三類。儘管宋代已將佛寺分爲三類，但明太祖做了一個重大改變，也就是以教寺（又稱瑜伽寺）取代前朝所立的律寺。自此以後，理論上專責剃度與專攻戒律修持的律寺，不再受到國家認可。此外，太祖也爲了極力助長教寺的發展，而犧牲其他兩種佛寺。專事宗教儀式的僧人受到特權待遇，卻有新訂的法律限制專事禪修和經教的僧人，不准他們與一般大眾自由往來。無論太祖的法令是否創造了僧團世俗化與商業化的因緣，或只是讓已經存在的狀態更加惡化，都無關緊要，重點是其結果造成僧團衰微。當出家人以嫻熟宗教儀式（通常是喪葬儀式、水陸，和其他相關的薦亡法會）爲首要之務時，就只是潛在客戶的一個工具而已。這樣的出家人的確不再有資格享有「比丘」的稱謂。

　　生於末法惡世，袾宏如何回應復興佛教的需求？他主要有兩重關切：一方面設法確保僧團的存續，保衛僧團免於重商主義和形式主義的侵蝕；另一方面，希望透過居士佛教的普及，促使佛教價值與觀念逐漸影響整個社會。這兩方面背後的動力與整合力來自於他對念佛的整體了解。

　　一般認爲，袾宏縱然不是禪淨雙修的創始人，卻是這個主張的大力推動者。禪淨雙修通常意指同時參禪修淨土，但是我認爲袾宏有意讓念佛成爲自己和信眾的核心。他賦予念佛一個全新的理論架構，努力擴大念佛的包容性，以致將

禪修也納入其中。如第三章所示，在袾宏之前，有不少僧人提倡以念佛爲公案。因此，袾宏似乎只是老調重彈，但仔細分析他對這個主題的見解之後，卻發現實情並非如此。雖然他的「一心念佛」和前人的「念佛公案」極爲類似，事實上卻有一個主要差別。以前的佛僧運用念佛爲公案時，是將念佛納入禪修的整體架構之中，他們認爲一心專注於念佛可導致開悟，既然和其他禪宗公案同樣有用，自應認可，視之爲一公案。然而，袾宏主張只要攝心念佛，其他公案和禪修實踐都是多餘的，因爲念佛已經包含整個參禪之道，而且是更適合末法時期的修行方式。

　　袾宏也在居士佛教運動的成就中證明自己是一個革新者。雖然這個運動的基本構成要素取自淨土教，但具有融合的本質，強調持名念佛、不殺生、對人類與動物同樣心存慈悲，也將這種慈悲心落實於社會慈善行動和放生。儘管這一切在歷史上皆有前例可循，明末的運動卻不僅是早先類似運動的重生，其中一個主要原因是袾宏不但成功地重整僧團秩序，而且影響了居士的修行。他對在家信徒的關注不亞於僧眾，而且對於在家眾的修行給予詳細、實用又有次第的指導。另一個原因是袾宏選擇戒殺和放生做爲在家弘化的主軸。由於儒家傳統不特別強調尊重物命，居士佛教的實踐可以補足，或甚至加深在家信眾的宗教意識，這無疑促進了他們生命中儒家和佛教價值觀最終的融合。

　　袾宏居士佛教運動的方法中更引人注目的特色是著重
道德實踐，而比較輕忽宗教研究上的推斷。在他眼中，人生
在世並不是短暫、虛妄和苦痛，而是體悟實相的最佳機會。
因此，他認為一個人應該珍惜此生，善加利用，以證得覺
悟，不應該以憂畏厭惡之心看待人生。在他眼中，人際關係
和社會義務並非了生脫死的障礙，反而是達到解脫的一種方
便。欲求解脫，不必遁世離群，世俗活動中即可得之。盡忠
盡孝不礙開悟，相反地，如果不能善盡忠臣孝子之責，也就
無法成為真正的佛弟子。禪宗所謂「擔水砍柴皆是道」，至
此推至極處。

　　明末居士佛教運動與其說是靜觀冥想，不如說是積極
行動主義；與其說是神學，不如說是道學；與其說是避世，
不如說是入世。這一切就算不代表徹底翻轉傳統佛教，至少
也意味相當大的轉變。在這次最終的佛教儒學化之中，涉及
複雜的社會、政治、經濟和歷史因素。由於儒士一直抨擊佛
教徒，指控他們壓抑自然情感，無視社會與家庭義務，因
此，為了佛教的存續，佛教徒不得不順從天下以儒家為主流
的現實。此外，如果不擺脫僧團的與世隔離、經教的僵化和
學術上的晦澀難解，佛教無疑很難有機會影響一般大眾。
在某種程度上，藉由居士佛教的種種新觀念和方法，袾宏
的確做到這一點。正因為居士佛教運動不需要徹底脫離所
處的社會體系，所以不僅得以存續，而且持續昌盛於整個

清代，並且在某種程度上延續至今。在此期間，促成兩次主要復興者，即康熙、乾隆朝的周夢顏（1655－1739）和彭紹升（1739－1796），以及清末民初的楊文會（1837－1911），皆聲稱受到袾宏的啟迪。袾宏的做為奠定了居士運動的力量。所以，居士運動既非曇花一現，也不是時斷時續，反而成為持久而且普遍的現象。

　　然而，將佛教的變化歸因於順應儒家不免有過分簡化之嫌，因為其實儒家（和道家）也大受佛教影響。這讓我們回到中國思想的融合問題。融合，通常含有貶義，往往隱含任意混雜異類元素之意，而且伴隨教義庸俗化、奉獻精神減弱，以及實踐方面的腐化。或許由於這個原因，正統主義者傾向於譴責唐代以後佛教的融合作為，斥之為混雜墮落。但是我認為明末的融合是一個正面的實例，居士佛教運動結果證明是持久而且可行的——這是評估宗教運動的兩大指標。三教合一同樣在人生精神、道德和智識領域創造出一種坦誠與從善如流的態度，而且更重要的是讓這三個人生領域的分隔顯得多餘。我相信明末思想正是在此融合之中重新表達了中國思想的深層傾向。

　　最後，我將簡要探討袾宏在僧團改革方面的成就，以及對於後代僧團可能造成的影響。相較於前文評論他對居士佛教運動的貢獻，以下的評價會顯得不那麼熱切，而且也有幾分互相矛盾。主要有兩重原因：第一、儘管雲棲寺有豐富

詳實的規約，但我們無從確定這些規定是否確實執行？唯一的判斷依據是其信徒與友人的頌讚，而這種證據很可能帶有聖傳中常見的溢美之詞。再者，如果袾宏駐錫雲棲寺期間這些規約得以實施，我們依然無從得知究竟如何執行？每一條規定都按照他制定的規約嚴格實施，分毫無差嗎？或是有些實施，但有些遭到廢止或忽視呢？抑或只有一些規定因為很重要，或因為一疏忽便極易察覺，所以才切實遵守呢（例如每半個月舉行一次的誦戒儀式，以及僧堂作息）？同樣地，是否有更多規定因為比較瑣碎，比較難以監督，所以實際上不予計較呢（例如計算善行點數的制度，以及課以罰金的機制）？對此，我們同樣一無所知。如果對於袾宏在世時雲棲寺的實際狀況所知甚微，對於明末和後來其他寺院的普遍作法，我們的了解更為有限。既然只有書面資料，沒有第一手證詞，這類問題的困難度似乎難以克服；沒有在世的證人可以盤問，據我所知也沒有同時代可供佐證的原始資料。因此，我們被迫只能論述書面資料提供的理想狀況。

對於袾宏僧團改革感到矛盾的第二個原因和改革的本質有關。大體而言，明末僧團確實處境可悲，這點無庸置疑。正如袾宏所言，當時僧眾很可能流於世俗、不守戒律、不明經教、不通修行，或無心修行。毫無疑問，他也的確設法重新逐漸培養雲棲寺徒眾的願心和奉獻精神。但是他對戒律的堅持真的對僧團復興產生重大影響嗎？雖然我們沒有

確鑿的反面證據，但我推測袾宏在雲棲寺的成就很可能同樣歸功於他的個人魅力。在漢傳佛教中，高僧的領導一直是宗派或寺院盛衰背後的決定因素之一。袾宏特別強調戒律和僧團生活組織上的各個層面，希望藉此創造一種僧院制度的感召魅力。他意圖重新賦予出家戒律一種威信，就算不在個人領導權威之上，至少也與之並駕齊驅。

袾宏強烈意識到當代僧團面臨的重大挑戰，其首要目標是為僧團佛教的存續謀求一條出路。他成功地在戒律這個問題上獲勝，即使在二十世紀，漢傳佛教僧團依然以嚴格遵守不淫、茹素等戒律而聞名。因此，我們或許可以將維護佛教的成就歸功於袾宏，認為他促使僧團的體制得以繼續運行，從而提供一個培養未來佛教領袖的環境。

但是我們也可以從另一種觀點看待袾宏對僧團的影響。由於過分強調嚴格遵守戒律清規，他有陷入過於拘泥法規條文的傾向。根據雲棲寺的執事條約，如果僧眾中有人因為瞋惱故意打破碗碟，必須賠償十倍的價錢，若拒不肯賠，則被逐出寺院。一想到驅逐出院是對僧人最嚴厲的處罰，而且專門用以懲處犯下四波羅夷者，我們不免感到疑惑，不知這樣的規定是否明智可行？他在《自知錄》採用的功過格制度中，已經出現這種以數量等值評估不同性質行為的傾向。正如我在第五章所指出，以固執法規條文的呆板方式處理道德問題，結果導致道德僵化。賞罰或許可以產生獎勵和威嚇

作用，但是無法取代道德行爲的活水源頭——良知。同樣
地，戒律必須與禪定、智慧緊密結合；若無定、慧，戒律很
容易淪爲因循守舊，了無生氣。

　　袾宏顯然完全明白這個問題的複雜性，無論在著作或
雲棲寺的作爲都致力於戒、定、慧三學均衡發展。他批評
《百丈清規》過於繁瑣，難以實施，然而他自己制訂的規約
也可能被批評和前者不過五十步與百步之差而已。

　　不過，話雖如此，我不打算以負面口吻爲本書作結。
佛教的確在明末得以復興，並且重獲生命力。佛教深入影響
明代的社會結構，其思想與價值觀廣爲一般大眾接受，形成
人們內心世界不可或缺的部分。結果，僧團佛教的制度也延
續整個清代和二十世紀。若非袾宏與明末其他佛教領袖，佛
教的復興或許不會出現。

附錄一
自知錄

善門

忠孝類

1. 事父母致敬盡養，一日為一善。
2. 守義方之訓不違犯者，一事為一善。
3. 父母歿，如法資薦，所費百錢為一善。❶
4. 勸化父母以世間善道，一事為十善。
5. 勸化父母以出世間大道，一事為二十善。

6. 事繼母致敬盡養，一日為二善。
7. 敬養祖父母同論。

8. 事君王竭忠效力，一日為一善。
9. 開陳善道，利益一人為一善。
10. 利益一方為十善。
11. 利益天下為五十善。
12. 利益天下後世為百善。

13. 遵時王之制，不違犯者，一事爲一善。
14. 凡事眞實不欺，一事爲一善。

15. 敬奉師長，一日爲一善。
16. 守師良誨，一言爲一善。

17. 敬兄愛弟，一事爲一善。
18. 敬愛異父母兄弟，一事爲二善。

仁慈類

19. 救重疾一人爲十善，輕疾一人爲五善。
20. 施藥一服爲一善。
21. 路遇病人，輿歸調養，一人爲二十善。
22. 若受賄者，非善。（受賄，謂得彼人金帛酬謝。）

23. 救死刑，一人爲百善。
24. 免死刑，一人爲八十善。
25. 減死刑，一人爲四十善。
26. 若受賄、徇情者，非善。
27. 救軍刑❷徒刑❸一人爲四十善。
28. 免，爲三十善。
29. 減，爲十五善。
30. 救杖刑❹一人爲十五善。

31. 免，爲十善。

32. 減，爲五善。

33. 救笞刑❺一人爲五善。

34. 免，爲四善。

35. 減，❻爲三善。

36. 以上受賄者非善。偏斷不公者非善。

37. 居家減免婢僕之屬同論。

38. 見溺兒者，救免收養，一命爲五十善。

39. 勸彼人勿溺，一命爲三十善。

40. 收養無主遺棄嬰孩，一命爲二十五善。

41. 不殺降卒，不戮脅從，所活一人爲五十善。

42. 救有力報人之畜，一命爲二十善。

43. 救無力報人之畜，一命爲十善。

44. 救微畜，一命爲一善。救極微畜，十命爲一善。

45. 若故謂微命善多，專救微命不救大命者非善。若不吝重價而救大命，與救多多極微命同論。❼

46. 救害物之畜，一命爲一善。❽

47. 祭祀筵宴，例當殺生。不殺而市買見物，所費百錢爲一善。

48. 世業看蠶，禁不看者爲五善。❾

49. 見漁人獵人屠人等，好語勸其改業爲三善。

50. 化轉一人，爲五十善。

51. 居官禁止屠殺，一日爲十善。

52. 家犬耕牛乘馬等，死而埋藏之，大命一命爲十善。

53. 小命一命爲五善。

54. 復資薦之，一命爲五善。

55. 賑濟鰥寡孤獨癱瞽窮民，百錢爲一善。

56. 零施積至百錢爲一善。

57. 米麥布幣之類，同上計錢數論。

58. 周給宗族中人同論。周給患難中人同論如上。

59. 窮民收歸養膳者，一日爲一善。

60. 見人有憂，善爲解慰爲一善。

61. 荒年平價糶米，所讓百錢爲一善。

62. 濟饑人一食爲一善。

63. 〔濟〕渴人十飲爲一善。

64. 濟寒凍人煖室一宵爲一善。

65. 綿衣一件爲二善。

66. 夜暗施燈明，一人爲一善。

67. 天雨施雨具，一人爲一善。

68. 施禽畜二食爲一善。

69. 饒免債負，百錢爲一善。

70. 利多年久，彼人哀求，度其難取而饒免者，二百錢爲一善。

71. 告官，官不爲理，不得已而饒免者非善。

72. 救接人畜助力疲困之苦，一時爲一善。（救接者，謂或停役，或代勞是也。）

73. 死不能殮，施與棺木，所費百錢爲一善。

74. 葬無主之骨，一人爲一善。

75. 施地與無墳墓家葬一人爲三十善。

76. 若令辦租稅者非善。

77. 置義塚，所費百錢爲一善。

78. 平治道路險阻泥淖，所費百錢爲一善。

79. 開掘義井，修建涼亭，造橋梁渡船等，俱同論。

80. 若受賄者非善。

81. 居上官慈撫卑職，一人爲一善。

82. 有過，情可矜，保全其職爲十善。

83. 若受賄者非善。

84. 凡在上不凌虐下人者，同論。

85. 視民如子，唯恐傷之，一事為一善。

86. 善遣妾婢〔令結良緣〕，一人為十善。

87. 資發所費，百錢為一善。

88. 白還人賣出男女，不取其贖者，原銀百錢為一善。

89. 出財贖男女還人者，同論。

三寶功德類

90. 造三寶尊像，所費百錢為一善。

91. 諸天先聖治世正神賢人君子等像，❿所費二百錢為一善。重修者同論。

92. 刊刻大乘經律論，所費百錢為一善。

93. 二乘及人天因果，⓫所費二百錢為一善。

94. 若受賄者非善。（賄，謂取價貨賣等。）

95. 印施流通者，同論。

96. 建立三寶寺院庵觀，及床座供器等，所費百錢為一善。

97. 施地與三寶，所值百錢為一善。

98. 護持常住不使廢壞者同論。

99. 建立諸天正神聖賢等廟宇，所費二百錢為一善。

100. 用葷血祭祀者非善。

101. 施香燭燈油等物供三寶，所費百錢為一善。

102. 受菩薩大戒爲四十善。

103. 小乘戒爲三十善。

104. 十戒爲二十善。

105. 五戒爲十善。

106. 註釋正法大乘經律論，一卷爲五十善。（卷數雖多，止千五百善。）

107. 二乘及人天因果，一卷爲一善。（卷多，止三百善。）

108. 若僻任臆見者非善。

109. 自己著述編輯出世正法文字，一卷爲二十五善。（卷多，止五百善。）

110. 人天因果，一卷爲十善。（卷多，止百善。）

111. 若談說無益者非善。

112. 見僞造經勸人莫學者，爲一善。

113. 爲君王父母親友知識法界衆生誦經一卷爲二善。

114. 佛號千聲爲二善。

115. 禮懺百拜爲二善。

116. 若受賄者非善。

117. 爲自己，經一卷，佛千聲，懺百拜，俱一善。

118. 爲君父，乃至法界衆生，施食一壇，所費百錢爲一善。

119. 登壇施法者，一度為三善。

120. 若受賄者非善。

121. 為世災難，作保禳道場，所費百錢為一善。

122. 若受賄者非善。

123. 講演大乘經律論，在席五人為一善。（人數雖多，止
百善。）

124. 二乘及人天因果，在席十人為一善。（人多，止八
十善。）

125. 若受賄者非善。圖名者非善。講演虛玄外道無益於人
者非善。

126. 禮拜大乘經典，五十拜為一善。

127. 講演正法處，至心往聽，一席為一善。

128. 飯僧，因其來乞而與者，三僧為一善。

129. 延請至家者，二僧為一善。

130. 送供到寺者，一僧為一善。

131. 若盡誠盡敬者，一僧為五善。

132. 再三苦求而後與者非善。

133. 飯僧不拒乞人，平等與食者，二人為一善。

134. 護持僧眾，一人為一善。

135. 所護匪人者非善。

136. 度大德賢弟子，一人爲五十善。（大德賢弟子，謂能
續佛慧命，普利人天者是也。）

137. 明義守行弟子，一人爲十善。（但明義、但守行弟子，
一人爲五善。但者，明義、守行，各止得其一也。）

138. 若泛濫度者非善。

雜善類

139. 不義之財不取，所值百錢爲一善。

140. 無害於義，可取而不取，百錢爲二善。

141. 處極貧地而不取，百錢爲三善。

142. 當欲染境，守正不染爲五十善。

143. 勢不能就而止者非善。

144. 借人財物，如期而還，不過時日者爲一善。

145. 代人完納債負，百錢爲一善。

146. 讓地讓產，所值百錢爲一善。

147. 義方訓誨子孫，一事爲一善。

148. 大家禁約家人門客者同論。

149. 勸人出財作種種功德者，所出百錢爲一善。

150. 圖名利而募化者非善。

151. 勸人息訟，免死刑⓬一人爲十善。

152. 軍刑徒刑一人爲五善。

153. 杖刑一人爲二善。

154. 笞刑一人爲一善。

155. 勸和鬥爭爲一善。

156. 若受賄者非善。

157. 發至德之言，一言爲十善。（如宋景公三語，楊伯起
四知之類是也。）⓭

158. 見善必行，一事爲一善。知過必改，一事爲一善。

159. 論辯虛心下賢，理長則受者，一義爲一善。

160. 舉用賢良，一人爲十善。

161. 驅逐奸邪，一人爲十善。

162. 揚人善，一事爲一善。

163. 隱人惡，一事爲一善。

164. 見傳播人惡者，勸而止之爲五善。

165. 於諸賢善恭敬供養，一人爲五善。

166. 見人侵毀賢善，勸而止之爲五善。

167. 勸化人改惡從善，一人爲十善。

168. 成就一人家業爲十善。

169. 成就一人學業爲二十善。

170. 成就一人德業爲三十善。

171. 許友，義不負然諾爲十善。（然諾，如掛劍樹上之
類。）

172. 義不負身命爲百善。（身命，如存孤死節之類。）

173. 義不負財物寄託，百錢爲一善。（財物，如還金幼子
之類。）

174. 有恩必報，一事爲一善。

175. 報恩過分爲十善。

176. 有讎不報，一事爲一善。

177. 若懷公道報私恩者非善。

178. 著破補衣一件爲二善，麤布衣一件爲一善。

179. 若原無好衣而著者非善。矯情干譽者非善。

180. 肉食人減省食，一食爲一善。〔因爲禁食有功德。〕

181. 素食人減省食，一食爲二善。〔因爲茹素已有功德。〕

182. 若無力辦好食而減者非善。

183. 肉食人，見殺不食爲一善。

184. 聞殺不食爲一善。

185. 爲己殺不食爲一善。

186. 忍受人橫逆相加，一事爲一善。

187. 拾遺還主，所值百錢爲一善。

188. 引過歸己，推善與人，一事爲二善。

189. 名位財利等，安分聽天不夤緣營謀者，一事爲十善。

190. 處眾常思爲眾，不爲己者，所處之地，一日爲一善。

191. 寧失己財，寧失己位，使他人得財得位者，爲五十善。

192. 遇失利及諸患難，不怨天尤人而順受者，一事爲三善。

193. 祈福禳災等，但許善願，不許牲祀者爲五善。

194. 傳人保養身命書，一卷爲五善。

195. 救病藥方，五方爲一善。

196. 若受賄者非善。無驗妄傳者非善。

197. 拾路遺字紙火化，百字爲一善。

198. 有財有勢，可使不使，而順理安分者，一事爲十善。

199. 權勢可附而不附者爲十善。

200. 人授爐火丹術，辭不受者爲三十善。

201. 人授已成丹銀，棄不行使者，所值百錢爲三十善。

補遺

202. 凡救人一命爲百善。

過門

不忠孝類

1.　事父母失敬失養，一事爲一過。

2.　違犯義方之訓，一事爲一過。

3.　父母責怒生嗔者爲一過。

4.　抵觸者爲十過。

5.　父母所愛故薄之，一事爲一過。

6.　父母沒後，應資薦不資薦，一度爲十過。

7.　父母有失，不能善巧勸化，一事爲一過。

8.　不敬養祖父母、繼母，一事爲一過。

9.　事君王不竭忠盡力，一事爲一過。

10.　當直言不直言，小事爲一過，大事爲十過，極大事爲五十過。

11.　違犯時王之制，一事爲一過。

12.　虛言欺罔，一事爲一過。

13. 不敬奉師長，一日爲一過。

14. 不依師良誨，一言爲一過。

15. 反背，爲三十過。

16. 若師不賢而捨之者非過。（反背，如陳相學許行❶之類。不賢而捨，如目連❺離外道師之類。）

17. 兄弟相鬩者，一事爲二過。

18. 欺陵異母所出及庶出者，一事爲三過。

不仁慈類

19. 重疾求救不救，一人爲二過。

20. 小疾一人爲一過。

21. 無財無術而不救者非過。

22. 修合毒藥爲五過。

23. 欲害人爲十過。

24. 害人一命爲百過。

25. 不死而病爲五十過。

26. 害禽畜一命爲十過。

27. 不死而病爲五過。

28. 咒禱厭咀，害人一命爲百過。

29. 不死而病爲五十過。

30.　錯斷人死刑成爲八十過。

31.　故入爲百過。

32.　錯斷人軍刑徒刑成爲三十過。

33.　故入爲四十過。

34.　錯斷人杖刑成爲八過。

35.　故入爲十過。

36.　錯斷人笞刑成爲四過。

37.　故入爲五過。

38.　私家治責婢僕之屬者同論。

39.　非法用刑，一用爲十過。

40.　無罪笞人，一下爲一過。

41.　謀人死刑成爲百過，不成爲五十過，舉意爲十過。

42.　軍刑徒刑成爲四十過，不成爲二十過，舉意爲八過。

43.　杖刑成爲十過，不成爲八過，舉意爲五過。

44.　笞刑成爲五過，不成爲四過，舉意爲三過。

45.　父母溺初生子女，一命爲五十過，墮胎爲二十過。
　　　（上帝垂訓：父母無罪殺兒，是殺天下人民也。故成
　　　重過。）

46.　殺降屠城，一命爲百過。

47.　以平民作俘虜者，一人爲五十過。

48. 致死為百過。

49. 主事明知冤枉，或拘忌權勢，或執守舊案，不與伸雪者，死刑成為八十過。

50. 軍刑徒刑為三十過。

51. 杖刑為八過。

52. 笞刑成為四過。

53. 若受賄者，死刑為百過，以下俱同前論。諸枉法斷事，隨輕重，亦同前論。

54. 心中暗舉惡意，欲損害人，一人為一過。事成，一人為十過。

55. 故殺傷人，一命為百過。

56. 傷而不死為八十過。

57. 使人殺者同論。

58. 故殺有力報人之畜，一命為二十過，誤殺為五過。

59. 故殺無力報人之畜，一命為十過，誤殺為二過。

60. 故殺微畜，一命為一過，誤殺十命為一過。

61. 故殺極微畜，十命為一過。

62. 誤殺二十命為一過。

63. 使人殺者同論。讚助他人殺者同論。逐日飲食殺者同論。畜養賣與人殺者同論。妄談禍福❶祭禱鬼神殺者同

論。修合藥餌殺者同論。看蠶者，與畜養殺同論。

64. 故殺害人之畜，一命爲一過。
65. 誤殺十命爲一過。

66. 見殺不救，隨上所開過減半。（減半者，如殺有力報人之畜十過，今五過是也。下以次減同上。）
67. 無門可救者非過。
68. 不可救而不生慈念爲二過。

69. 耕牛乘馬家犬等，老病死而賣其肉者，大命爲十過。
70. 小命爲五過。

71. 時當禁屠❶故殺者，隨上所開過加一倍。（加一倍，如殺有力報人之畜二十過，今四十過是也。下以次增同上。）
72. 私買者同論。
73. 居上位反爲民開殺端者同論。

74. 非法烹炮生物使受極苦者，一命爲二十過。（如活烹鱉蟹，火逼羊羔之類是也。）

75. 放鷹走狗釣魚射鳥等，傷而不死，一物爲五過。
76. 致死，與前故殺諸畜同論。
77. 發蟄驚棲塡穴覆巢破卵傷胎者同論。

78. 發蟄等，因作善事誤傷，非過。（作善誤傷，如修橋砌路建寺造塔種種善事，本出好心，故不爲過。然須懺悔資薦。）

79. 籠繫禽畜，一日爲一過。

80. 見人畜死不起慈心爲一過。

81. 見鰥寡孤獨窮民饑渴寒凍等不救濟，一人爲一過。

82. 無財者非過。

83. 欺弄損害瞽人聾人病人愚人老人小兒者，一人爲十過。

84. 見人有憂，不行解釋爲一過。

85. 反生暢快爲二過。

86. 更增其憂爲五過。

87. 見人失利失名心生歡喜爲二過。

88. 見人富貴願他貧賤爲五過。

89. 荒年囤米不發，坐索高價者，爲五十過。

90. 遏糴者亦同此論。

91. 逼取貧民債負，使受鞭朴罪名爲五過。

92. 借人財物不還，百錢爲一過。

93. 役使人畜，至力竭疲乏，不矜其苦而強役者，一時爲十過。

94. 加之鞭笞者，一杖爲一過。

95. 放火燒人廬舍山林爲五十過。

96. 因而害人，一命爲五十過。

97. 害畜如前殺畜同論。

98. 本意欲害人命者，一命爲百過。

99. 掘人塚棄其骨殖者，一塚爲五十過。

100. 平人塚，一塚爲十過。

101. 太古無骨殖者非過。

102. 倚勢白佔人田地房屋等，所值百錢爲十過。

103. 賤價強買，百錢爲一過。

104. 損壞道路，使人畜艱於行履，一日爲五過。

105. 損壞義井涼亭橋梁渡船等俱同論。

106. 居上官輕壞卑職前程，一人爲三十過。

107. 枉法壞之者爲五十過。

108. 凡居上凌虐下人者同論。

109. 幽繫婢妾，❸一人爲一過。

110. 謀人妻女，一人爲五十過。

三寶罪業類

111. 廢壞三寶尊像，所值百錢爲二過。

112. 廢壞諸天治世正神❶賢人君子等像，所值百錢爲一過。

113. 葷血邪神❷惑世者非過。

114. 以言謗斥佛菩薩羅漢，一言爲五過。

115. 謗斥諸天正神聖賢，一言爲一過。

116. 斥邪救迷出於眞誠者非過。

117. 禮佛失時爲一過。因病因正事非過。

118. 葷辛酒肉觸欲失時爲五過。

119. 〔每月八日、十四日、十五日、二十三日、二十九日、三十日〕六齋日犯者加一倍論。

120. 毀壞三寶殿堂床座諸供器等，所值百錢爲一過。

121. 誘他人使之毀壞者同論。

122. 見毀壞不諫勸爲五過。

123. 反助成爲十過。

124. 諸天正神聖賢等廟宇，所值二百錢爲一過。

125. 葷血淫祠惑世者非過。

126. 佔三寶地，所值百錢爲一過。佔屋宇者同論。

127. 新立葷血祭祀神祠一所爲五十過。

128. 神像一軀爲十過。

129. 重修者，祠像各減半論。

130. 毀壞出世正法〔大乘佛教〕經典，所值百錢爲二過。

131. 二乘人天因果，所值百錢爲一過。

132. 謗訕出世正法經典，一言爲十過。

133. 人天因果，一言爲五過。

134. 吝法不教爲十過。

135. 因彼不足教者非過。

136. 阻隔善法不使流通爲十過。

137. 屬邪見謬說者非過。雖屬善法，時當韜晦，順時休止者非過。

138. 誦經差一字爲一過。漏一字爲一過。

139. 心中雜想爲五過。

140. 想惡事爲十過。

141. 外語雜事爲五過。

142. 語〔有益聽聞者之〕善事爲一過。

143. 起身迎待賓客爲二過。

144. 王臣來者非過。

145. 不依式苟且誦爲五過。

146. 誦時發瞋爲十過。

147. 罵人爲二十過。

148. 打人爲三十過。

149. 寫疏差漏者同論。

150. 以外道邪法授弟子者，一人爲二十過。

151. 著撰僞經一卷爲十過。

152. 講演邪法惑眾，在席一人爲一過。

153. 往彼聽受，一席爲一過。

154. 講演正法，任己僻見，違經旨背先賢者，在席五人爲
一過。

155. 著撰脂粉詞章傳記等，一篇爲一過。（一篇，謂詩一
首，文一段，戲一出之類。）

156. 傳布一人爲二過。自己記誦一篇爲一過。

157. 傳人厭魅墮胎種種惡方，一方爲二十過。

158. 僧人乞食不與，一人爲一過。

159. 非僧人乞食不與，二人爲一過。

160. 無而不與者非過。

161. 不與而反加叱辱者爲三過。

162. 僧不飯僧而拒絕者，一僧爲二過。（上謂俗不齋僧，
其過猶輕。下謂僧不齋僧，其過尤重。）

163. 畜養惡弟子不遣去者，一人爲五十過。

164. 弟子有過不訓誨，小事一事爲一過，大事一事爲十過。

雜不善類

165. 取不義之財，所值百錢爲一過。

166. 處大富地而取者，百錢爲二過。

167. 欲染極親爲五十過。

168. 良家爲十過。

169. 娼家爲二過。

170. 尼僧節婦爲五十過。

171. 見良家美色起心私之爲二過。（此爲在俗者。若出家僧，不論親疏良賤，但犯俱五十過，起心私之俱二過。）

172. 盜取財物，百錢爲一過。

173. 零盜積至百錢爲一過。

174. 瞞官偷稅者同論。

175. 威取、詐取，百錢爲十過。

176. 主事受賄而擢人官出人罪，百錢爲一過。

177. 受賄而壞人官入人罪，百錢爲十過。

178. 借人財物不還，百錢爲一過。

179. 負他債願他身死爲十過。

180. 斗秤等小出大入，所值百錢爲一過。

181. 見賢不舉爲五過。

182. 反擠之爲十過。

183. 見惡不去爲五過。

184. 反助之爲十過。

185. 隱人善，一事爲一過。

186. 揚人惡，一事爲一過。

187. 有言責而舉惡者非過。

188. 爲除害救人而舉惡者非過。

189. 刻意搜求先賢之短，創爲新說〔以圖超越〕者，一言爲一過。

190. 於理乖違者，一言爲十過。

191. 做造野史小說戲文歌曲誣汙善良者，一事爲二十過。

192. 不審實，傳播人陰私，及閨幃中事者，一事爲十過。

193. 全無而妄自捏成者，爲五十過。

194. 遞送揭帖，發人惡跡，半實半虛者爲二十過。

195. 全虛者爲五十過。

196. 言言皆實，而出自公心爲民除害者非過。

197. 募緣營修諸福事，而盜用所施入己者，百錢爲一過。

198. 三寶物，十錢爲一過。

199. 因果差移，百錢爲一過。

200. 讚助人詞訟死刑成為三十過。

201. 軍刑徒刑成為二十過。

202. 杖刑成為十過。

203. 笞刑成為五過。

204. 讚助人鬬諍為一過。

205. 若教唆取利，死刑成為百過。

206. 軍刑徒刑成為三十過。

207. 笞刑為十五過。

208. 離間人骨肉者為三十過。

209. 破人婚姻為五過。

210. 理不應婚者非過。

211. 出損德之言，一言為十過。（如金陵三不足，曹孟德〔155－220〕：「寧我負人，毋人負我」之類。是也。）

212. 虛誑妄語，一事為一過。

213. 因而害人為十過。

214. 見善不行，一事為一過。

215. 有過不改，一事為一過。

216. 過不認過，反爭為是，對平交為二過。

217. 對父母師長為十過。

218. 論辯偏執己見不服善者，一義爲一過。

219. 不教誨子孫，任其爲不善者，一事爲一過。

220. 容縱家人門客者同論。

221. 大賢不師爲五過。

222. 勝友不交爲二過。

223. 反加謗毀欺侮爲十過。

224. 惡語向所尊爲十過。

225. 向平交爲四過。

226. 向卑幼爲一過。

227. 向聖人爲百過，向賢人君子爲十過。

228. 教人爲不善，一事爲二過。

229. 教人不忠不孝等大惡者，一事爲五十過。

230. 見人爲不善，不諫勸者爲一過。

231. 大事爲三十過。

232. 知彼人剛愎決不受諫者非過。

233. 造人歌謠，取人插號者，一人爲五過。

234. 妄語不實，一言爲一過。自云證聖，誑惑世人者，一言爲五十過。

235. 許友負信，小事爲一過。

236. 大事爲十過。

237. 負財物寄託者，百錢爲一過。

238. 有恩不報，一事爲一過。

239. 有冤必報，一事爲一過。

240. 報冤過分爲十過。

241. 致死爲百過。

242. 於所冤人，欲其喪滅爲一過。

243. 聞冤滅已，心生歡喜爲一過。

244. 肉食，一食爲一過。

245. 違禁物，若龜鼈之類，一食爲二過。

246. 有義物，若耕牛乘馬家犬之類，一食爲三過。（以上謂市買者。若自殺食，在前故殺中論。）

247. 飲酒，爲評議惡事飲，一升爲六過。

248. 與不良人飲。一升爲二過。

249. 無故與常人飲爲一過。

250. 奉養父母延待正賓者非過。煎送藥餌者非過。

251. 開酒肆招人飲，一人爲一過。

252. 五辛，㉑無故食，一食爲一過。治病服者非過。

253. 食後誦經，一卷爲一過。

254. 六齋日食肉，一食爲二過。

255. 食而上殿爲一過。

256. 飲酒啖五辛者同論。

257. 過分美衣，一衣爲一過。

258. 美食，一食爲一過。

259. 唯奉養父母非過。（過分者，謂富貴人分應受福，然於本等享用外過爲奢侈是也。唯除父母，不曰祀神宴賓者。周易：「二簋可享。」茅容❷：「蔬食非薄。」是也。）

260. 齋素人必求美衣美食，一衣爲一過，一食爲一過。（謂既知齋素，自合惜福。雖是布衣，必求精好，雖是茶食，必求甘美，亦折福故。）

261. 輕賤五穀天物，所值百錢爲一過。

262. 販賣屠刀漁網等物，所費值百錢爲一過。

263. 拾遺不還主，所值百錢爲一過。

264. 有功歸己，有罪引人，一事爲二過。

265. 名位財利，夤緣營謀而求必得，不顧非義者，一事爲

十過。

266. 處眾唯知為己，不為眾者，所處之地，一日為一過。

267. 寧他人失財失位，而唯保全己之財位者為五十過。

268. 遇失利及諸患難，動輒怨天尤人者，一事為三過。

269. 祈福禳災等，不修善事，而許牲牢惡願者為十過。所殺生命，與殺畜同論。（十過者，但許願時，心已不良故。至後酬願宰殺時，另與殺畜同論。）

270. 救病藥方，不肯傳人者，五方為一過。未驗恐誤人者非過。

271. 遺棄字紙不顧者，十字為一過。

272. 離父母出家，更拜他人作乾父母者為五十過。

273. 人授爐火丹術，受之為三十過。

274. 行使丹銀，所值百錢為三過。

275. 實成真金，煎燒百度不變者非過。

補遺

276. 無故殿上行塔上登者為五過。（故，謂燒香掃地諷經等。）

277. 殿塔上葷酒汙穢者爲十過。

278. 受賄囑託擢官出罪等，五百錢爲一過。

279. 受賄囑託壞官入罪等，五百錢爲十過。

■ 註釋

❶ 袾宏在此註釋，說明「百錢」的幣值。原文如下：「凡言百錢，謂銅錢百文，正準銀十分。不論錢貴錢賤。」此附錄的圓括弧內附袾宏的註解，方括弧則是本書作者的評註。

❷ 軍，意即充軍，比一般流放更嚴重，是中國古代五刑中的第四種刑罰。「從宋代開始，充軍明顯有別於一般流放，元代相關規定變得更為詳盡複雜，明代充軍制度完備，納入國家律法體系，屬於重大刑罰。明初軍官或士兵犯罪，以充軍取代一般流放；嚴格說來，充軍包含在邊地駐兵防衛的據點或屯墾區終身服兵役（其中有很多促進荒地墾殖的屯墾區）。……隨著時間推移，充軍不僅是對軍職人員的刑罰，也顯然日漸擴及平民百姓。同時，充軍範圍也擴大，包含在邊界內或沿著邊界設立的軍事防區服役。」參見 Derk Bodde and Clarence Morris 合著，*Law in Imperial China*，頁 88。

❸ 徒，意即服苦役的刑罰，古代五刑中的第三種，包含五個等級，刑期從一年到三年不等。「……懲罰包括在固定刑期內放逐罪犯至他方服苦役。明代遭判處徒刑者，會從判決的省分押解到另一省分，在刑期內於該省鹽鐵業服勞役，在那些冶鐵廠或鹽場，每日規定的工作量是煉鐵三斤（大約相當於一千八百公克），或煎鹽三斤。判處徒刑者並不是從所在地任意押赴其他省分，而是每個裁定刑罰的省分都有固定移送罪犯的相對省分。舉例而言，根據《大明會典》卷 161，頁 27b-28 的記載和表格，福建的罪犯會發配到江蘇的鹽場，江西的罪犯則發配到山東的冶鐵廠。」同上，頁 81-82。

❹ 笞刑（輕）、杖刑（重），是以竹板為刑具的刑罰，列為中國帝制時期五刑中的前兩種，各分五等，笞刑從十板到五十板不等，杖刑從六十板到一百板。「責打部位在臀部，男犯需裸露臀部，女犯隔著內褲打。從漢代到其後數百年間，責打皆用竹杖，但是大概從南

朝梁（502－557）開始，笞杖所用的刑具改以一種名為「楚」的木材製造〔譯按：楚，即荊木〕。從唐代到明代，楚杖的直徑由法律規定如下：小杖大頭徑二分，小頭徑一分五厘；大杖大頭徑二分七厘，小頭徑一分七厘。」同上，頁 88。讀者會發現，在袾宏的《自知錄》中，身為法官為人減刑的功德（27－35 條），勝於勸人放棄訴訟因而使人免於受刑的功德（151－155 條）。

❺ 同上註。

❻ 袾宏在此解釋各種專門用語：「救，謂非自己主事，用力扶救是也。免，謂繇自己主事，特與恕免是也。偏斷者，謂非據理詳審，唯任意偏斷，反釋真犯是也。」

❼ 袾宏解釋不同種類的動物：「有力報人，如耕牛、乘馬、家犬等。無力報人，如豬、羊、鵝、鴨、獐、鹿等。微命，如魚、雀等。極微，如細魚、蝦、螺，乃至蠅、蟻、蚊、蚘等。救者，或買放，或禁絕，或勸止是也。專救微命，不救大命，是惟貪己福，無慈物心，故非善。」

❽ 袾宏於此註釋：「害物，如蛇、鼠等。蛇未咬人，無可殺罪故；鼠雖為害，罪不至死故。」

❾ 取絲織綢必定殺害桑蠶，所以對虔誠的佛教徒而言，養蠶和捕魚、狩獵一樣，都是不宜從事的行業。因此，如果有人拒絕繼承這種祖傳職業，就是善行。與此相關的是出家人不得穿戴絲綢的戒律，中國的頂尖佛寺規定不准穿戴絲織品，即使在二十世紀依然如此。

❿ 袾宏解釋此條中的天神和人：「諸天，謂欲色無色三界，梵王帝釋等，及道教天尊真人神君等。先聖，謂堯舜周孔等。正神，謂嶽瀆城隍等。賢人君子，謂忠臣孝子義夫節婦等。」

⓫ 根據袾宏的註解：「人天，謂佛菩薩所說五戒十善，及世間正法，六經論孟，先聖先賢嘉言善行等。」

⓬ 死刑，是中國傳統五刑中的最後一種刑罰。根據隋朝 581－583 年制定頒布的《開皇律》（是 653 年頒行而留存至今的《唐律》的藍本），死刑分為兩等：絞刑和斬首。除了這兩種法定死刑之外，另

有「凌遲」，這是最重的刑罰。「根據《遼史》，至少有六次叛亂分子遭處凌遲的記載。凌遲刑顯然從遼代傳入當時位於其南方的宋代帝國，宋代史籍載有 1028、1075 年以及其後有關凌遲的紀錄。凌遲在宋代未列入法定刑罰，偶爾施行，卻正式列入元、明的法典，並且延續到《清律》。」Bodde and Morris，頁 94-95。

⓭ 宋景公，春秋時代宋國君主。司星官曾經根據天文曆象，預測景公有殺身之禍，因而先後提出三個解決之道，也就是把君王的災厄轉嫁給宰相、百姓，以及五穀歲收。景公雖憂心自身安危，但心懷仁德，一一否決司星的提議。結果天象轉變，景公轉危為安。（《史記·宋微子世家》）

「四知」，意指天知、神知（或地知）、我知、子知。楊伯起，即楊震，東漢弘農華陰人，博學賢能，為官清廉。曾經有人乘夜饋贈鉅額賄金，認為深夜無人知曉此事。楊震嚴詞拒絕，因為這有違他為人處世的原則，並且教訓對方：「天知，神知，我知，子知。何謂無知！」令行賄者羞愧離去。（《後漢書·楊震列傳第四十四》）

⓮ 許行，戰國時期楚國人，主張人人皆應耕田勞動，以獲得糧食，也提倡極度簡樸的生活方式。孟子曾經提及此人（《孟子·滕文公上》，第四節）。

⓯ （摩訶）目犍連，釋迦牟尼佛十大弟子之一，以神通聞名。目犍連原為苦行者，和舍利弗約定，兩人之中誰先發現真理，必定告知對方。後來舍利弗遇見佛陀，也帶領目犍連一同投入佛陀門下，成為佛陀的弟子。見 Soothill and Hodous，*A Dictionary of Chinese Buddhist Terms*，頁 199a。

⓰ 過去人們殺牲祭祀，以安撫鬼神；鬼神被認為有超自然的力量，能影響一個人的命運。

⓱ 唐宋時期法律規定的禁屠期間（也同時禁止漁獵）包括所謂三長齋月：正月、五月、九月，以及每月十齋日：一日、八日、十四日、十五日、十八日、二十三日、二十四日、二十八日、二十九日、

三十日。參見瞿同祖，*Law and Society in Traditional China*，頁 219（中譯本：瞿同祖著，《中國法律與中國社會》，上海：商務印書館，2010 年）。明代延續此一措施，而且不僅禁止屠宰，也不得處決囚犯。瞿同祖引用《明律例》（卷 28，頁 52a），其中規定沒有遵守這條法令的官員處以杖刑八十下（頁 219）。

從同時期的記述可知，明代有些君主在上述齋日茹素，而這些齋日總計超過一百天。參見朱國楨，《湧幢小品》。

⑱ 袾宏此處採用的語詞「幽」（囚禁）、「繫」（以繩綑綁），皆意指對小妾或婢女的不人道待遇，目的在於防止她們的正常社交生活，以杜絕與他人偷情的機會。

⑲ 正神，是帝制朝廷認可的神祇，國家准許人民信奉，諸如城隍、關帝（戰神）、泰山，都屬於這類神祇。

⑳ 邪神，不被帝制朝廷認可，國家不准許人民信奉的神。供奉這類神祇的神壇，即以下第 125 條提及的「淫祠」。

㉑ 根據 Soothill 與 Hodous，蒜、三種蔥，以及韭菜，是五種有辛味的根莖蔬菜，被禁止食用：「此五辛，熟食發婬，生啖增恚。再者，食辛之人若讀誦經典，因口氣臭穢，致使十方天仙皆遠離。」參見 Soothill and Hodous，頁 128。

㉒ 茅容，東漢陳留人，四十餘歲時在田野耕作，偶遇名士郭泰，言語相投，邀請留宿家中。次日，茅容殺雞做飯，但不是為了款待郭泰，而是為了讓母親享用，他自己和郭泰則以粗菜淡飯果腹。（《後漢書·郭符許列傳第五十八》）

雲棲寺各執事與職務❶

一、當家

當家管何事？須是總理一切，時時覺察，處處巡行，早晚用心。

二、知庫

1. 大眾山糧銀，每季進堂後三日，同監寺、知山眾等稱過，一併封記。取時白眾開封，擅取中罰。取畢登帳。擅取別用一賠十。
2. 粥飯小食，同知眾、飯頭酌量多寡。不可妄費，不可慳吝，務在適中，誤事中罰。以餿惡招疾之物供眾者中罰。
3. 各執事該用器物，如香燈、香燭、圍頭、蒲鞋之類，以時置辦。違慢下罰。
4. 每季算帳一次。失算中罰。

三、知眾

1. 派理執事,隨時添補。授一執事,必具茶送單禮拜,須開說本執事宜。苟簡五下罰。

2. 察眾中賢否勤惰。情識不公中罰。

3. 法堂、大堂、齋堂各處桌椅凳子。混亂失損,中罰。

4. 安禪結制〔四月十六日至七月十五日〕,預整理鋪薦蓆床帳等,夏取風涼,冬糊窗牖,及爐火等,各要齊備。苟簡五下罰。

5. 病房老房常宜點簡,分付臥具、醫藥、燈火齊備。怠緩中罰。

四、知客(二人)

1. 求單、求戒等事,先接待審問,次日引見監寺。草率中罰。

2. 凡在此求住者,須先令看本寺規約,果能一一行持與否。次會眾執事,察其來歷,審其立心,至詳至細,乃再乃三。的係穩當好人,無諸違礙,方可安單入眾。如或輕易容留,以致混雜非人者,一併出院。

3. 如要各處隨喜者,可引一看。

4. 齋供、小食等,客情本山一例。私情厚薄中罰。

5. 凡人客初至時,禪堂未止靜,即請進堂禮佛。若已止靜,報言請安單,或暫隨喜。待堂內開靜時來,請進

堂，即問一行幾眾，不得失記。

6. 常住錢、米糧稅、花息、齋供等，同當家、庫頭、眾執事議處。

7. 施主送來放生牛、鹿、豬、羊等，白當家、庫頭登簿，某施主送來某物，交付看生，某人收管。

五、書記

常住正事，施主疏文，書寫當盡其心，不可潦草苟且。

六、知山（二人）

1. 山場地段，界限分明，不可侵混他界以致爭訟。每年盡，會眾觀山一次。

2. 山糧花息等，同庫司議。

3. 各處園地該下種者，同園頭及時下種，勿得失時。

4. 開墾竹園，種植茶樹，及楊梅等柴山，某處先伐，某處後伐，掛號挨次，不得混亂。不依指示者舉罰。阿容不理中罰。

七、知屋

殿堂、寮舍、廚廠各處屋宇，時時看視。或漏者，宜早修蓋。或該修者，或該造者，白監寺，及時整理。誤事中罰。

八、直板

1. 日夜各處巡行，見雜話戲笑者，即鳴板念佛，十聲爲率。不隨板攝心正念者舉罰。

2. 夜間禪堂前各寮前鳴板。睡中有人隨板念佛者舉善。

九、典座（四人）

1. 凡廚下鬥爭者，先勸令止。不止，擊木板五下。又不止，連擂一通，堂內外直日人查舉。阿容不舉下罰。大事中罰。

2. 不得造偏眾飲食，與者、受者俱下罰。除病人不論。

3. 諸物未供佛者，不得與眾先食，與者、受者俱中罰。除病不論。

4. 造物不先嘗，致使鹹淡失宜，下罰。

十、飯頭（二人）

1. 眾中有自持碗缽上灶取物，不舉下罰。

2. 夏月水池〔做爲信眾放生魚、龜和其他水生動物之用〕，一日一換。〔導水入池的〕水筧三日一掃。冬月水池三日一換，水筧七日一掃。失誤者下罰。

十一、菜頭

生菜須淨洗三易水。其醃菜須收蓋。違者下罰。

十二、茶頭（三人）

1. 五更燒鍋，不得便傾水下，須先趕起蟲蟻。亂傾水者下罰。

2. 五更小食，量眾勿多勿少。待眾歸單，送入堂中。

3. 面湯已備，俱付香燈置廊下。茶鍋內不可容人煮雜物等。該剃頭日，湯具，擊梆一長通。剃頭日期：每月初七、十四、廿二、三十，月小廿九。差誤下罰。漿洗日期：春秋冬月十二、十三、廿七、廿八。唯夏月初二、初三、十二、十三、廿二、廿三。差誤下罰。

十三、柴頭（九人）

天晴宜早辦柴，以備陰雨。失誤中罰。

十四、火頭（五人）

灶下不得積薪太多，每晚收拾打掃乾淨，違者下罰。煙衝每月掃理一次，失者罰錢十文。

十五、碗頭（二人）

1. 各處碗碟，時時尋簇行巡收拾，失誤下罰。其取碗碟者，隨時送還，淹留下罰。缺少不查，本執賠償。

2. 眾中有打碎碗碟等器者，一賠二。若瞋惱故碎者，一賠十。故不肯賠，出院。

十六、磨頭（二人）

凡磨事，本執為主。須用收拾潔淨，違者下罰。不當心以致腐敗者，罰賠。

十七、園頭（六人）

各處園地以時灌溉。該下種即下，該收種即收。失誤中罰，仍買賠。除大寒月，不可燒地。冬至起，立春止。違時中罰。

十八、淨頭（二人）

1. 手巾冬月三日一洗，夏月一日一洗。違者下罰。
2. 每月初七、十四、廿二、三十日，月小廿九日，四次普浴。初三、初十、十八、廿六，此四日小浴。餘日辛苦行人有牌準浴。乍到客情不論。差誤不嚴下罰。混浴阿容俱下罰。

十九、擔力（二人）

諸物擔人俱要交付庫內明白。含糊下罰。

二十、化飯（二人）

到人家，不得屏處與女人說話，寄物往來等。小事中罰，大事出院。

二十一、鋪堂（十八人）

1. 行飯及羹須要致敬。

2. 不得碗缽作聲。違者下罰。

3. 食時有雜話，聞靜魚不止者，本執奪碗收箸。容隱，罰錢二十文。

二十二、香燈（二人）

1. 各處香燈宜各整齊，供桌時時拂拭，違者下罰。燈罩用心整治泯縫，蓋時緊掩，恐傷物命，違者下罰。每夜燈火，看視仔細，違者下罰。

2. 每日換水掃地。東廁木屐缺壞，白知事人買辦。違者下罰。

3. 鐘鼓不得遲早，失時下罰。擊鐘不得太重，致損法器，違者罰。

二十三、侍者（四人）

1. 每朝當早起，先自洗漱竟，當戶開三彈指，或小欬聲。詣師床座，當問訊夜睡安適否。備師火缸滾水面湯，及拭面手巾必須烘燥。

2. 摺疊衣被，拂拭床蓆。收拾什物衣服，記得安處。

3. 粥飯時，預緩白師，後奉師食。

4. 客至奉茶，侍立一處，待茶後畢接鍾。

5.　書信往來、傳言，當記收明白。糊塗下罰。

二十四、看病

1.　看病者，凡病略重，即普請發心。如無發心，依戒輪
　　看，三日一換。

2.　須發大願，起慈悲心，莫厭疲勞。病人言語傷觸，莫
　　起瞋心。莫貪病人衣缽，但生作福心想。是名看病。
　　若無心顧管失調者，下罰。

二十五、看老

1.　面湯、小食、火缸、滾水，俱要齊備。三時粥飯菜蔬
　　宜軟適口。

2.　打掃房地拭桌，佛前燒香換水。

3.　不得偷安坐視。

4.　應答不得發瞋，應當忍辱，敬之至也。

5.　晚點燈燭須要仔細，睡時息。

二十六、警策

1.　輪警老病，每次一行二人。不行者各罰銀二分。

2.　警策老堂，每月十五、三十，月小廿九。誦警老文〔袾
　　宏撰寫的短文，《雲棲法彙》32，頁 33b〕畢，念佛三
　　百聲，觀音、勢至、清淨海眾各三聲，回向念佛，功

德殊勝行（云云）。

3. 警策病堂，每月初八、十五、廿三、三十，月小廿九。
   重病須日日警策，不論日期。誦警病文〔袾宏撰寫的短
   文，《雲棲法彙》32，頁 34a〕畢，如前念佛回向云：
   上來念佛功德，伏願抱病（比丘／沙彌）某人，諸緣
   未盡，早遂痊安；大限難逃，徑生安養。十方三世一
   切佛（云云）。

二十七、山門

1. 十方雲水到，引進廚房，問訊畢，待茶。茶畢，送單，
   安頓行李，請上單隨坐。勿使放逸，放逸者善言規之，
   鬥爭者和言解之。甚者白眾，依叢林清規斷之。輒自
   發醜者中罰。要各處隨喜，令看勿拒。

2. 見任官員至，預報知客，若士夫鄉宦亦同。違者下罰。

3. 人客出門，有人送者勿拒，無送者待送。違者下罰。

二十八、聽用（重用十人，輕用三十人）

常住差撥，毋得推故躲避。如其偏差不公，自應直舉。

二十九、印房

各項經板常要看視，不致壞爛紊亂。

■ **註釋**

❶ 節錄自《雲棲法彙》32，頁 42a-56b，〈各執事條約〉。

附錄三
雲棲寺善行與懲處條例❶

善門

福善類

1. 作福事，計用銀二分〔0.01 盎司〕爲一善。

2. 拾遺還主，或錢或物，計銀三分爲一善（不依式掛牌無善）。

3. 看輕病，一日爲一善，重病一日爲三善，極重病一日爲五善。

4. 被罵不還罵爲五善。被打不還打爲十善。

5. 非執事，自效勤勞，爲二善（重勞加倍）。

6. 非執事，常住差出，四十里爲二善，一百里爲五善。

7. 巡香用心爲二善。

慧善類

1. 梵網、觀經、〔華嚴經〕行願〔品〕成誦，每一事爲八善。四十八願成誦爲三善。潙山警策成誦爲三善。

2. 朔望祈禱成式爲二善。誦五戒、十戒成式爲二善。誦
   比丘戒成式爲二善。誦菩薩戒成式爲三善。

3. 息爭事爲一善。化人改惡從善爲十善。

4. 退一不肖爲二善。進一賢才爲四善。

5. 開陳叢林利病，一事爲二善（大事加倍）。

6. 講演經論一小卷爲三善，大卷爲六善，極小卷爲一善
   （以上受嚫非善）。

7. 問經解義爲一善（深經加倍）。

8. 問事能處爲一善（大事加倍）。

9. 施食不受嚫，一壇爲四善。誦經不受嚫，一卷爲一善。

罰門

1. 上罰納錢五百文。無錢，跪香一百寸〔罰跪十炷香，
   一支香十寸〕。不跪，除一百善。無善出院。此情輕
   者，若情重者必納錢，更重者仍跪香十分之一。十分
   之一者，十寸香也。

2. 中罰納錢五十文。無錢，跪香十寸。不跪，除十善。
   情輕重同前。

3. 下罰納錢五文。無錢，跪香十寸。不跪，除一善。情
   輕重同前。

4. 退戒人若自願加倍納罰以求早復，情輕者亦可量准，
   情重不准。

■ **註釋**

❶　《雲棲法彙》32，頁 36b-38a，〈善罰例〉。

參考書目

佛教藏經

《大正新修大藏經》，高楠順次郎、渡辺海旭編。85 冊，
　　東京，1924－1934 年。簡稱《大正藏》。
《大日本續藏経》，150 帙，750 冊，京都，1905－1912
　　年。簡稱《續藏》。

辭典

丁福保，《佛學大辭典》，臺北，1961 年版。
望月信亨，《佛教大辞典》，10 冊，東京，1955－1963
　　年。
道忠，《禪林象器箋》，東京，1909 年。
諸橋轍次，《大漢和辞典》，13 冊，東京，1955－1959
　　年。
織田得能，《織田佛教大辭典》，東京，1965 年版。

原始資料

《二十四史》，上海：同文書局，1884 年。

《大明律集解附例》，30 卷，臺北，1970 年。萬曆刊本影鈔本，收藏於國立中央圖書館。

《大明會典》，臺北：東南書報社，1963 影印 1587 年刊本。

《太上感應篇圖說》，黃正元輯，雕版刊本，1893 年。

朱國禎，《湧幢小品》，2 卷，北京：中華書局，1959 年。

利瑪竇，《辯學遺牘》，收入《天學初函》，李之藻輯，卷2。臺北：台灣學生書局，1965 年。

沈德符，《萬曆野獲編》，2 卷，北京：中華書局，1959年。

周淙，《臨安志》，3 卷，臺北：世界書局，1963 年。

《明代版畫選初輯》，昌彼得編，臺北：國立中央圖書館，1969 年。

《明會要》，臺北：東南書報社，1963 影印 1887 年刊本。

《明實錄》，臺北：中央研究院歷史語言研究所，1964-1966 年。

《金瓶梅詞話》，5 卷，東京：大安株式會社，1963 年景印萬曆本，附有萬曆四十五年（1617 年）的序文。

《金陵梵剎志》，葛寅亮輯，53 卷，1627 年（1936 年金山江天寺景印）。

范祖述，《杭俗遺風》，1卷，雕版刊本，1867年。

郎瑛，《七修類稿》，北京：中華書局，1959年。

陶望齡，〈放生辯惑〉，收入《說郛續集》，卷30，雕版
　　刊本，1647年。

彭紹升，《一行居集》，雕版刊本，1927年。

智達，《淨土傳燈歸元鏡》，2卷，杭州，1710年。

袾宏，《雲棲法彙》，34冊，南京：金陵刻經處，1897
　　年。以下依次列舉其內容，若個別著作有袾宏自序註
　　明年代，則標示於以下書目中。

　　《戒疏發隱》，萬曆十五年（1587年），《雲棲法彙》
　　1－4。

　　《事義》、《問辯》，《雲棲法彙》5。

　　《阿彌陀經疏鈔》，萬曆十二年（1584年），《雲棲
　　法彙》6－9。

　　《四十八問答》、《淨土疑辯》，《雲棲法彙》10。

　　《佛遺教經論節要》，萬曆二十四年（1596年），
　　《雲棲法彙》11。

　　《諸經日誦》，萬曆二十八年（1600年），《雲棲法
　　彙》12。

　　《具戒便蒙》、《沙彌律儀要略》、《沙彌尼比丘尼
　　戒錄要》、《誦戒式》，《雲棲法彙》13。

　　《禪關策進》，萬曆二十八年（1600年）、《僧訓日

記》，《雲棲法彙》14。

《緇門崇行錄》，萬曆十三年（1585年）、《自知錄》，萬曆三十二年（1604年），《雲棲法彙》15。

《往生集》，萬曆十二年（1584年），《雲棲法彙》16。

《皇明名僧輯略》、《武林西湖高僧事略》，《雲棲法彙》17。

《水陸儀軌》，《雲棲法彙》18 － 19。

《施食儀軌》，萬曆三十四年（1606年），《雲棲法彙》20。

《施食補註》，《雲棲法彙》21。

《華嚴感應略記》、《放生儀》，《雲棲法彙》22。

《楞嚴摸象記》，萬曆三十年（1602年），《雲棲法彙》23。

《竹窗隨筆》，《雲棲法彙》24。

《竹窗二筆》，《雲棲法彙》25。

《竹窗三筆》，《雲棲法彙》26。

《正訛集》、《直道錄》，萬曆四十二年（1614年），《雲棲法彙》27。

《山房雜錄》，《雲棲法彙》28 － 29。

《遺稿》，《雲棲法彙》30 － 31。

《雲棲共住規約》，《雲棲法彙》32。

《雲棲紀事》，《雲棲法彙》33。

《雲棲大師塔銘》，《雲棲法彙》34。

項士元，《雲棲志》，10卷，南京：新光印書館，1934年。

黃宗羲，《重編明儒學案》，李心莊編，臺北：正中書局，1964年。

《彙纂功過格》，南京：金華淨信會，1858年。

董誥，《（欽定）全唐文》，1000卷，臺南：經緯書局，1965年。

趙世安，《仁和縣志》，28卷，雕版刊本，1687年。

歐陽詢，《藝文類聚》，100卷，上海：中華書局，1965年。

蓬庵大祐，《淨土指歸集》，揚州：揚州藏經院，1912年刊本。

憨山德清，《憨山老人夢遊集》，55卷，香港：香港佛經流通處，1965年。

麟慶輯，《鴻雪因緣圖記》，3卷，上海：同文書局，1886年，石印本。

藏經典籍

《大宋僧史略》，贊寧，《大正藏》，冊54，第2126號。

《五燈全書》，超永，《續藏》，編 2 乙，帙 13，冊 1 至
　　帙 15，冊 1。

《五燈嚴統》，費隱，《續藏》，編 2 乙，帙 12，冊 1 －
　　5。

《天目明本禪師雜錄》，《續藏》，編 2，帙 27，冊 4。

《天如惟則禪師語錄》，《續藏》，編 2，帙 27，冊 5。

《佛祖統紀》，志磐，《大正藏》，冊 49，第 2035 號。

《佛祖歷代通載》，念常，《大正藏》，冊 49，第 2036
　　號。

《居士分燈錄》，朱時恩，《續藏》，編 2 乙，帙 20，冊
　　5。

《居士傳》，彭紹升，《續藏》，編 2 乙，帙 22，冊 5。

《阿彌陀經》，《大正藏》，冊 12，第 336 號。

《敕修百丈清規》，百丈懷海著，東陽德輝重編，《大正
　　藏》，冊 48，第 2025 號。

《建中靖國續燈錄》，惟白，《續藏》，編 2 乙，帙 9，冊
　　1 － 2。

《真歇清了禪師語錄》，《續藏》，編 2，帙 29，冊 3。

《般舟三昧經》，《大正藏》，冊 13，第 417、418 號。

《高僧摘要》，徐昌治，《續藏》，編 2 乙，帙 21，冊 4。

《梵網經》，《大正藏》，冊 24，第 1484 號。

《淨土晨鐘》，周克復，《續藏》，編 2，帙 14，冊 2。

《淨土聖賢錄》，彭紹升，《續藏》，編2乙，帙8，冊2。

《景德傳燈錄》，道原，《大正藏》，冊51，第2076號。

《無量壽經》，《大正藏》，冊12，第363號。

《楚石梵琦禪師語錄》，《續藏》，編2，帙29，冊1－2。

《萬善同歸集》，延壽，《續藏》，編2，帙15，冊5。

《補續高僧傳》，明河，《續藏》，編2乙，帙7，冊1－2。

《摩訶止觀》，智顗，《大正藏》，冊46，第1911號。

《樂邦文類》，宗曉，《大正藏》，冊47，第1969A號。

《歸元直指集》，宗本，《續藏》，編2，帙13，冊2。

《廬山蓮宗寶鑑》，普度，《大正藏》，冊47，第1973號。

《釋氏稽古略》，覺岸，《大正藏》，冊49，第2037號。

《釋鑑稽古略續集》，幻輪，《大正藏》，冊49，第2038號。

《釋門正統》，宗鑑，《續藏》，編2乙，帙3，冊5。

《鐔津文集》，契嵩，《大正藏》，冊52，第2115號。

《續燈存稿》，通問，《續藏》，編2乙，帙18，冊1。

《觀無量壽經》，《大正藏》，冊12，第365號。

中、日文專書、論文

大浦正弘，〈明代仏教に関する一考察──雲棲袾宏とその
　　叢林の社会思想史の研究〉，《北陸史学》7（1958 年
　　12 月），頁 36-49。

小川貫弌，〈宋元明清に於ける教団の構造〉，收入《仏教
　　教団の研究》，芳村修基編，京都，1968 年。

小川貫弌，〈居士仏教の近世的発展〉，《龍谷大学論集》
　　339 期（1950 年 6 月），頁 46-75。

小川貫弌，《仏教文化史研究》，京都，1975 年。

小柳司気太，〈利瑪竇と明末の思想界〉，收入《續東洋思
　　想の研究》，東京，1943 年，頁 83-109。

小柳司気太，〈明末の三教関係〉，收入《高瀬博士還暦記
　　念支那学論叢》，京都，1928 年，頁 349-370。

小柳司気太，《老荘の思想と道教》，東京，1935 年。

小笠原宣秀，〈中国近世に於ける仏教結社の問題〉，《龍
　　谷大学論集》336 期（1949 年 2 月），頁 23-35。

小笠原宣秀，〈元代白蓮宗教団の消長〉，《龍谷大学論
　　集》344 期（1952 年 7 月），頁 1-12。

小笠原宣秀，《中国近世浄土教史の研究》，京都，1963
　　年。

方豪，〈明萬曆年間之各種價格〉，《食貨》1 卷 3 期
　　（1971 年 6 月），頁 18-20。

方豪，《中國天主教人物傳》，第一冊，香港，1967 年。

水野梅曉，《支那仏教近世史の研究》，東京，1925 年。

王德昭，《明季之政治與社會》，重慶，1942 年。

平野義太郎，〈支那における鄉党の社会協同生活を規律する民眾道德──功過格を中心として〉，《法律時報》15 卷 11 號（1943 年），頁 7-14。

矢吹慶輝，《三階教の研究》，東京：岩波書店，1927 年。

矢島玄亮，《支那仏道年譜》，東京，1937 年。

吉岡義豊，〈中国民眾の倫理書「功過格」について〉，《宗教研究》127 號（1951 年 10 月），頁 72-74。

吉岡義豊，〈初期の功過格について〉，《東洋文化研究所紀要》27 號（1962 年 3 月），頁 107-186。

宇井伯壽，《禅宗史研究》，第二冊，東京，1941 年。

佐々木宣正，〈雲棲〔シユ〕宏と其著作〉，《六条学報》102、103（1910 年 4 月），頁 41-46，35-40。

吳晗，《朱元璋傳》，香港：傳記文學社重印，無日期。

吳晗，《金瓶梅與王世貞：其著作時代及其社會背景》，香港：南天書業公司，1967 年重印。

李守孔，〈明代白蓮教考略〉，《文史哲學報》IV（1952 年），頁 151-177。

岩井大慧，〈元初に於ける帝室と禅僧との関係につい

て〉，收入《日支仏教史論攷》，東京：東洋文庫，
　　1957 年，頁 451-544。

忽滑谷快天，《禅学思想史》，下卷，東京，1925 年。

服部俊崖，〈支那僧官の沿革〉，《佛教史学 II》（1912
　　年），頁 375-460。

法舫，〈近世佛教現狀〉，《海潮音》第 15 卷第 10 期
　　（1934 年 10 月）。

牧田諦亮，《中國近世佛教史研究》，京都，1957 年。

牧田諦亮，《策彥入明記の研究》，下冊，京都，1959
　　年。

近藤良一，〈百丈清規と禅苑清規〉，《印度學佛教學研
　　究》17 卷 2 號（1969 年），頁 328-330。

近藤良一，〈百丈清規の成立とその原型〉，《北海道駒沢
　　大学研究紀要》III（1968 年 11 月），頁 19-48。

侯外廬，《中国思想通史》，第四卷下冊，北京，1963
　　年。

南懷瑾，《禪宗叢林制度與中國社會》，臺北：老古文化，
　　1962 年。

柳田聖山，《初期の禅史 II：歷代法宝記》，收入《禪の語
　　錄》三，東京：筑摩書房，1976 年。

柳田聖山，《初期禅宗史書の研究》，京都，1967 年。

重松俊章，〈唐宋時代の弥勒教匪〉，《史淵》3（1931

年），頁 68-103。

荒木見悟，〈明末における儒仏調和論の性格〉，《日本中國學會報》18 號（1966 年 10 月），頁 210-224。

荒木見悟，《仏教と儒教》，京都，1966 年。

酒井忠夫，〈袾宏の自知録について〉，收入《福井博士頌寿記念東洋文化論集》，東京：早稻田大学，1969 年，頁 467-482。

酒井忠夫，《中国善書の研究》，東京，1960 年。

高雄義堅，〈宋代僧官制度の研究〉，《支那仏教史学》4 卷 4 號（1941 年）。

高雄義堅，〈明代に大成されたる功過格思想〉，《龍谷大学論叢》244 號（1922 年 6 月），頁 324-337。

高雄義堅，〈雲棲大師袾宏について〉，收入《內藤博士頌寿記念史学論叢》，京都，1930 年。頁 215-272。

高雄義堅，《宋代仏教史の研究》，京都，1975 年。

常盤大定，《支那に於ける仏教と儒教道教》，東京：東洋文庫，1966 年。

張聖嚴，《明末中国佛教の研究》，東京，1975 年。

張維喬，《中國佛教史》，上海：商務印書館，1929 年。

張維華，〈明清間中西思想之衝突與影響〉，《學思》1 卷 1 期（1942 年）。

張維華，〈明清間佛耶之爭辯〉，《學思》1 卷 1 期（1942

年）。

望月信亨，《中国浄土教理史》，京都，1964 年。

清水泰次，〈明代に於ける仏道の取締〉，《史学雑誌》40
編 3 號（1929 年），頁 1-48。

清水泰次，〈明代に於ける宗教融合と功過格〉，《史潮》
6 卷 3 號（1936 年），頁 29-55。

陳垣，《明季滇黔佛教考》，北京，1940 年。

陳垣，《清初僧諍記》，北京：中華書局，1962 年。

陶希聖，〈元代彌勒白蓮教會的暴動〉，《食貨》1 卷 4 期
（1935 年），頁 36-39，152-155。

嵇文甫，《晚明思想史論》，重慶：商務印書館，1944
年。

椎名宏雄，〈初唐禅者の律院居住について〉，《印度學佛
教學研究》17 卷 2 號（1969 年），頁 325-327。

湯用彤，《漢魏兩晉南北朝佛教史》，臺北：商務印書館，
1962 年重印。

間野潛龍，〈明代における三教思想──特に林兆恩を中心
として〉，《東洋史研究》12 卷 1 號（1952 年），頁
18-34。

間野潛龍，〈明代中期の仏教対策──英宗朝を中心とし
て〉，《大谷史学》IV（1955 年 3 月），頁 14-23。

塚本善隆，〈宋時代の童行試経得度の制度〉，《支那仏教

史学》5 卷 1 期（1941 年），頁 42-64。

塚本善隆，《唐中期の浄土教：特に法照禅師の研究》，
　　《東方文化学院京都研究所研究報告》IV，京都，
　　1933 年。

榊原德草，〈雲棲袾宏の念佛禅〉，《禅宗》38 卷 1 號
　　（1931 年），頁 3。

鈴木中正，〈仏教の禁殺戒律が宋代民眾生活に及ぼせる
　　影響について〉，《宗教研究》第 3 年第 1 輯，107 號
　　（1941 年），頁 115-141。

鈴木中正，〈宋代仏教結社の研究〉，《史学雑誌》52 編
　　（1941 年），頁 65-98，205-241，303-333。

趙翼，《廿二史箚記》，北京：商務印書館，1958 年。

関野貞、常盤大定，《支那仏教史蹟》，東京，1925-1929
　　年。

增永霊鳳，〈雲棲袾宏の教学〉，《駒沢大学仏教学会学
　　報》VIII（1938 年 4 月），頁 52-71。

鄭振鐸，《插圖本中國文學史》，香港：商務印書館，1961
　　年。

橘樸，《支那思想研究》，東京，1936 年。

横超慧日，〈明末佛教と基督教との相互批判〉（上）、
　　（下），《大谷学報》29 卷 2 號（1949 年 12 月），
　　頁 1-20；29 卷 3-4 號（1950 年 5 月），頁 18-38。

龍池清，〈明代に於ける賣牒〉，《東方学報》第 11 冊之
　　2（1940 年），頁 279-290。

龍池清，〈明代の瑜伽教僧〉，《東方学報》第 11 冊之 1
　　（1940 年），頁 405-413。

龍池清，〈明代の僧官〉，《支那仏教史学》4 卷 3 號
　　（1940 年），頁 35-46。

龍池清，〈明代北京に於ける喇嘛教団〉，《仏教研究》4
　　卷 6 號（1940 年），頁 65-76。

龍池清，〈明初の寺院〉，《支那仏教史学》2 卷 4 號
　　（1938 年 12 月），頁 9-29。

謝國楨，《明清之際黨社運動考》，上海：商務印書館，
　　1935 年。

藤田宏達，《原始浄土思想の研究》，東京：岩波書店，
　　1970 年。

鏡島元隆，〈百丈古清規変化過程の一考察〉，《駒沢大学
　　仏教学部研究紀要》25 號（1967 年 3 月），頁 1-13。

釋東初，《中國佛教近代史》，臺北：中華佛教文化館，
　　1974 年。

英文專書、論文

Alchemy, Medicine, Religion in the China of A.D. 320: The Nei

P'ien of Ko Hung. Tr. James R. Ware. Cambridge, Mass: MIT Press, 1966.

Ames, Michael. *Religious Syncretism in Buddhist Ceylon.* Unpublished Ph.D. dissertation, Harvard University, 1962.

The Amitāyur dhyāna Sutra. Tr. J. Takakusu. In *Buddhist Mahāyāna Texts.* Ed. F. Max Müller. *The Sacred Books of the East,* vol. XLIX. New York: Dover Publications, 1969, 161-201.

The Blue Cliff Records, The Hekigan Roku: Containing One-Hundred Stories of Zen Masters of Ancient China. Tr. and ed. with commentary by R. D. M. Shaw. London: Joseph, 1961.

Balazs, Etienne. *Chinese Civilization and Bureaucracy.* New Haven, Conn.: Yale University Press, 1964.

Bodde, Derk, and Clarence Morris. *Law in Imperial China.* Cambridge, Mass.: Harvard University Press, 1967.

Brunnert, H. S., and V. V. Hagelstrom. *Present-Day Political Organization of China.* Taipei: Book World Company, undated reprint of the 1910 edition.

The Catechism of the Shaman: or, The Laws and Regulations of the Priesthood of Buddha in China. Tr. Charles Fried Neumann. London: Oriental Translation Fund, 1831.

Chan, Wing-tsit 陳榮捷. *Religious Trends in Modern China.* New York: Columbia University Press, 1953.

Ch'en, Kenneth 陳觀勝. *Buddhism in China: A Historical Survey.* Princeton, N. J.: Princeton University Press, 1964.

Ch'en, Kenneth 陳觀勝. *The Chinese Transformation of Buddhism.* Princeton, N. J.: Princeton University Press, 1973.

Ch'oe Pu's (1454-1504) Diary: A Record of Drifting across the Sea. Tr., with introduction and notes, by John Meskill. Tuscon: Published for the Association for Asian Studies by the University of Arizona Press, 1965.

Ch'ü, T'ung-tsu 瞿同祖. *Law and Society in Traditional China.* Paris and the Hague: Mouton, 1961.（瞿同祖著，《中國法律與中國社會》，上海：商務印書館，2010 年）

Ch'ü, T'ung-tsu 瞿同祖. *Local Government in China under the Ch'ing.* Cambridge, Mass.: Harvard University Press, 1962.（范忠信、何鵬、晏鋒譯，《清代地方政府》，北京：法律出版社，2011 年）

The City in Late Imperial China. Ed. G. William Skinner. Stanford: Stanford University Press, 1977.

Cohn, Norman. *The Pursuit of the Millennium: Revolutionary Millenarians and Mystical Anarchists of the Middle Ages.*

Rev. and enlarged edition. New York: Oxford University Press, 1970.

Collcutt, Martin. *The Zen Monastic Institutes in Medieval Japan.* Unpublished Ph.D. dissertation, Harvard University, 1975.

de Bary, Wm. Theodore 狄　培　理 . "Individualism and Humanitarianism in Late Ming Thought." In *Self and Society in Ming Thought*, by Wm. Theodore de Bary and the Conference on Ming Thought. New York: Columbia University Press, 1970, 145-225.

de Bary, Wm. Theodore 狄培理 . "Neo-Confucian Cultivation and the Seventeenth-Century 'Enlightenment.'" In *The Unfolding of Neo-Confucianism.* Ed. Wm. Theodore de Bary. New York: Columbia University Press, 1975, 141-216.

DeGroot, J. J. M. 高延 . *Le Code du Mahāyāna en Chine: Son Influence sur la vie monacale et sur le monde laïque.* Amsterdam: Johannes Müller, 1893.

Dumoulin, Heinrich, S. J. *The Development of Chinese Zen after the Sixth Patriarch in the Light of Mumonkan.* Tr. Ruth Fuller Sasaki. New York: The First Zen Institute of America, Inc., 1953.

Dumoulin, Heinrich, S. J. *A History of Zen Buddhism.* Tr. Paul

Peachey. Boston: Peacon Press, 1969.

Dutt, Sukumar. *Early Buddhist Monachism, 600 B.C. － 100 B.C*. London: Kegan Paul, 1924.

Eberhard, Wolfram 艾伯華. *Guilt and Sin in Traditional China*. Berkeley: University of California Press, 1967.

Eberhard, Wolfram 艾 伯 華. "Temple-Building Activities in Medieval and Modern China." *Monumenta Serica*, XXIII (1964), 264-318.

Eitel, E. J. *Handbook of Buddhism*. 2d rev. ed. Tokyo: Sanshusha, 1904.

Ennin's Diary: The Record of a Pilgrimage to China in Search of the Law. Tr. Edwin O. Reischauer. New York: Ronald Press, 1955.

Erikson, Erik H. *Young Man Luther*. New York: W. W. Norton, 1962.

Facets of Taoism. Ed. Holmes Welch and Anna Seidel. New Haven: Yale University Press, 1979.

Fonti Ricchiane. Ed. P. M. d'Elia. 3 vols. Rome, 1924-1949.

Fung, Yu-lan 馮友蘭 . *A History of Chinese Philosophy*. Tr. by Derk Bodde. Vol. II. Princeton, N. J.: Princeton University Press, 1952.

Gallagher, Louis J. *China in the 16th Century: The Journal of*

Matteo Ricci, 1583-1610. New York: Random House, 1953.

Geiss, James. *Peking Under the Ming (1368-1644)*. Unpublished Ph.D. dissertation, Princeton University, 1979.

Gernet, Jacques. *Les Aspects Économiques du Bouddhisme dans la Société Chinoise du Ve au Xe Siècle*. Saigon: École française d'Extrême-Orient, 1956.

The Golden Lotus. Tr. Clement Edgerton. New York: Grove Press, 1954.

Gombrich, Richard F. *Precept and Practice: Traditional Buddhism in the Rural Highlands of Ceylon*. Oxford: Clarendon Press, 1971.

Hackmann, H. "Buddhist Monastery Life in China." *East of Asia Magazine*, vol. I, no. 3 (September 1902), 239-261.

Ho, Ping-ti 何炳棣. *The Ladder of Success in Imperial China*. New York: John Wiley and Sons, 1964.（徐泓譯注，《明清社會史論》，臺北：聯經出版，2013 年）

Ho, Ping-ti 何炳棣. *Studies on the Population of China, 1368-1953*. Cambridge, Mass.: Harvard University Press, 1959.（葛劍雄譯，《明初以降人口及其相關問題 1368-1953》，上海：中華書局，2017 年）

Hsu, Sung-peng 徐頌鵬. *A Buddhist Leader in Ming China:*

The Life and Thought of Han-shan Te-ch'ing. University Park: Pennsylvania State University Press, 1979.

Hucker, Charles O. *The Censorial System of Ming China.* Stanford, Calif.: Stanford University Press, 1966.

Hucker, Charles O. "An Index of Terms and Titles in Governmental Organization of the Ming Dynasty." *Harvard Journal of Asiatic Studies,* XXIII (1960-1961), 127-151.

Hurvitz, Leon. "Chu-hung's One Mind of Pure Land and Ch'an Buddhism." In *Self and Society in Ming Thought,* by Wm. Theodore de Bary and the Conference on Ming Thought. New York: Columbia University Press, 1970, 451-482.

Johnston, Reginald F. *Buddhist China.* London: Murray, 1913.

King, Winston. *A Thousand Lives Away.* Oxford: Cassirer, 1964.

Lancashire, D. "Buddhist Reaction to Christianity in Late Ming China." *The Journal of the Oriental Society of Australia,* vol. VI, nos. 1, 2 (1968-1969), 82-103.

Liebenthal, Walter 李華德. *Chao Lun: The Treatises of Seng-chao.* 2d rev. ed. Hong Kong: Hong Kong University Press, 1968.

Liu, Ts'un-yan 柳 存 仁. "Yuan Huang and His 'Four Admonitions.'" *The Journal of the Oriental Society of*

Australia, vol. V, nos. 1, 2 (1967), 108-132.

The Master Who Embraces Simplicity: A Study of the Philosopher Ko Hung, A.D. 283-343. Tr. Jay Sailey. San Francisco: Chinese Materials Center, 1978.

Miller, Robert. "Button, Button... Great Tradition, Little Tradition, Whose Tradition?" *Anthropological Quarterly*, 39 (1966), 26-42.

Overmyer, Daniel L. 歐大年 . "Folk Buddhist Religion: Creation and Eschatology in Medieval China." *History of Religions*, vol. 12, no. 1 (August 1972), 42-70.

Overmyer, Daniel L. 歐大年 . *Folk Buddhist Religion: Dissenting Sects in Late Traditional China*. Cambridge, Mass.: Harvard University Press, 1976. (劉心勇譯，《中國民間宗教教派研究》，上海：上海古籍出版社，1993 年)

Pas, Julian F. 包如廉 . "Shan-tao's Interpretation of the Meditative Vision of Buddha Amitayus." *History of Religions*, vol. 14, no. 2 (1974), 96-116.

Pas, Julian F. 包 如 廉 . "The Significance of Shan-tao in the Pure Land Movement of China and Japan," paper delivered at the American Academy of Religion annual meeting (1976).

Prebish, Charles S. *Buddhist Monastic Discipline: The*

Sanskrit Prātimokṣa Sūtras of the Mahāsāṃghikas and Mūlasarvāstivādins. University Park: Pennsylvania State University Press, 1975.

Prip-Møller, J. 艾 術 華. *Chinese Buddhist Monasteries: Their Plan and Function as a Setting for Buddhist Monastic Life*. Copenhagen: G.E.C. Gad; London: Oxford University Press, 1937.

Redfield, Robert. *The Little Community, Peasant Society, and Culture*. Chicago: Chicago University Press, 1962.

Reischauer, Edwin O. *Ennin's Travels in T'ang China*. New York: Ronald Press, 1955.

Religion and Ritual in Chinese Society. Ed. Arthur Wolf. Stanford: Stanford University Press, 1974.

Religious Syncretism in Antiquity. Ed. Birger A. Pearson. Montana: Scholars' Press, 1975.

Sakai, Tadao 酒井忠夫. "Confucianism and Popular Educational Works." In *Self and Society in Ming Thought*, by Wm. Theodore de Bary and the Conference on Ming Thought. New York: Columbia University Press, 1970, 331-366.

Shih, Vincent Y. C. 施友忠. "Some Chinese Rebel Ideologies." *T'oung Pao*, 44 (1956), 151-226.

Singer, Milton. *When a Great Tradition Modernizes: An*

Anthropological Approach to Indian Civilization. New York: Praeger, 1972.

Singer, Milton. "Text and Context in the Study of Religion and Social Change in India." *Adyar Library Bulletin,* 15 (1961), 274-303.

Spiro, Melford E. *Buddhism and Society: Its Burmese Vicissitudes.* New York: Ronald Press, 1955.

Spiro, Melford E. *Burmese Supernaturalism.* Englewood Cliffs, N. J.: Prentice-Hall, 1967.

Srinivas, Mysore N. *Religion and Society among the Coorgs of South India.* London and New York: Oxford University Press, 1952.

Staal, J. F. "Sanskrit and Sanskritization." *Journal of Asian Studies,* 22 (1963), 261-276.

Suzuki, D. T. 鈴 木 大 拙 . *Essays in Zen Buddhism.* 2d. ser. London: Rider, 1958.（徐進夫譯，《開悟第一（禪學論叢第二系列）》，臺北：志文出版社，1988 年）

Syncretism. Ed. Sven S. Hartman. Stockholm: Almqvist, 1969.

Tambiah, S. J. *Buddhism and the Spirit Cults in Northeast Thailand.* Cambridge: Cambridge University Press, 1970.

Tambiah, S. J. *World Conqueror and World Renouncer.* Cambridge: Cambridge University Press, 1977.

Tambiah, S. J. "The Ideology of Merit and the Social Correlates of Buddhism in a Thai Village." In *Dialectic in Practical Religion*. Ed. E. R. Leach. Cambridge: Cambridge University Press, 1968.

Traditional Chinese Stories: Themes and Variations. Ed. Y. W. Ma and Joseph S. M. Lau. New York: Columbia University Press, 1978.

Treatise of the Exalted One on Response and Retribution. Tr. D. T. Suzuki 鈴木大拙 and Paul Carus. La Salle, Ill.: The Open Court Publishing Company, 1944.

Twitchett, Dennis. "Monastic Estates in T'ang China." *Asia Major*, 5.2 (1956), 123-146.

Twitchett, Dennis. "The Monasteries and China's Economy in Medieval Times." *Bulletin of the School of Oriental and African Studies*, 19.3 (1957), 526-549.

Wadley, Susan Snow. *Shakti: Power in the Conceptual Structure of Karimpur Religion*. Chicago: University of Chicago Department of Anthropology, 1975.

Warren, Henry Clarke. *Buddhism in Translations*. New York: Atheneum, 1963.

Welch, Holmes 尉遲酣. *Taoism: The Parting of the Way*. Boston: Beacon Press, 1966.

Welch, Holmes 尉遲酣. *The Practice of Chinese Buddhism 1900-1950*. Cambridge, Mass.: Harvard University Press, 1967.

Welch, Holmes 尉 遲 酣. *The Buddhist Revival in China*. Cambridge, Mass.: Harvard University Press, 1968.

Welch, Holmes 尉遲酣. *Buddhism under Mao*. Cambridge, Mass.: Harvard University Press, 1972.

Welch, Holmes 尉遲酣. "Dharma Scrolls and the Succession of Abbots in Chinese Monasteries." *T'oung Pao*, 50 (1963), 93-149.

Wright, Arthur 芮沃壽. *Buddhism in Chinese History*. Stanford, Calif.: Stanford University Press, 1970.（常蕾譯,《中國歷史中的佛教》,北京：北京大學出版社,2017 年）

Wu, Pei-yi 吳百益. "The Spiritual Autobiography of Te-ch'ing." In *The Unfolding of Neo-Confucianism*. Ed. Wm. Theodore de Bary. New York: Columbia University Press, 1975, 67-92.

Wu, Pei-yi 吳百益. "Self-Examination and Confession of Sins in Traditional China." *Harvard Journal of Asiatic Studies*, vol. 39, no. 1 (June 1979), 5-38.

Yampolsky, Philip B. *The Platform Sutra of the Sixth Patriarch*. New York: Columbia University Press, 1967.

Yampolsky, Philip B. Tr. *The Zen Master Hakuin: Selected*

Writings. New York: Columbia University Press, 1971.

Yang, C. K. 楊慶堃. *Religion in Chinese Society*. Berkeley and Los Angeles: University of California Press, 1967.（范麗珠譯，《中國社會中的宗教：宗教的現代社會功能與其歷史因素之研究》〔修訂版〕，成都：四川人民出版社，2016 年）

Yang, Lien-sheng 楊聯陞. *Money and Credit in China: A Short History*. Cambridge, Mass.: Harvard University Press, 1952.

Yang, Lien-sheng 楊 聯 陞. "Buddhist Monasteries and Four Money-Raising Institutions in Chinese History," in *Studies in Chinese Institutional History*. Cambridge, Mass.: Harvard University Press, 1961.

Yü, Chün-fang 于君方. "Ta-hui Tsung-kao and *Kung-an* Ch'an." *Journal of Chinese Philosophy*, 6 (1979), 211-235.

Zen Comments on the Mumonkan. Tr. Sumiko Kudo. New York: Harper & Row, 1974.

Zürcher, E. 許理和. *The Buddhist Conquest of China*. Leiden: E. J. Brill, 1959.

索引

五畫

國家圖書館出版品預行編目資料

漢傳佛教復興：雲棲袾宏及明末融合 / 于君方
著；方怡蓉譯. -- 初版. -- 臺北市：法鼓文
化, 2021.07
　　面；　公分
譯自：The renewal of Buddhism in China
ISBN 978-957-598-919-4 (平裝)

1.(明)釋袾宏 2.佛教傳記 3.佛教史

229.36　　　　　　　　　110007179

大視野 5

漢傳佛教復興 —— 雲棲袾宏及明末融合
The Renewal of Buddhism in China: Chu-hung and the Late Ming Synthesis

著者	于君方（Chün-Fang Yü）
譯者	方怡蓉
出版	法鼓文化
總監	釋果賢
總編輯	陳重光
編輯	李金瑛
封面設計	化外設計
內頁美編	小工
地址	臺北市北投區公館路186號5樓
電話	(02)2893-4646
傳真	(02)2896-0731
網址	http://www.ddc.com.tw
E-mail	market@ddc.com.tw
讀者服務專線	(02)2896-1600
初版一刷	2021年7月
初版二刷	2021年11月
建議售價	新臺幣700元
郵撥帳號	50013371
戶名	財團法人法鼓山文教基金會—法鼓文化
北美經銷處	紐約東初禪寺
	Chan Meditation Center (New York, USA)
	Tel: (718)592-6593 E-mail:chancenter@gmail.com

THE RENEWAL OF BUDDHISM IN CHINA: CHU-HUNG AND THE LATE MING SYNTHESIS
By Chün-Fang Yü
Copyright © 1981 Chün-Fang Yü
Traditional and simplified Chinese translation copyright © 2021 by Dongchu Publishing Co., Ltd.
ALL RIGHTS RESERVED

本書如有缺頁、破損、裝訂錯誤，請寄回本社調換。版權所有，請勿翻印。

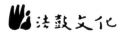